标书制作一本通

参与政府采购与招标投标必备书

陈淑琪 李国文 成国华 等著

SPM 南方传媒 广东经济出版社

·广州·

图书在版编目（CIP）数据

标书制作一本通：参与政府采购与招标投标必备书 / 陈淑琪等著. --广州：广东经济出版社，2024.11. --ISBN 978-7-5454-9390-0

Ⅰ.F810.2

中国国家版本馆CIP数据核字第2024CA6666号

策划编辑：冯典全
责任编辑：蒋先润
责任校对：黄思健
责任技编：陆俊帆
封面设计：王昕晔

标书制作一本通：参与政府采购与招标投标必备书
BIAOSHU ZHIZUO YIBENTONG：CANYU ZHENGFU CAIGOU YU ZHAOBIAO TOUBIAO BIBEISHU

出 版 人：	刘卫平
出版发行：	广东经济出版社（广州市水荫路11号11~12楼）
印　　 刷：	广州市豪威彩色印务有限公司
	（广州市增城区宁西街新和南路4号一楼106房）
开　　 本：	787mm×1092mm 1/16　　印　张：17
版　　 次：	2024年11月第1版　　印　次：2024年11月第1次
书　　 号：	ISBN 978-7-5454-9390-0　　字　数：293千字
定　　 价：	96.00元

发行电话：（020）87393830
广东经济出版社常年法律顾问：胡志海律师
如发现印装质量问题，请与本社联系，本社负责调换

版权所有·侵权必究

推荐序

这是一部让人惊喜的作品

在我20多年的招标投标从业生涯中，有幸见证了这一行业从起步到逐步成熟的过程，也逐渐形成了一些自己的思考。随着招标投标法律法规的不断完善，市场的透明度和公平性得到了显著提升，这对所有投标企业而言无疑是一个积极的信号。然而，这也意味着竞争愈加激烈。企业若想在激烈的市场竞争中脱颖而出，不仅需要扎实的专业能力，还需具备敏锐的市场洞察力和灵活的应变能力。成功的投标不仅依赖于标书制作的技术层面，更在于对客户需求的深刻理解、对项目核心价值的准确把握，并在此基础上制定出既符合规定又具备竞争力的方案。文兜的多项业务正是基于这样的思考而开展的。

在这条路上，我结识了许多志同道合的朋友，淑琪老师便是其中一位。我们相识于文兜举办的一次行业交流会上，当时她分享了关于如何提高投标文件编制质量的见解，其独到的观点和深厚的专业知识深深地吸引了我。在随后的日子里，我们共同探讨了许多关于投标策略与标书编制实践的问题，她展现出了极强的专业精神。

淑琪老师是从投标一线转向服务者角色的，与文兜"从行业中来，深度理解，才能提供真产品、真服务，解决真实问题"的主张不谋而合。文兜也希望能够推荐并扶持更多优秀人才走到前台，共同推动招标投标行业的发展，因此我们有着频繁的交流。

当淑琪老师将自己的书稿《标书制作一本通：参与政府采购与招标投标必备书》发给我时，其中所呈现的价值让我感到非常惊喜，这是一部兼具实用性与启发性的优秀作品。书中不仅详细介绍了从备标到参标的整个过程，还特别强调了理论与实践相结合的重要性。通过丰富的案例分析，本书向读者展示了如何有效避免无效投标，并提供了应对各种复杂情况的具体方法。本书的写作初心，不仅在于帮助读者快速掌握投标所需的基础知识和技术，更在于激发大家对更深层次问题的思考。

本书采用一种友好且易于理解的方式来呈现信息。无论是刚刚踏入这一领域的新人，还是已有一定经验的老手；无论是正在寻求职业发展的个人，还是希望带领团队走向成功的企业领导者，都能从中找到适合自己的内容，获得宝贵的指导和支持。这种兼顾广度与深度的设计理念，使得本书成为每一位希望在招标投标领域有所作为者不可或缺的参考资料。因此，我诚挚地推荐这本书给所有关注或从事招标投标工作的朋友们。

文兜创始人　汪秀华

2024年秋

前言

给你想要的招标投标指导

随着政府采购和招标投标法律法规体系的不断建立和完善,政府部门和很多国有企业的项目,必须通过投标才能承接。对于需要大量承接政府和国企项目的企业而言,企业的经营业绩与项目中标数额的多少息息相关。投标工作是复杂且充满压力的,投标工作的有效性虽然不能决定一个企业能否顺利中标,但不专业、不规范的投标工作,必然会使企业丧失很多项目的中标机会,甚至很多势在必得的项目,也会因为投标工作的不完善而与企业失之交臂。

由于工作的原因,我们接触了大量从事企业投标工作的人士。他们中的很多人从事本行业多年,后来因为企业投标的需要而从其他岗位和专业转过来从事投标工作。其中大多数人只能根据以前沉淀的一些经验和主观判断来处理招标投标相关工作,缺乏系统性、专业性和可操作性的指引和指导,更加缺乏除本企业以外的可以参考的案例和经验。目前招标投标相关领域的专业书籍和资料,更多是站在法律法规层面,从立法者和招标者的角度去撰写政府采购和招标投标流程中需要掌握的要点,而专门针对投标人(供应商)的书籍,特别是站在企业中专门负责投标工作的人员的角度,指导他们如何有效参与政府采购、如何撰写高分标书,以及如何在实践中应对相关的法律法规和招标文件要求的书籍十分匮乏。因此,我们萌生了撰写这本书的念头,希望可以帮助投标新人快速入门并达到比较专业的水平。

对于企业而言，招标投标流程跟进和投标文件的撰写工作，是贯穿于企业项目管理和商务工作的一个重要部分。更好地掌握和理解政府采购、招标投标的相关工作和标书撰写的方法和技巧，可以防范相关法律法规风险，提升企业在政府采购和招标投标领域的专业水平，增强企业参与投标项目的竞争力，助力企业成功中标。基于以上目的，本书从企业投标者角度，详细阐述了投标前、投标中和投标后的全流程操作，内容共分为十章：第一章简要介绍了政府采购与招投标的基础知识，以及需要掌握的相关法规体系的构成、项目的适用范围、采购方式的选取和流程等必备要点；从第二章开始，从招投标前、中、后的全流程出发，站在商务投标实践工作者所需要掌握的知识和技巧角度，共用八章分别介绍了备标（投标前的准备工作）、寻标（寻找适合自己的项目）、跟标（成功报名和招标文件的解读）、写标（投标文件有效编写详解）、检标（投标文件的检查、后期制作与递交）、参标（参与开标、评标、定标）、维权（质疑和异议的方法、渠道）、电子招投标（参与电子招投标的流程与技巧）；最后一章用了若干个案例解析，阐述了如何规避无效投标。

我们相信，无论是企业高管、商务人员，还是招标投标从业者；无论是新手，还是熟手，都可以在本书中获得有价值的参考和启示，从而深入掌握招标投标领域的知识和技巧，提升自身招标投标实践能力，在招标投标中取得成功。在本书写作过程中，我们尽可能考虑了不同读者的需求和实际情况，力求使本书具有实用性、可读性和可操作性。最后，我们感谢参与本书编辑和出版的所有人员（特别是责任编辑）的辛勤付出。由于我们写作水平有限，书中难免有错误或不妥之处，恳请读者朋友们批评指正。

本书作者

2024年春

目录

第一章　政府采购与招标投标的基础知识

第一节　两大法规体系的定义和适用范围 ……… 2
第二节　依法必须招标的项目范围和标准 ……… 11
第三节　七大政府采购方式流程与适用范围 …… 17

第二章　备标：投标前的准备工作

第一节　备标的概念和意义 ……………………… 30
第二节　基础文件和资格文件的准备 …………… 33
第三节　商务部分的文件准备 …………………… 43
第四节　技术部分的文件准备 …………………… 46
第五节　资料的有效搜索 ………………………… 47
第六节　必须了解的政府采购优惠政策 ………… 53

第三章　寻标：寻找适合自己的项目

第一节　招标公告的来源和分类 ………………… 68
第二节　找到适合自己的项目 …………………… 75

第四章　跟标：成功报名和招标文件的解读

第一节　成功报名 ………………………………… 80
第二节　招标文件的解读 ………………………… 88

第五章 投标文件有效编写详解

- 第一节　投标文件编写总体原则和流程 ……… 110
- 第二节　资格部分有效编写的注意事项 ……… 113
- 第三节　商务部分有效编写的技巧 ………… 139
- 第四节　技术部分有效编写的思路 ………… 151

第六章 投标文件的检查、后期制作与递交

- 第一节　资格性检查 ………………… 166
- 第二节　符合性检查 ………………… 169
- 第三节　评分标准得分点检查 ………… 171
- 第四节　投标文件的后期制作与递交 …… 173

第七章 开标、评标、定标

- 第一节　开标、评标、定标的基本内容 ……… 178
- 第二节　关于开标、评标、定标的法律法规 …… 179

第八章 投标人的维权渠道

- 第一节　质疑的流程及要点 …………… 192
- 第二节　异议的流程及要点 …………… 198
- 第三节　质疑和异议常用依据 ………… 202
- 第四节　质疑和投诉典型案例 ………… 222

第九章 电子招投标

- 第一节　电子招投标的介绍 …………… 248
- 第二节　参加电子招投标的流程 ……… 249
- 第三节　参加电子招投标的注意事项 …… 253

第十章 常见无效投标及相关案例

- 第一节　常见无效投标 ………………… 256
- 第二节　无效投标案例 ………………… 257

第一章 政府采购与招标投标的基础知识

林天逸： 您好，曾师傅，我是今天入职的新人，我叫林天逸，今天是过来跟您学习怎么做投标文件的。

曾洪波： 小林，你好，欢迎加入投标人行列。在学习制作投标文件之前，我们先来了解一下关于招标投标的两大法规体系，这是作为一名投标人必须掌握的知识，可以帮助我们判断每个项目适用于哪个法规体系，这会影响到我们在项目前、中、后这三个阶段的准备和跟进工作。

本章内容导航

两大法规体系的定义和适用范围

依法必须招标的项目范围和标准

七大政府采购方式流程与适用范围

第一节 两大法规体系的定义和适用范围

我国公共采购法律制度是以《中华人民共和国政府采购法》（以下简称《政府采购法》）和《中华人民共和国招标投标法》（以下简称《招标投标法》）两法为主体，辅之以行政法规、部门规章及规范性文件的法规体系。上述两法都是规范我国公共采购活动的法律，但其对于采购方式、采购程序、评审专家和代理机构的管理、质疑（异议）与投诉、法律责任等方面的规定存在诸多差异。下面我们就来分别了解一下《政府采购法》和《招标投标法》的定义和适用范围。

一、《政府采购法》概述

要了解《政府采购法》，我们必须先了解政府采购的定义，这样才可以明确《政府采购法》约束的主体和行为。

（一）政府采购的定义

《政府采购法》第二条规定："本法所称政府采购，是指各级国家机关、事业单位和团体组织，使用财政性资金采购依法制定的集中采购目录以内的或者采购限额标准以上的货物、工程和服务的行为。"

根据上述定义，我们可以了解到，政府采购的实施主体是各级国家机关、事业单位和团体组织，资金来源为财政性资金，采购标的有集中采购目录以内的或者采购限额标准以上的，因此我们可以把政府采购的定义和适用范围用图1-1表示，方便大家理解。

```
                    政府采购的定义和适用范围
         ┌──────────────┼──────────────┐
      实施主体        资金来源         采购标的
    ┌────┼────┐         │         ┌──────┴──────┐
  国家机关 事业单位 团体组织  财政性资金   集中采购目录以内 采购限额标准以上
```

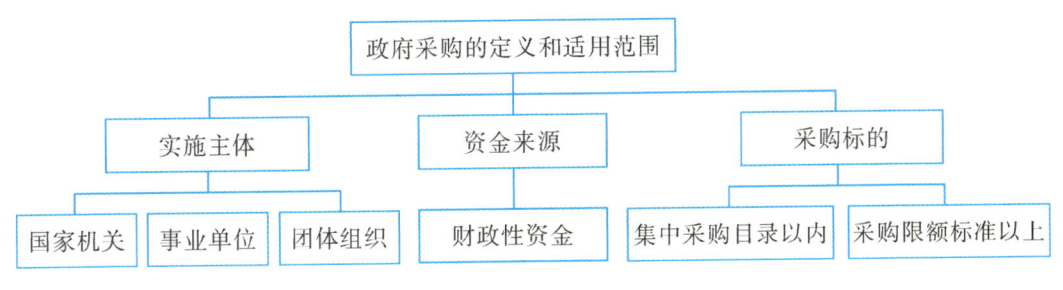

图1-1 政府采购的定义和适用范围

（二）相关概念

在以上定义中，一些词语在日常生活中并不常见，为了让大家更好地理解政府采购，在此我们对相关概念进行一些具体说明。

采购，是指以合同方式有偿取得货物、工程和服务的行为，包括购买、租赁、委托、雇用等。

货物，是指各种形态和种类的物品，包括原材料、燃料、设备、产品等。

工程，是指建设工程，包括建筑物和构筑物的新建、改建、扩建、装修、拆除、修缮等。

服务，是指除货物和工程以外的其他政府采购对象。

集中采购，是指采购人委托集中采购机构代理采购或者进行部门集中采购列入集中采购目录的项目的行为，与其对应的采购方式叫作分散采购。

分散采购，是指采购人自行采购或者委托采购机构代理采购限额标准以上的未列入集中采购目录的项目的行为。

集中采购目录，包括集中采购机构采购项目和部门集中采购项目。技术、服务等标准统一，采购人普遍使用的项目，列为集中采购机构采购项目；采购人本部门、本系统基于业务特殊要求，可以统一采购的项目，列为部门集中采购项目。简单来说，相关单位想采购纳入集中采购目录的项目，比如常用的办公设备、装修拆除、车辆、印刷、物业服务等，都必须委托本地的集中采购机构（比如各地的公共资源交易中心）进行代理采购，而不能自行采购或委托其他代理机构采购。

以上，我们对政府采购的定义和相关概念作了简单的介绍，让大家有一个基本印象。关于判断项目是否属于政府采购性质的方法和标准，我们会在本节第五点"两大法规体系的适用"中作出具体的讲解以及案例分析。接下来，我们继续了解《政府采购法》法规体系组成。

二、《政府采购法》法规体系组成

《政府采购法》法规体系由法律、法规、部门规章和规范性文件组成，具体如下：

（一）法律

《中华人民共和国政府采购法》。

（二）法规

《中华人民共和国政府采购法实施条例》。

（三）部门规章

《政府采购货物和服务招标投标管理办法》；

《政府采购非招标采购方式管理办法》；

《政府采购信息公告管理办法》；

《政府采购供应商投诉处理办法》；

《政府采购质疑和投诉办法》；

《政府采购进口产品管理办法》；

《政府采购促进中小企业发展暂行办法》；

《政府采购评审专家管理办法》；

……

（四）规范性文件

《财政部关于加强政府采购货物和服务项目价格评审管理的通知》；

《财政部关于进一步规范政府采购评审工作有关问题的通知》；

《财政部关于促进政府采购公平竞争优化营商环境的通知》；

……

以上是政府采购的定义、适用范围以及《政府采购法》法规体系组成的概述,接下来,我们来了解《招标投标法》。

三、《招标投标法》概述

要了解《招标投标法》,我们必须先了解招标投标的定义,这样才可以明确《招标投标法》约束的主体和行为。

(一)招标投标的定义

《招标投标法》第二条规定:"在中华人民共和国境内进行招标投标活动,适用本法。"第三条规定:"在中华人民共和国境内进行下列工程建设项目包括项目的勘察、设计、施工、监理以及与工程建设有关的重要设备、材料等的采购,必须进行招标:(一)大型基础设施、公用事业等关系社会公共利益、公众安全的项目;(二)全部或者部分使用国有资金投资或者国家融资的项目;(三)使用国际组织或者外国政府贷款、援助资金的项目。"第十条规定:"招标分为公开招标和邀请招标。"

根据以上《招标投标法》中几个法条的约束范围和定义,我们可以了解到,招标投标并没有约束实施主体,只是约束了招标投标活动的区域、工程建设项目必须招标的范围和招标的方式,而且招标方式暂时只有公开招标和邀请招标两种。因此,我们可以把招标投标适用范围用图1-2表示,方便大家理解。

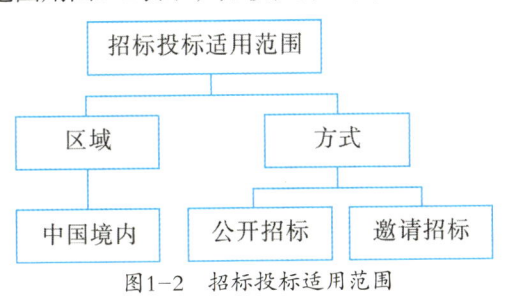

图1-2 招标投标适用范围

(二)相关概念

在《招标投标法》中,会涉及很多与工程有关的词语,这里作一个简单的解释,以便大家对法律法规的解读以及对本书后面内容的理解。

工程建设项目，是指工程以及与工程建设有关的货物、服务。特别要注意的是，单独的装修、拆除等项目不属于《招标投标法》中规定的工程建设项目。

与工程建设有关的货物，是指构成工程不可分割的，且为实现工程基本功能所必需的设备、材料等。

与工程建设有关的服务，是指为完成工程所需的勘察、设计、监理等服务。

以上，我们对招标投标的定义和《招标投标法》中与工程相关的概念作了简单的介绍，让大家有一个基本印象。关于判断项目是否适用《招标投标法》的方法和标准，我们会在本节第五条"两大法规体系的适用"中作出具体的讲解以及案例分析。接下来，我们继续了解《招标投标法》法规体系组成。

四、《招标投标法》法规体系组成

《招标投标法》法规体系由法律、法规、部门规章组成，具体如下：

（一）法律

《中华人民共和国招标投标法》。

（二）法规

《中华人民共和国招标投标法实施条例》。

（三）部门规章

国家发改委、住建部、水利部、交通运输部、电力部、工信部等多部门发布的部门规章，其他部门规章。

以上是招标投标的定义、适用范围以及《招标投标法》法规体系组成的概述。

接下来，我们来了解两大法规的适用性，主要是让大家懂得如何去判断项目的性质。所谓判断项目的性质，就是判断所投项目是受《政府采购法》的约束还是受《招标投标法》的约束。为什么一开始就要让大家学会判断项目的性质呢？举一个很简单的例子：假如报名后，我们认为招标文件的条款不合理，想通过质疑让代理公司进行更改，那么我们应该从哪部法律法规里面找到支持质疑的法条呢？必须首先明确项目的性质，才可以去具体的法律法规里面找到具体的法条。

五、两大法规体系的适用

政府采购和招标投标的定义和适用范围前文作了简单描述，现在我们进行深度讲解并且结合案例进行分析，让大家快速学会判断项目的性质，从而更好地理解两大法规体系的适用范围。

（一）政府采购项目判断

1. 采购主体的定义

国家机关：从事国家管理和行使国家权力的机关，包括国家元首、权力机关、行政机关、审判机关、公安机关、检察机关和军事机关。

事业单位：国家为了社会公益目的，由国家机关组建或者其他组织利用国有资产组建的，主要从事教育、科技、文化、卫生等为国民经济和社会发展服务的社会公共组织，接受政府领导，是表现形式为组织或机构的法人实体。

团体组织：由一定数量的成员为了共同目标而组成的机构，包括财政供养的共青团、妇联、工商联、总工会、残联、科协、侨联等。

2. 财政性资金的定义

何为财政性资金？《中华人民共和国政府采购法实施条例》（以下简称《政府采购法实施条例》）第二条规定："财政性资金是指纳入预算管理的资金。以财政性资金作为还款来源的借贷资金，视同财政性资金。"

对于投标人来说，可以根据招标文件"投标人须知"前附表或者"投标人须知"的内容判断项目的资金来源。

3. 政府采购目录以及限额标准

2022年9月2日，财政部重新印发了《政府采购品目分类目录》，各省、自治区、直辖市、计划单列市的财政厅（局）根据新目录重新制定了当地的政府采购目录，地方具体的集中采购目录以及限额标准需要前往中国政府采购网查看。

综上所述，判断是否属于政府采购项目，需要判断项目的采购主体、资金来源、采购标的以及采购形式是否符合条件。四个条件中，相关项目任意一条不能满足就不属于政府采购项目，不受《政府采购法》的约束。在投标实务中，采购项目既使用财政性资金又使用非财政性资金的，执行中应首先判断采购项目是否能够按资金来源不同进行分割。对于能够分割的，也就是说采购项目可以分成不同的独立的子项目的，使用财政性资金采购的部分适用《政府采购法》及《政府采购法实施条例》，而使用非财政性资金采购的部分则不适用；对于不能够分割的，无论财政性资金与非财政性资金的比例如何，只要使用了财政性资金，则整个采购项目都必须统一适用《政府采购法》及《政府采购法实施条例》。

（二）招标投标项目判断

判断是否属于招标投标项目可以采用"三看"法（见图1-3）。

第一，看采购主体。政府采购的主体是国家机关、事业单位和团体组织，如果项目的采购人不属于这三个范畴，那么项目就不适用《政府采购法》。如果项目的采购人属于企业或个人，项目属于法定必须招标的项目，则适用《招标投标法》。如果不属于法定必须招标的项目，则不受以上两大法规的约束。（依法必须招标的项目本章第二节会进行详细介绍。）

第二，看采购标的。如果采购人是政府采购规定的主体，则还要看采购标的是货物、服务还是工程，如果是货物和服务类项目，则该项目可以判定为适用《政府采购法》法规体系。其中政府采用招标方式采购货物和服务的，主要遵循的是《政府采购法》法规体系中的《政府采购货物和服务招标投标管理办法》（87号令）；政府使用非招标方式采购货物和服务的，主要遵循《政府采购法》《政府采购法实施条例》《政府采购非招标采购方式管理办法》（74号令）。

第三，看采购方式。如果是政府采购工程类项目，采用招标方式进行采购的，则适用《招标投标法》，如果采用非招标方式进行采购的（如竞争性谈判、磋商、询价、单一来源等），则适用《政府采购法》法规体系。

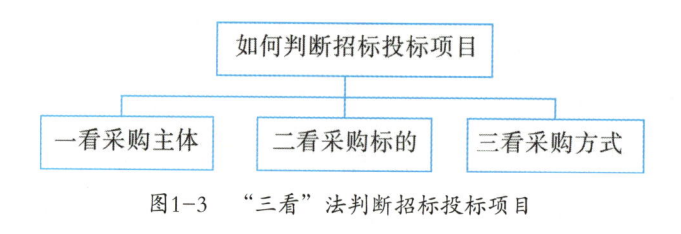

```
                如何判断招标投标项目
                         |
        ┌────────────────┼────────────────┐
    一看采购主体      二看采购标的      三看采购方式
```

图1-3 "三看"法判断招标投标项目

（三）案例分析：以下项目适用哪个法规体系

接下来，我们试着用刚刚学习的知识对下面的项目案例进行适用判断（见表1-1）。

案例分析

表1-1 项目案例及其适用法规体系

题号	项目案例	适用法规体系
1	某公立医院通过公开招标的方式采购一项400万元以上的新大楼装修工程	《招标投标法》
2	某环保局通过公开招标的方式采购一项400万元以上的水治理工程	《招标投标法》
3	某教育局通过竞争性磋商的方式采购学校课室的空调	《政府采购法》
4	某国有企业通过竞争性磋商的方式采购工程监理服务	企业自行管理
5	某国有企业通过公开招标的方式采购新厂房建设工程	《招标投标法》
6	某公安局采用公开招标的方式采购一批电脑	《政府采购法》
7	某解放军部队通过公开招标的方式采购电脑服务器	《招标投标法》

第1题和第2题，我们先来看采购主体。公立医院和环保局均属于政府采购的主体范围，但是，由于采购的标的物属于工程且金额达到400万元以上，根据《招标投标法》第三条的规定，这两个案例当中的工程建设均属于大型基础设施，因此不适用《政府采购法》法规体系，而适用《招标投标法》法规体系。

第3题和第6题，我们先来看采购主体。教育局和公安局均属于政府采购的主体范围，购买空调以及电脑均属于集中采购目录中的货物，竞争性磋商和公开招标均属于《政府采购法》中规定的采购方式，因此这两个案例都适用《政府采购法》法规体系。

第4题和第5题，我们先来看采购主体。这两题的采购主体都是国有企业，显然都不是《政府采购法》的适用主体，那么，它们都是《招标投标法》的适用主体吗？我们再来看看采购标的和采购方式。第4题的采购标的是服务，采购方式是竞争性磋商，属于政府采购的方式，但由于采购主体和资金来源都不属于政府采购定义范围内，因此第4题是国有企业自行管理。第5

题由于采购方式是公开招标，因此根据《招标投标法》的规定，适用《招标投标法》。

第7题有点特殊，《政府采购法》第八十六条规定："军事采购法规由中央军事委员会另行制定。"因此，军队体系购买的货物和服务都不受《政府采购法》约束，而是受《军队采购法》管辖。但是，由于本例中采取公开招标的采购方式，因此也受《招标投标法》的约束。

这几个例题你们分析对了吗？对于投标人来说，能够通过采购主体、采购标的、采购方式去判断项目性质，基本上就可以胜任常规的投标实务工作了。但如果再进阶一点的话，就要知道"依法必须招标的项目"的范围是什么了，就像上述案例中的第1题和第2题，《招标投标法》中对于必须依法招标的内容有规定，《政府采购法》中同样有类似的规定。接下来，我们来学习一下依法必须招标的项目范围和标准吧。

第二节　依法必须招标的项目范围和标准

依法必须招标的项目是指，根据《政府采购法》和《招标投标法》的规定，必须用招标方式进行公开采购的货物、服务和工程。这里面包含了《政府采购法》对采购限额标准和公开招标数额标准的规定，以及《招标投标法》法规体系中依法必须招标的项目范围。

一、《政府采购法》采购限额标准和公开招标数额标准的规定

（一）政府采购限额标准

在政府采购的定义中提到"采购限额标准以上"，指的是在集中采购目录以内的项目之外，如果政府采购的金额没有达到某一采购限额，则该项目不属于《政府采购法》法规体系的监管范畴，该单位可以自行组织采购或者委托社会采购代理机构进行采购，同时无须遵循政府采购的法规流程要求。

（二）政府采购公开招标数额标准

《政府采购法》法规体系中的《政府采购货物和服务招标投标管理办法》（87号令）第四条规定："属于地方预算的政府采购项目，省、自治区、直辖市人民政府根据实际情况，可以确定分别适用于本行政区域省级、设区的市级、县级公开招标数额标准。"也就是说，没有达到公开招标数额标准的，可以不进行公开招标，达到公开招标数额标准的，原则上必须采用公开招标的方式进行采购（见表1-2）。

表1-2　政府采购数额标准及采购流程要求

政府采购数额标准	采购流程要求
公开招标数额以上（如广东省为400万元）	必须公开招标
分散采购限额以上，公开招标数额以下	竞争性磋商、竞争性谈判、询价、单一来源
分散采购限额以下（如广东省为100万元）	按单位内控规定自行采购

（三）案例——以中央单位为例

财政部对中央单位规定了分散采购限额和公开招标数额标准，以下是《中央预算单位政府集中采购目录及标准（2020年版）》。

分散采购限额标准：除集中采购机构采购项目和部门集中采购项目外，各部门自行采购单项或批量金额达到100万元以上的货物和服务的项目、120万元以上的工程项目应按《中华人民共和国政府采购法》和《中华人民共和国招标投标法》有关规定执行。

公开招标数额标准：政府采购货物或服务项目，单项采购金额达到200万元以上的，必须采用公开招标方式。政府采购工程以及与工程建设有关的货物、服务公开招标数额标准按照国务院有关规定执行。

（四）案例——以广东省为例

《广东省财政厅关于印发〈广东省政府集中采购目录及标准（2020年版）〉的通知》对分散采购限额标准和公开招标数额标准均进行了规定，具体如下。

分散采购限额标准：除集中采购机构采购项目和部门集中采购项目外，单项或批量金额达到100万元以上（含100万元，下同）的货物、工程和服务项目应执行《中华人民共和国政府采购法》和《中华人民共和国招标投标法》有关规定，实行分散采购。

公开招标数额标准：（一）货物和服务类。单项或批量金额400万元以上的货物和服务项目，应采用公开招标方式。（二）工程类。施工单项合同估算价400万元以上的工程项目、与工程建设有关的重要设备、材料等货物项目200万元以上的以及与工程建设有关的勘察、设计、监理等服务项目100万元以上的，必须招标。政府采购工程以及与工程建设有关的货物、服务，采用招标方式采购的，适用《中华人民共和国招标投标法》及其实施条例；采用其他方式采购的，适用《中华人民共和国政府采购法》及其实施条例。

可见，《政府采购法》的采购限额标准和公开数额标准并不是统一的，具体标准和数额需要根据地方公布信息而定，建议大家自行登录中国政府采购网，找到自己所在地方的采购目录进行查看，配合本章内容进行了解。

二、《招标投标法》法规体系中依法必须招标的项目规定

在《招标投标法》法规体系中，有着更多的规定明确依法必须招标的项目，以下（一）（二）（三）中所列项目只要达到一定的范围和数额就必须采用公开招标或者邀请招标的方式进行采购。

（一）法律规定强制招标的范围

《招标投标法》第三条明确规定了必须进行招标的项目：

"在中华人民共和国境内进行下列工程建设项目包括项目的勘察、设计、施工、监理以及与工程建设有关的重要设备、材料等的采购，必须进行招标：（一）大型基础设施、公用事业等关系社会公共利益、公众安全的项目；（二）全部或者部分使用国有资金投资或者国家融资的项目；（三）使用国际组织或者外国政府贷款、援助资金的项目。"

（二）工程项目必须招标的标准

2018年3月27日，国务院公布了《必须招标的工程项目规定》，进一步确定了必须招标的工程项目。

必须招标的工程项目规定

第一条　为了确定必须招标的工程项目，规范招标投标活动，提高工作效率、降低企业成本、预防腐败，根据《中华人民共和国招标投标法》第三条的规定，制定本规定。

第二条　全部或者部分使用国有资金投资或者国家融资的项目包括：

（一）使用预算资金200万元人民币以上，并且该资金占投资额10%以上的项目；

（二）使用国有企业事业单位资金，并且该资金占控股或者主导地位的项目。

第三条　使用国际组织或者外国政府贷款、援助资金的项目包括：

（一）使用世界银行、亚洲开发银行等国际组织贷款、援助资金的项目；

（二）使用外国政府及其机构贷款、援助资金的项目。

第四条　不属于本规定第二条、第三条规定情形的大型基础设施、公用事业等关系社会公共利益、公众安全的项目，必须招标的具体范围由国务院发展改革部门会同国务院有关部门按照确有必要、严格限定的原则制订，报国务院批准。

第五条　本规定第二条至第四条规定范围内的项目，其勘察、设计、施工、监理以及与工程建设有关的重要设备、材料等的采购达到下列标准之一的，必须招标：

（一）施工单项合同估算价在400万元人民币以上；

（二）重要设备、材料等货物的采购，单项合同估算价在200万元人民币以上；

（三）勘察、设计、监理等服务的采购，单项合同估算价在100万元人民币以上。

同一项目中可以合并进行的勘察、设计、施工、监理以及与工程建设有关的重要设备、材料等的采购，合同估算价合计达到前款规定标准的，必须招标。

第六条　本规定自2018年6月1日起施行。

（三）必须招标的基础设施和公用事业项目范围规定

为了明确"大型基础设施、公用事业"的项目范围，2018年6月6日国家发改委印发了《必须招标的基础设施和公用事业项目范围规定》，通知中提到的必须招标的基础设施和公用事业项目范围规定如下。

必须招标的基础设施和公用事业项目范围规定

第一条　为明确必须招标的大型基础设施和公用事业项目范围，根据《中华人民共和国招标投标法》和《必须招标的工程项目规定》，制定本规定。

第二条　不属于《必须招标的工程项目规定》第二条、第三条规定情形的大型基础设施、公用事业等关系社会公共利益、公众安全的项目，必须招标的具体范围包括：

（一）煤炭、石油、天然气、电力、新能源等能源基础设施项目；

（二）铁路、公路、管道、水运，以及公共航空和A1级通用机场等交通运输基础设施项目；

（三）电信枢纽、通信信息网络等通信基础设施项目；

（四）防洪、灌溉、排涝、引（供）水等水利基础设施项目；

（五）城市轨道交通等城建项目。

第三条 本规定自2018年6月6日起施行。

综上，根据《招标投标法》以及相关规定可以看到，在《招标投标法》法规体系中，依法必须招标的项目指的是工程项目以及与工程相关的货物类采购，而且有范围和金额的标准。在投标实务中，需要结合两者进行判断，下面我们用实际的案例进行分析。

（四）案例分析：判断以下项目是否属于依法必须招标的项目

接下来，我们试着用刚刚所学习的知识，判断下面的项目案例是否属于依法必须招标的项目（见表1-3）。

案例分析

表1-3 项目案例是否属于依法必须招标的标目

题号	项目案例	是否属于依法必须招标
1	国有企业由于生产需要购买一台加工仪器，仪器金额是600万元	否
2	某高压线路工程变压器采购单项合同估算价为320万元	是
3	某国企投资房屋建筑项目（450万元），招标人将工程分解为地基处理（80万元）和工程建筑（370万元）	否
4	某国企建筑工程预算金额为390万元，其中不可分割的货物单项合同为210万元	是
5	建筑物竣工验收合格，企业拟购买一个古董花瓶，市场价为500万元	否

第1题，国有企业购买的标的是一台加工仪器，属于货物并非工程，因此不属于依法必须招标的项目。

第2题，是关于高压线路工程的项目，可以先确定属于工程类的项目，高压线路工程项目属于能源基础设施项目，因此符合必须招标的范围；采购的是变压器，变压器属于这个工程中不可或缺的重要设备且金额达到200万元人民币以上，因此这个项目是依法必须招标的项目。

第3题，是国有企业投资房屋建筑项目，属于工程范围，但是，由于工程分成了两个部分，两个部分的金额均没有达到《必须招标的工程项目规定》

第五条的标准，因此这个项目不属于依法必须招标的项目。

第4题，国有企业的建筑工程项目属于工程范围，而且不可分割的货物单项合同达到《必须招标的工程项目规定》第五条的标准，因此属于依法必须招标的项目。

第5题，建筑工程已经竣工，意味着这个工程已经结束，艺术品的采购不属于这个工程不可分割的部分，因此这个项目不属于依法必须招标的项目。

现在，相信大家对项目的性质判断有一个基本的了解了，建议大家在日常工作的时候刻意练习，招标文件"投标人须知"部分一般都会直接告知项目的适用法规，大家可以自己试着判断和核对。

第三节　七大政府采购方式流程与适用范围

前文我们都在讨论公开招标，要知道，公开招标只是采购方式的一种。在《招标投标法》中，有公开招标和邀请招标两种采购方式；在政府采购中，除了常见的公开招标，还有其他5种非招标的采购方式，分别是邀请招标、竞争性谈判、竞争性磋商、询价和单一来源。此外，2022年，财政部公布了《政府采购框架协议采购方式管理暂行办法》，从而使政府采购的法定采购方式从6种变成了7种（第7种为框架协议采购）。2024年2月1日，财政部发布了《关于〈政府采购合作创新采购方式管理暂行办法（征求意见稿）〉向社会公开征求意见的通知》，意味着政府采购第8种方式即将到来。这个"合作创新"是一种全新的采购方式，非常值得投标人关注。下面我们先来介绍一下目前政府采购已有的7种采购方式的定义、流程、适用范围等。

一、六大政府采购方式的定义

（一）公开招标

依据《政府采购货物和服务招标投标管理办法》，公开招标是指采购人依法以招标公告的方式邀请非特定的供应商参加投标的采购方式。

（二）邀请招标

依据《政府采购货物和服务招标投标管理办法》，邀请招标是指采购人依法从符合相应资格条件的供应商中随机抽取3家以上供应商，并以投标邀请书的方式邀请其参加投标的采购方式。

（三）竞争性谈判

依据《政府采购非招标采购方式管理办法》，竞争性谈判是指谈判小组与符合资格条件的供应商就采购货物、工程和服务事宜进行谈判，供应商按照谈判文件的要求提交响应文件和最后报价，采购人从谈判小组提出的成交候选人中确定成交供应商的采购方式。

（四）竞争性磋商

依据《政府采购竞争性磋商采购方式管理暂行办法》，竞争性磋商采购方式是指采购人、政府采购代理机构通过组建竞争性磋商小组（以下简称"磋商小组"）与符合条件的供应商就采购货物、工程和服务事宜进行磋商，供应商按照磋商文件的要求提交响应文件和报价，采购人从磋商小组评审后提出的候选供应商名单中确定成交供应商的采购方式。

（五）询价

依据《政府采购非招标采购方式管理办法》，询价是指询价小组向符合资格条件的供应商发出采购货物询价通知书，要求供应商一次报出不得更改的价格，采购人从询价小组提出的成交候选人中确定成交供应商的采购方式。

（六）单一来源

依据《政府采购非招标采购方式管理办法》，单一来源采购是指采购人从某一特定供应商处采购货物、工程和服务的采购方式。

二、六大政府采购方式的操作流程以及异同

（一）六大政府采购方式的操作流程

前述政府采购的六种采购方式流程类似，但是公告发布时间、评审专家数量、开标流程等各有不同，下面给大家整理了这六种采购方式的操作流程，涵盖了采购人、代理机构以及投标人在整个采购流程中所涉及的关键点，如需高清电子版流程图，可以扫描书后的二维码添加好友，发送关键词"采购流程图"咨询领取。

（1）公开招标的操作流程如图1-4所示。

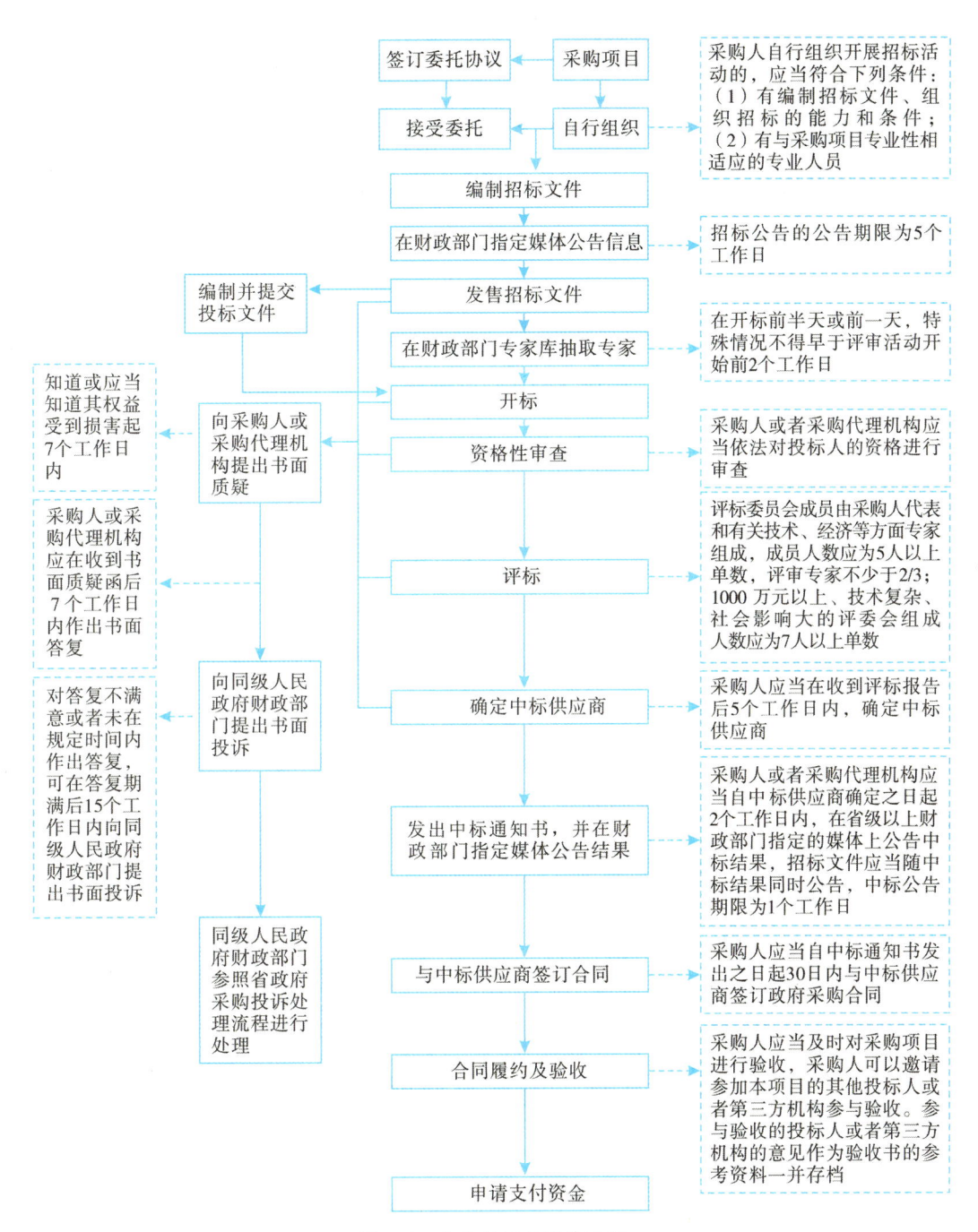

图1-4 公开招标的操作流程

（2）邀请招标的操作流程如图1-5所示。

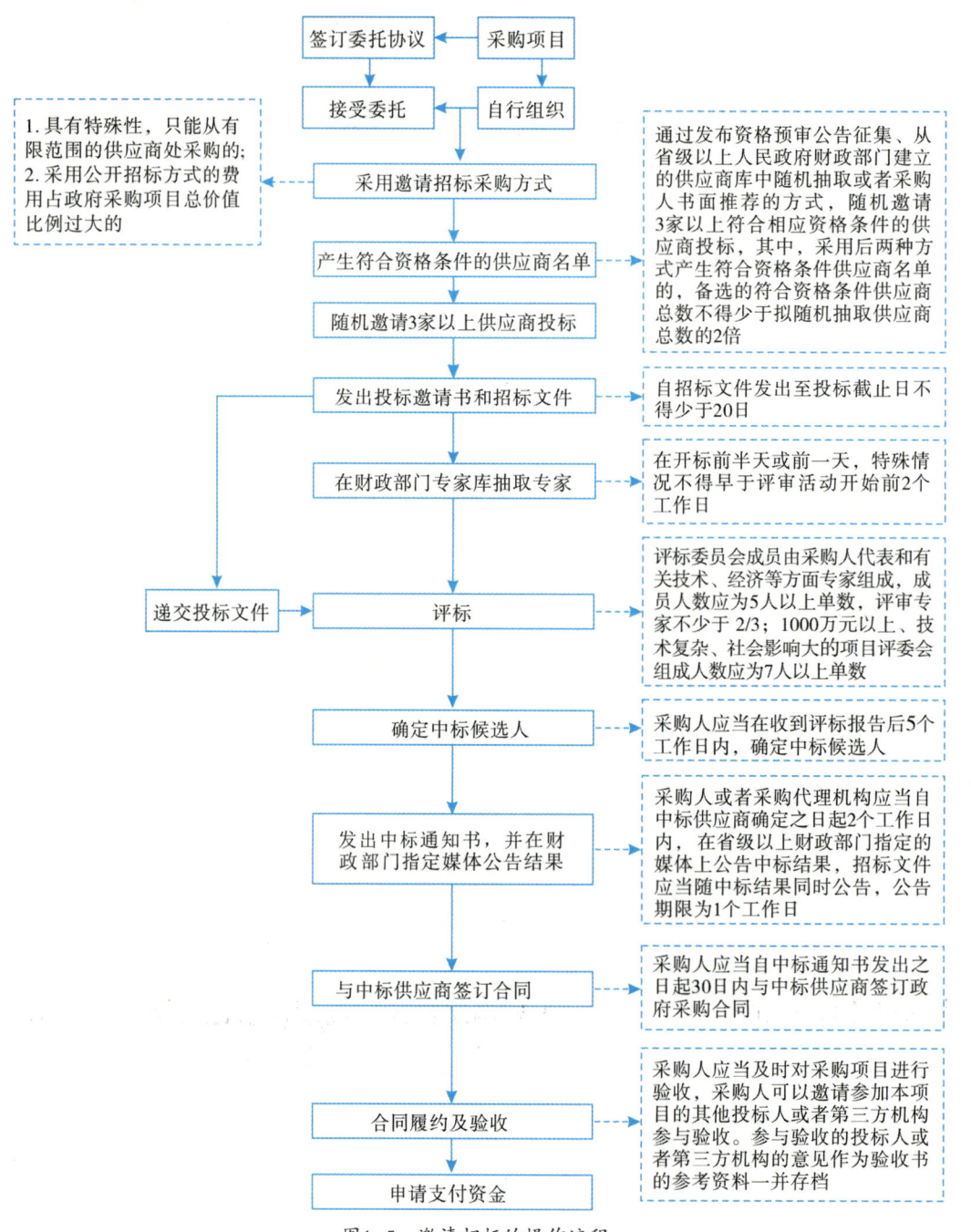

```
                    ┌──────────┐    ┌──────────┐
                    │签订委托协议│◄───│ 采购项目 │
                    └────┬─────┘    └────┬─────┘
                         ▼               ▼
                    ┌──────────┐    ┌──────────┐
                    │ 接受委托 │    │ 自行组织 │
                    └────┬─────┘    └────┬─────┘
                         └───────┬───────┘
                                 ▼
┌────────────────┐      ┌──────────────────┐
│1.具有特殊性，只能│      │采用邀请招标采购方式│
│从有限范围的供应商│─────►└────────┬─────────┘
│处采购的；        │               ▼
│2.采用公开招标方式│      ┌──────────────────┐
│的费用占政府采购项│      │产生符合资格条件的 │
│目总价值比例过大的│      │  供应商名单      │
└────────────────┘      └────────┬─────────┘
                                 ▼
                        ┌──────────────────┐      ┌────────────────────┐
                        │随机邀请3家以上    │      │通过发布资格预审公告│
                        │供应商投标         │─────►│征集、从省级以上人民│
                        └────────┬─────────┘      │政府财政部门建立的供│
                                 ▼                │应商库中随机抽取或者│
                        ┌──────────────────┐      │采购人书面推荐的方式│
                        │发出投标邀请书和   │─────►│自招标文件发出至投标│
                        │招标文件           │      │截止日不得少于20日 │
                        └────────┬─────────┘      └────────────────────┘
                                 ▼
                        ┌──────────────────┐      ┌────────────────────┐
                        │在财政部门专家库   │─────►│在开标前半天或前一天│
                        │抽取专家           │      │特殊情况不得早于评审│
                        └────────┬─────────┘      │活动开始前2个工作日 │
                                 ▼                └────────────────────┘
    ┌──────────┐        ┌──────────────────┐      ┌────────────────────┐
    │递交投标文件│──────►│     评标         │─────►│评标委员会成员由采购│
    └──────────┘        └────────┬─────────┘      │人代表和有关技术、经│
                                 ▼                │济等方面专家组成，成│
                        ┌──────────────────┐      │员人数应为5人以上单 │
                        │确定中标候选人     │─────►│数，评审专家不少于  │
                        └────────┬─────────┘      │2/3；1000万元以上、 │
                                 ▼                │技术复杂、社会影响大│
                        ┌──────────────────┐      │的项目评委会组成人数│
                        │发出中标通知书，并 │      │应为7人以上单数     │
                        │在财政部门指定媒体 │─────►└────────────────────┘
                        │公告结果           │      
                        └────────┬─────────┘      采购人应当在收到评标
                                 ▼                报告后5个工作日内，
                        ┌──────────────────┐      确定中标候选人
                        │与中标供应商签订合同│─────►采购人应当自中标通知
                        └────────┬─────────┘      书发出之日起30日内与
                                 ▼                中标供应商签订政府采
                        ┌──────────────────┐      购合同
                        │ 合同履约及验收    │─────►采购人应当及时对采购
                        └────────┬─────────┘      项目进行验收
                                 ▼
                        ┌──────────────────┐
                        │ 申请支付资金      │
                        └──────────────────┘
```

图1-5　邀请招标的操作流程

（3）竞争性谈判的操作流程如图1-6所示。

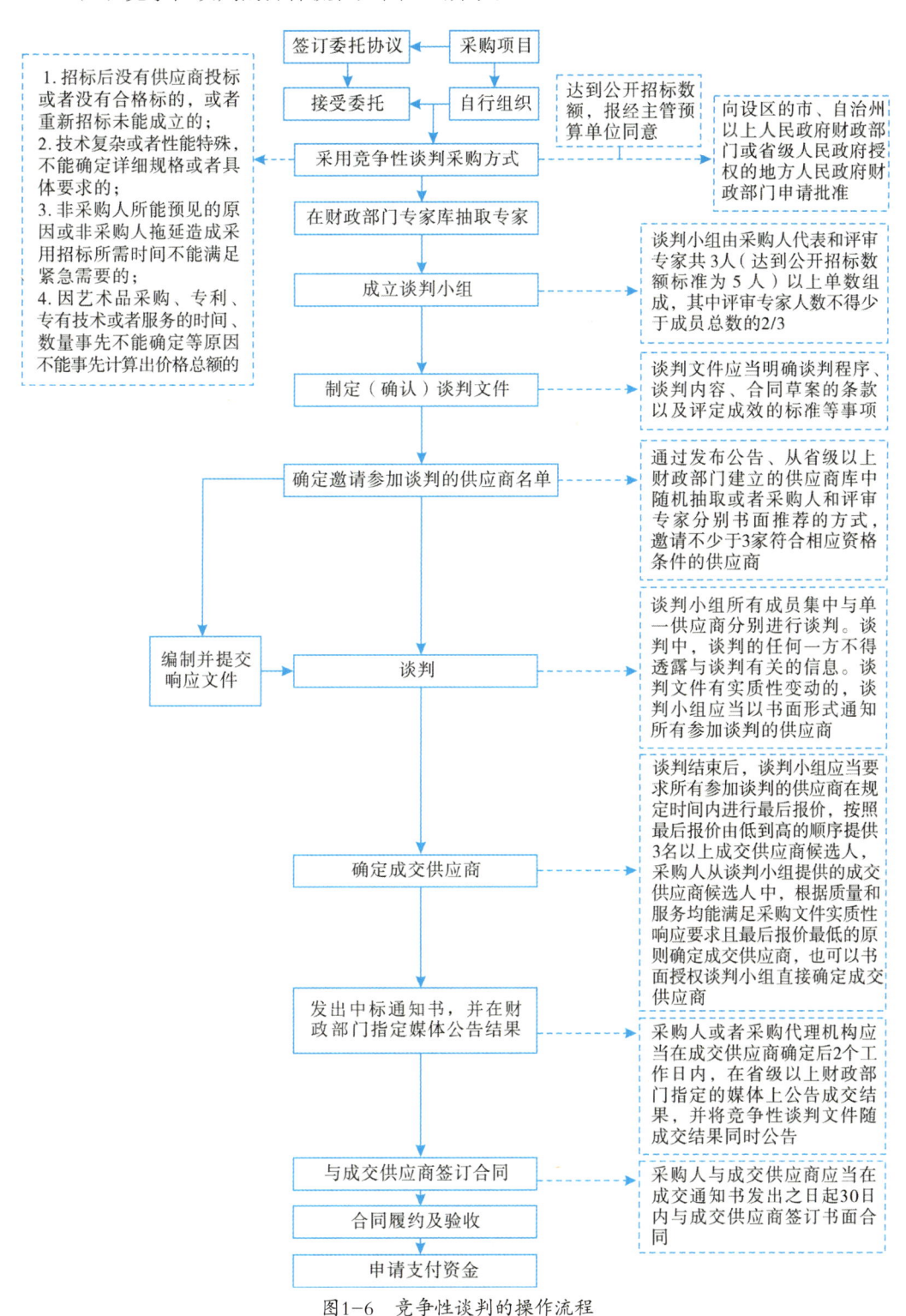

流程步骤：

- 签订委托协议 / 采购项目
- 接受委托 / 自行组织
- 采用竞争性谈判采购方式
- 在财政部门专家库抽取专家
- 成立谈判小组
- 制定（确认）谈判文件
- 确定邀请参加谈判的供应商名单
- 编制并提交响应文件 → 谈判
- 确定成交供应商
- 发出中标通知书，并在财政部门指定媒体公告结果
- 与成交供应商签订合同
- 合同履约及验收
- 申请支付资金

采用竞争性谈判采购方式的情形：

1. 招标后没有供应商投标或者没有合格标的，或者重新招标未能成立的；
2. 技术复杂或者性能特殊，不能确定详细规格或者具体要求的；
3. 非采购人所能预见的原因或非采购人拖延造成采用招标所需时间不能满足紧急需要的；
4. 因艺术品采购、专利、专有技术或者服务的时间、数量事先不能确定等原因不能事先计算出价格总额的

说明：

- 达到公开招标数额，报经主管预算单位同意
- 向设区的市、自治州以上人民政府财政部门或省级人民政府授权的地方人民政府财政部门申请批准
- 谈判小组由采购人代表和评审专家共3人（达到公开招标数额标准为5人）以上单数组成，其中评审专家人数不得少于成员总数的2/3
- 谈判文件应当明确谈判程序、谈判内容、合同草案的条款以及评定成效的标准等事项
- 通过发布公告、从省级以上财政部门建立的供应商库中随机抽取或者采购人和评审专家分别书面推荐的方式，邀请不少于3家符合相应资格条件的供应商
- 谈判小组所有成员集中与单一供应商分别进行谈判。谈判中，谈判的任何一方不得透露与谈判有关的信息。谈判文件有实质性变动的，谈判小组应当以书面形式通知所有参加谈判的供应商
- 谈判结束后，谈判小组应当要求所有参加谈判的供应商在规定时间内进行最后报价，按照最后报价由低到高的顺序提供3名以上成交供应商候选人，采购人从谈判小组提供的成交供应商候选人中，根据质量和服务均能满足采购文件实质性响应要求且最后报价最低的原则确定成交供应商，也可以书面授权谈判小组直接确定成交供应商
- 采购人或者采购代理机构应当在成交供应商确定后2个工作日内，在省级以上财政部门指定的媒体上公告成交结果，并将竞争性谈判文件随成交结果同时公告
- 采购人与成交供应商应当在成交通知书发出之日起30日内与成交供应商签订书面合同

图1-6 竞争性谈判的操作流程

21

（4）竞争性磋商的操作流程如图1-7所示。

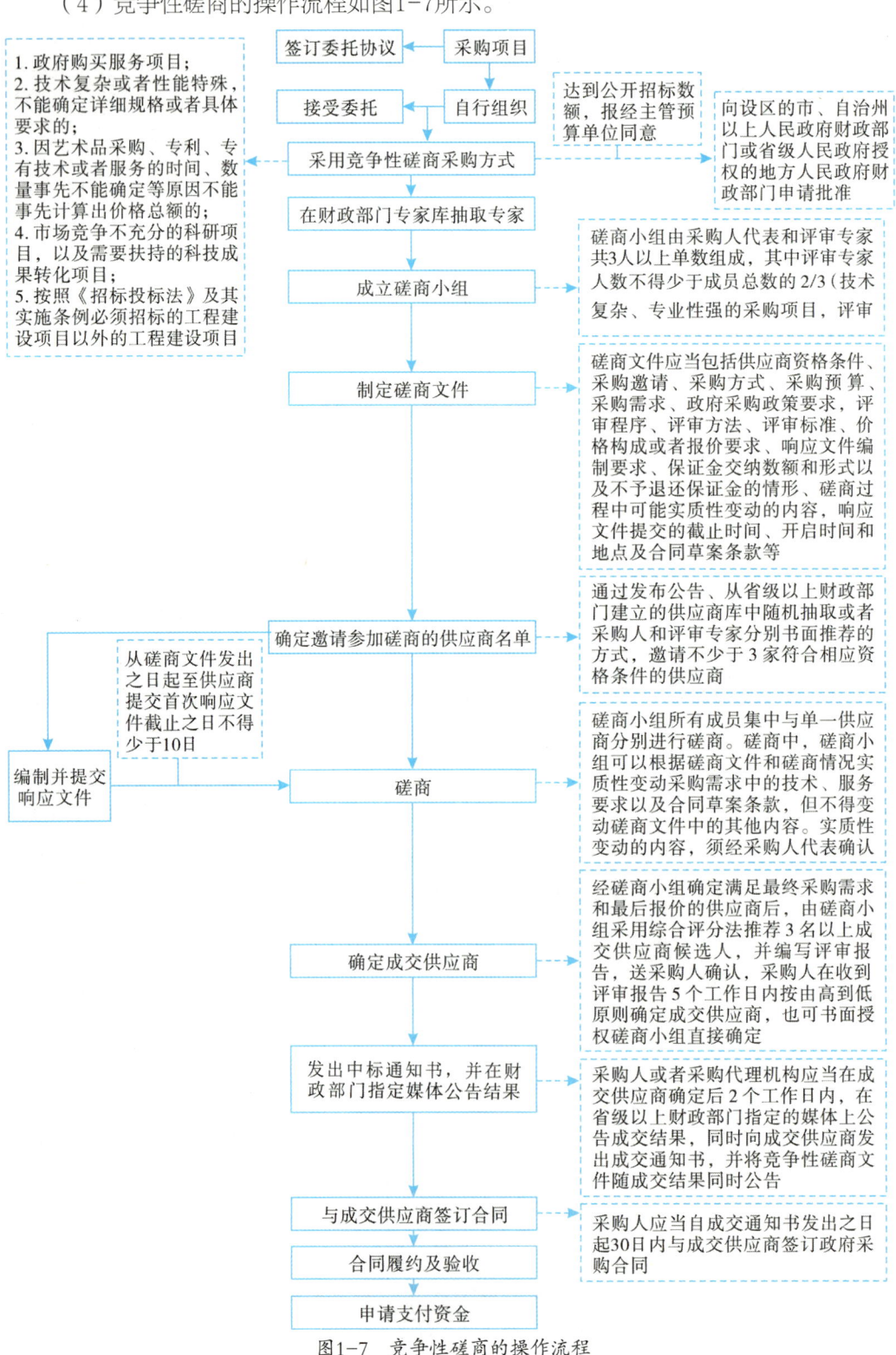

```
                          签订委托协议 ← 采购项目
                               ↓           ↓
1. 政府购买服务项目；          接受委托    自行组织        达到公开招标数         向设区的市、自治州
2. 技术复杂或者性能特殊，         ↓           ↓             额，报经主管预         以上人民政府财政部
   不能确定详细规格或者具体    采用竞争性磋商采购方式 ←   算单位同意            门或省级人民政府授
   要求的；                      ↓                                            权的地方人民政府财
3. 因艺术品采购、专利、专     在财政部门专家库抽取专家                          政部门申请批准
   有技术或者服务的时间、数       ↓                      磋商小组由采购人代表和评审专家
   量事先不能确定等原因不能   成立磋商小组           →   共3人以上单数组成，其中评审专家
   事先计算出价格总额的；       ↓                      人数不得少于成员总数的2/3（技术
4. 市场竞争不充分的科研项                                复杂、专业性强的采购项目，评审
   目，以及需要扶持的科技成                               …
   果转化项目；               制定磋商文件           →   磋商文件应当包括供应商资格条件、
5. 按照《招标投标法》及其                                采购邀请、采购方式、采购预算、
   实施条例必须招标的工程建                                采购需求、政府采购政策要求，评
   设项目以外的工程建设项目                                审程序、评审方法、评审标准、价
                                                         格构成或者报价要求、响应文件编
                                                         制要求、保证金交纳数额和形式以
                                                         及不予退还保证金的情形、磋商过
                                                         程中可能实质性变动的内容，响应
                                                         文件提交的截止时间、开启时间和
                                                         地点及合同草案条款等
                                  ↓
                          确定邀请参加磋商的供应商名单 →  通过发布公告、从省级以上财政部
                                  ↓                      门建立的供应商库中随机抽取或者
     从磋商文件发出                                        采购人和评审专家分别书面推荐的
     之日起至供应商                                        方式，邀请不少于3家符合相应资
     提交首次响应文                                        格条件的供应商
     件截止之日不得
     少于10日
         ↓
     编制并提交                                            磋商小组所有成员集中与单一供应
     响应文件              →       磋商               →  商分别进行磋商。磋商中，磋商小
                                                         组可以根据磋商文件和磋商情况实
                                                         质性变动采购需求中的技术、服务
                                                         要求以及合同草案条款，但不得变
                                                         动磋商文件中的其他内容。实质性
                                                         变动的内容，须经采购人代表确认
                                  ↓
                              确定成交供应商         →    经磋商小组确定满足最终采购需求
                                                         和最后报价的供应商后，由磋商小
                                                         组采用综合评分法推荐3名以上成
                                                         交供应商候选人，并编写评审报
                                                         告，送采购人确认，采购人在收到
                                                         评审报告5个工作日内按由高到低
                                                         原则确定成交供应商，也可书面授
                                                         权磋商小组直接确定
                                  ↓
                          发出中标通知书，并在财      →    采购人或者采购代理机构应当在成
                          政部门指定媒体公告结果           交供应商确定后2个工作日内，在
                                                         省级以上财政部门指定的媒体上公
                                                         告成交结果，同时向成交供应商发
                                                         出成交通知书，并将竞争性磋商文
                                                         件随成交结果同时公告
                                  ↓
                          与成交供应商签订合同       →    采购人应当自成交通知书发出之日
                                  ↓                      起30日内与成交供应商签订政府采
                           合同履约及验收                 购合同
                                  ↓
                             申请支付资金
```

图1-7 竞争性磋商的操作流程

（5）询价的操作流程如图1-8所示。

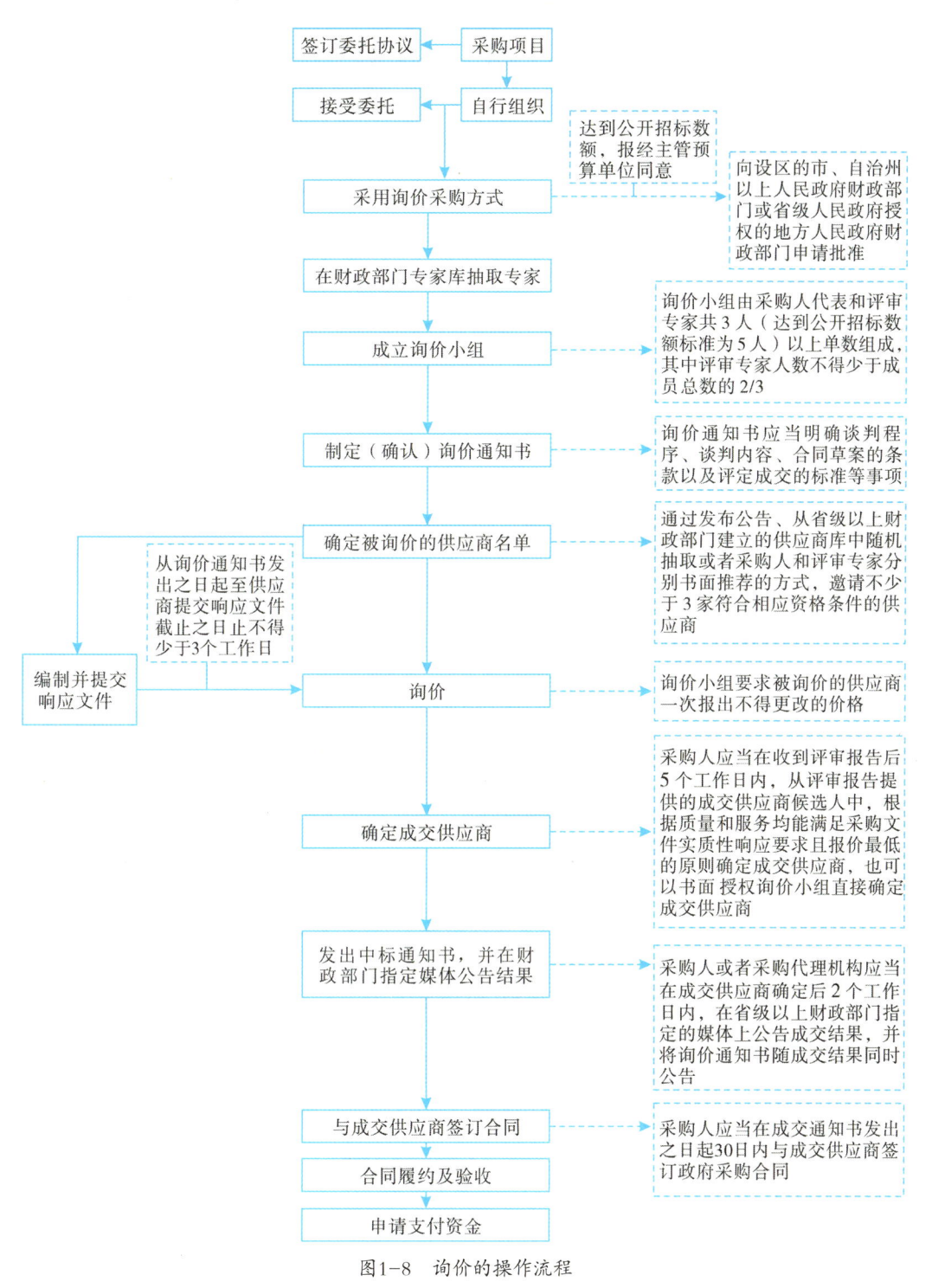

```
签订委托协议 ← 采购项目
接受委托 ← 自行组织
        ↓
    采用询价采购方式 —— 达到公开招标数额，报经主管预算单位同意 —— 向设区的市、自治州以上人民政府财政部门或省级人民政府授权的地方人民政府财政部门申请批准
        ↓
    在财政部门专家库抽取专家
        ↓
    成立询价小组 —— 询价小组由采购人代表和评审专家共3人（达到公开招标数额标准为5人）以上单数组成，其中评审专家人数不得少于成员总数的2/3
        ↓
    制定（确认）询价通知书 —— 询价通知书应当明确谈判程序、谈判内容、合同草案的条款以及评定成交的标准等事项
        ↓
    确定被询价的供应商名单 —— 通过发布公告、从省级以上财政部门建立的供应商库中随机抽取或者采购人和评审专家分别书面推荐的方式，邀请不少于3家符合相应资格条件的供应商
        ↓
编制并提交响应文件 —— 从询价通知书发出之日起至供应商提交响应文件截止之日止不得少于3个工作日
        ↓
    询价 —— 询价小组要求被询价的供应商一次报出不得更改的价格
        ↓
    确定成交供应商 —— 采购人应当在收到评审报告后5个工作日内，从评审报告提供的成交供应商候选人中，根据质量和服务均能满足采购文件实质性响应要求且报价最低的原则确定成交供应商，也可以书面授权询价小组直接确定成交供应商
        ↓
    发出中标通知书，并在财政部门指定媒体公告结果 —— 采购人或者采购代理机构应当在成交供应商确定后2个工作日内，在省级以上财政部门指定的媒体上公告成交结果，并将询价通知书随成交结果同时公告
        ↓
    与成交供应商签订合同 —— 采购人应当在成交通知书发出之日起30日内与成交供应商签订政府采购合同
        ↓
    合同履约及验收
        ↓
    申请支付资金
```

图1-8　询价的操作流程

（6）单一来源的操作流程如图1-9所示。

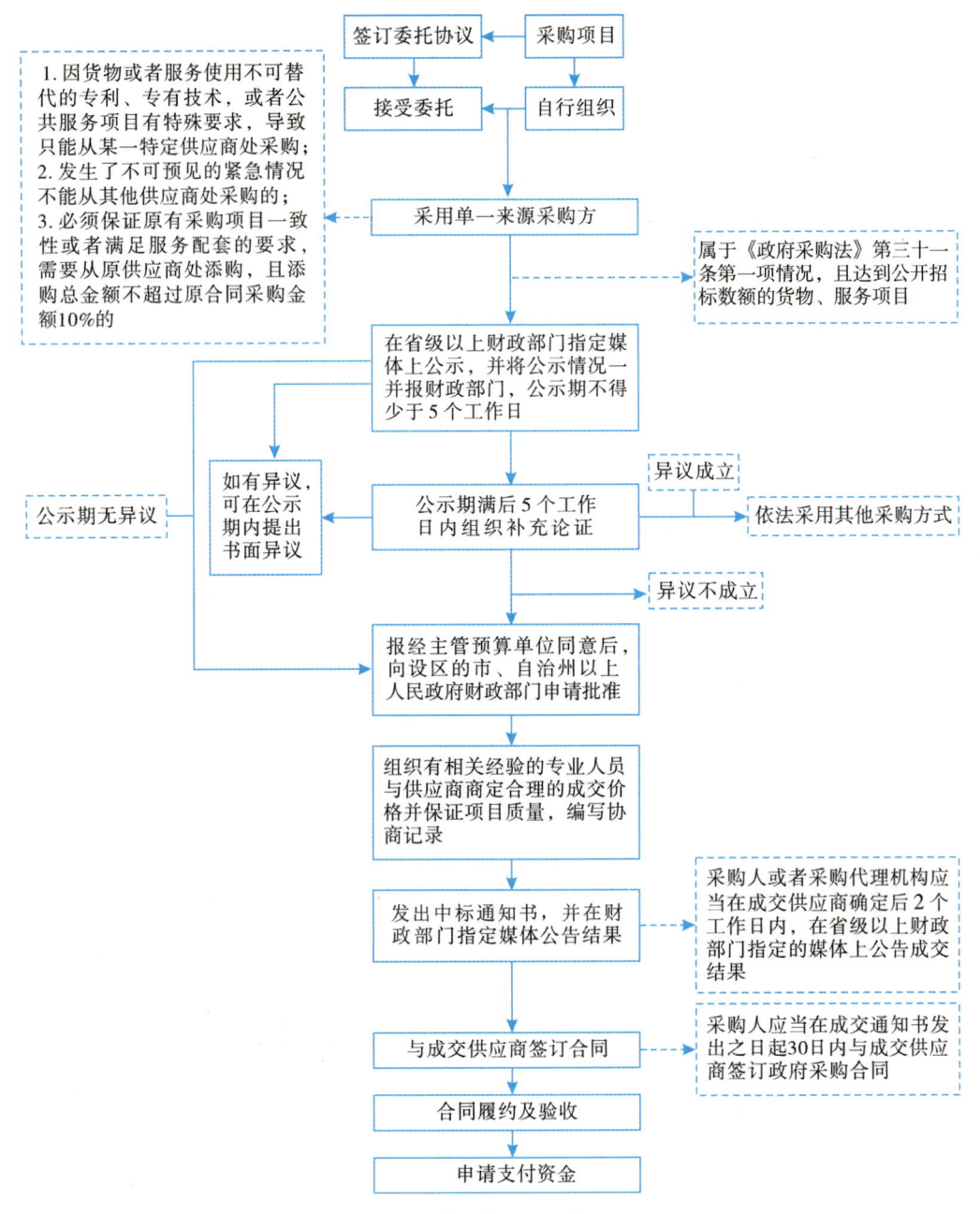

```
                          ┌──────────────┐   ┌──────────┐
                          │ 签订委托协议 │◄──│ 采购项目 │
┌────────────────────────┐└──────┬───────┘   └────┬─────┘
│1.因货物或者服务使用不可 │┌─────┴──────┐  ┌───────┴────┐
│代的专利、专有技术，或者 ││  接受委托  │  │  自行组织  │
│公共服务项目有特殊要求， │└─────┬──────┘  └───────┬────┘
│导致只能从某一特定供应商 │      │                 │
│处采购；                 │      └────────┬────────┘
│2.发生了不可预见的紧急情 │     ┌─────────┴──────────┐
│况不能从其他供应商处采购 │┄┄┄►│ 采用单一来源采购方 │
│的；                     │     └─────────┬──────────┘       ┌─────────────────┐
│3.必须保证原有采购项目一 │               │              ┄┄┄│属于《政府采购法》│
│致性或者满足服务配套的要 │               │                  │第三十一条第一项 │
│求，需要从原供应商处添购 │               │                  │情况，且达到公开 │
│，且添购总金额不超过原合 │               ▼                  │招标数额的货物、 │
│同采购金额10%的          │     ┌────────────────────┐      │服务项目         │
└────────────────────────┘     │在省级以上财政部门指│      └─────────────────┘
                                │定媒体上公示，并将 │
                                │公示情况一并报财政 │
                                │部门，公示期不得少 │
                                │于5个工作日        │
                                └──────────┬─────────┘
                    ┌──────────┐           │
                    │如有异议， │           ▼
                    │可在公示期 │   ┌────────────────────┐  异议成立  ┌──────────────────┐
 ┌──────────┐       │内提出书面 │◄──│公示期满后5个工作日 │──────────►│依法采用其他采购方│
 │公示期无异│──────►│异议       │   │内组织补充论证      │           │式                │
 │议        │       └──────────┘   └──────────┬─────────┘           └──────────────────┘
 └──────────┘                                  │ 异议不成立
                                               ▼
                                    ┌────────────────────┐
                                    │报经主管预算单位同 │
                                    │意后，向设区的市、 │
                                    │自治州以上人民政府 │
                                    │财政部门申请批准   │
                                    └──────────┬─────────┘
                                               ▼
                                    ┌────────────────────┐
                                    │组织有相关经验的专 │
                                    │业人员与供应商商定 │
                                    │合理的成交价格并保 │
                                    │证项目质量，编写协 │
                                    │商记录               │
                                    └──────────┬─────────┘
                                               ▼
                                    ┌────────────────────┐   ┌──────────────────┐
                                    │发出中标通知书，并 │   │采购人或者采购代理│
                                    │在财政部门指定媒体 │┄►│机构应当在成交供应│
                                    │公告结果           │   │商确定后2个工作日 │
                                    └──────────┬─────────┘   │内，在省级以上财政│
                                               │             │部门指定的媒体上公│
                                               ▼             │告成交结果        │
                                    ┌────────────────────┐   └──────────────────┘
                                    │与成交供应商签订合 │   ┌──────────────────┐
                                    │同                 │┄►│采购人应当在成交通│
                                    └──────────┬─────────┘   │知书发出之日起30日│
                                               ▼             │内与成交供应商签订│
                                    ┌────────────────────┐   │政府采购合同      │
                                    │   合同履约及验收   │   └──────────────────┘
                                    └──────────┬─────────┘
                                               ▼
                                    ┌────────────────────┐
                                    │    申请支付资金    │
                                    └────────────────────┘
```

图1-9 单一来源的操作流程

（二）六大政府采购方式的异同

六种不同的政府采购方式，整体上分为招标方式和非招标方式。前面我们已经介绍过，当项目符合某些法定要求时，则必须招标，否则可以按不同情况适用其他采购方式。

不同的采购方式，在适用范围、流程节点、评审办法等诸多关键方面存在差异，我们有必要了解六大政府采购方式的异同，详细区别参见表1-4。

表1-4 六大政府采购方式的异同

项目	公开招标	邀请招标	竞争性谈判	竞争性磋商	询价	单一来源
公告时间（一般情况）	不少于20日历天	不少于20日历天	不少于3个工作日	不少于10日历天	不少于3个工作日	不少于5个工作日
合格供应商家数	3家	3家	3家	3家	3家	1家
评标委员会人数	5人以上单数	5人以上单数	3人以上单数	3人以上单数	3人以上单数	3人以上单数
专业名词	招标文件 投标文件 投标人 评标委员会 中标候选人 中标人	招标文件 投标文件 投标人 评标委员会 中标候选人 中标人	谈判文件 响应文件 供应商 谈判小组 成交供应商候选人 成交供应商	磋商文件 响应文件 供应商 磋商小组 成交供应商候选人 成交供应商	询价文件 响应文件 报价人 询价小组 成交供应商候选人 成交供应商	招标文件 报价文件 报价人 采购小组 成交供应商候选人 成交供应商
评审办法	通常为综合评分法	通常为综合评分法	通过资格性符合性审查，最低价中标	通常为综合评分法	通过资格性符合性审查，最低价中标	通过资格性符合性审查

*公告时间指自采购文件发出之日起至投标人提交投标文件截止之日止之间的时间。

三、第七种政府采购方式：框架协议采购

框架协议采购是2022年财政部新发布的政府采购方式，与前面六种采购方式不同，它的流程不是一次性的，因此在这里单独进行说明。

（一）定义

框架协议采购，是指集中采购机构或者主管预算单位对技术、服务等标准明确、统一，需要多次重复采购的货物和服务，通过公开征集程序，确定第一阶段入围供应商并订立框架协议，采购人或者服务对象按照框架协议约定规则，在入围供应商范围内确定第二阶段成交供应商并订立采购合同的采购方式。

（二）适用范围

符合下列情形之一的，可以采用框架协议采购方式采购：

（1）集中采购目录以内品目，以及与之配套的必要耗材、配件等，属于小额零星采购的。

（2）集中采购目录以外，采购限额标准以上，本部门、本系统行政管理所需的法律、评估、会计、审计等鉴证咨询服务，属于小额零星采购的。

（3）集中采购目录以外，采购限额标准以上，为本部门、本系统以外的服务对象提供服务的政府购买服务项目，需要确定2家以上供应商由服务对象自主选择的。

（4）国务院财政部门规定的其他情形。

（三）与前面六大政府采购方式的主要区别

适用范围不同：框架协议采购适用于多频次、小额度采购，不适用于单一项目采购。

程序不同：框架协议采购具有明显的两阶段特征。第一阶段由集中采购机构或者主管预算单位通过公开征集程序，确定入围供应商并订立框架协议；第二阶段由采购人或者服务对象按照框架协议约定规则，在入围供应商范围内确定成交供应商并订立采购合同。

供应商范围不同：采用其他政府采购方式的，一个采购包一般只能确定一名中标（成交）供应商，而采用框架协议采购方式的可以产生一名或多名入围供应商。

合同管理方式不同：框架协议采购方式下，采购人与供应商签订的是框架协议，合同期较长，可以根据实际需求分批次采购。而在其他政府采购方式中，采购人与供应商通常签订的是一次性合同，合同期较短。

（四）流程

框架协议采购的流程如图1-10所示。

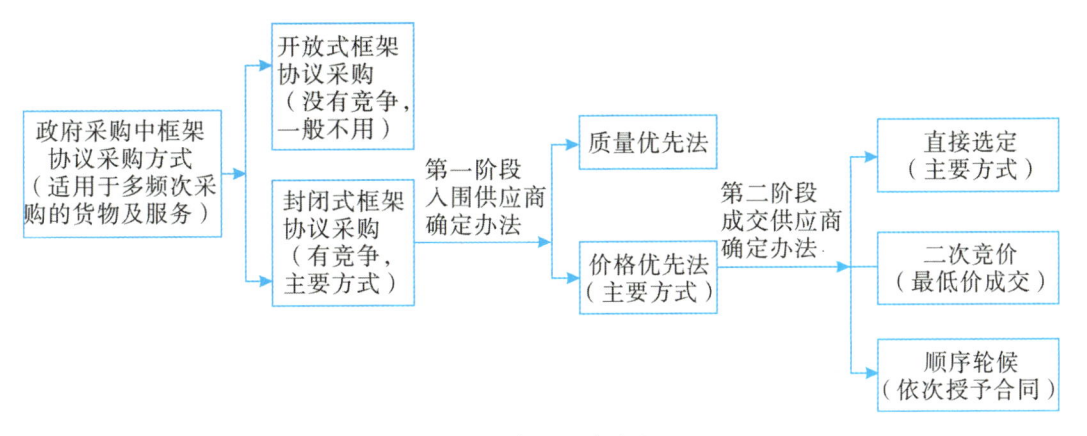

图1-10　框架协议采购的流程

本章小结

本章我们逐步深入地为大家讲解了与招投标相关的两大法规体系。我们从定义和构成这两大法规体系的基础知识开始讲解，进一步探讨了如何判断项目的性质，以及不同采购方式的流程和适用性。这些知识点都是投标人在日常工作中需要频繁接触和运用的。如前文所述，法规体系包含了法律、法规、部门规章以及各类规定和政策，涵盖的内容非常广泛，涉及多个领域和方面，因此，我们建议大家关注中国政府采购网等权威平台公布的信息，以便进行系统性的学习。在接下来的篇章中，我们将从投标人的基础工作开始阐述，详细介绍一个投标文件的诞生过程。

```
                                        ┌─ 《政府采购法》概述
                      ┌─ 两大法规体系的   ├─ 《政府采购法》法规体系组成
                      │  定义和适用范围   ├─ 《招标投标法》概述
                      │                 ├─ 《招标投标法》法规体系组成
                      │                 └─ 两大法规体系的适用
                      │
政府采购与            │  依法必须招标的   ┌─ 《政府采购法》采购限额标准
招标投标的基础知识 ───┼─ 项目范围和标准 ──┤  和公开招标数额标准的规定
                      │                 └─ 《招标投标法》法规体系中
                      │                    依法必须招标的项目规定
                      │
                      │                 ┌─ 六大政府采购方式的定义
                      └─ 七大政府采购方式 ├─ 六大政府采购方式的操作
                         流程与适用范围   │  流程以及异同
                                        └─ 第七种政府采购方式：框
                                           架协议采购
```

第二章 备标：投标前的准备工作

林天逸： 原来政府采购的项目和依法必须招标的项目有那么多的不同之处，难怪我上次质疑的时候，代理公司说我那个项目不属于依法必须招标的项目，所以驳回我的质疑。

曾洪波： 是的，很多投标人不懂得项目性质的判断，导致后面的维权工作错过了有效期。所以投标人可以多练习、多复习判断项目性质，久而久之就能摸索出规律了。

林天逸： 每一次的投标都是一场没有硝烟的战争，我们真的要做好准备。

曾洪波： 你说得太对了，所以今天我们来说说备标那些事。

林天逸： 备标？是什么意思呢？

本章内容导航

- 备标的概念和意义
- 基础文件和资格文件的准备
- 商务部分的文件准备
- 技术部分的文件准备
- 资料的有效搜索
- 必须了解的政府采购优惠政策

第一节　备标的概念和意义

在日常的咨询工作中，经常会有客户询问这些问题："我只有营业执照，是否可以去投标？""我公司没有业绩，是否可以去投标？"有些客户甚至因为公司资料所属主体不统一，导致投标文件制作过程中难度增大，丢标风险提高。因此，笔者有感而发，才会想写备标这一章。笔者认为："标王，从来不打无准备的仗。"

一、备标的概念

备标是指在参加政府采购或招标投标活动之前，依据法律法规、行业特性和同类项目的招标文件的要求，做好公司内部基础文件、商务文件和技术文件的整理、电子归档和实时更新的准备工作。备标的工作不是一次性的，而是持续性的。

二、备标的意义

虽然很多公司都会设置行政部、人事部、财务部、技术部等各职能部门，但每个部门所保存的工作资料以及保存习惯不一定可以满足投标文件的制作需求。例如，行政部不一定会把公司所有的证书都共享给投标部，但很多项目却要求投标人提供各种荣誉证书；再如，人事部不一定会定期更新人员社保证明，但我们做投标文件的时候经常需要提供人员社保证明文件等。如果我们在制作投标文件过程中再去沟通和整理这些资料，往往会处于被动状态。因此，笔者建议各投标人（公司）内部搭建一个投标资料库，共享并实时更新各职能部门的资料，这样做不但有利于快速匹配投标项目评分标准的要求，也可以快速筛查出丢分原因，然后根据实际情况进行有效投标。如果是刚入职的投标新人，我更建议你参与资料库的搭建工作，因为这样做有以下三个好处。

第一，有利于加快、加深对公司的了解。在整理公司商务和技术资料的过程中，不但可以搭建一个匹配自己工作习惯的资料体系，还可以加快、加深对公司的了解，对公司的了解加深后，则有利于提升投标文件的制作质量。

第二，有利于梳理公司的亮点和优势。别忘了，我们的备标工作是为了匹配投标项目的商务和技术评分标准，因此在整理公司资料的过程中，我们可以有意识地发掘和总结公司的亮点和优势。例如，在整理人员证书的时候，发现具备从业资格证书的人员有50位，而且这50位同事都与本公司签订了劳动合同，并在本公司缴纳了社保，这就是一大亮点，但怎么把它提炼成优势呢？我们需要再延伸思考，在这50位同事当中，有没有高学历的或者具备与本行业有关的专业的或者曾经获得过用户好评的等，通过整理资料帮公司排兵布阵，并一一记录下来，做好日常的维护工作，便于日后在投标竞技场中灵活运用。

第三，有利于快速进行评分匹配和资料更新。在开展备标工作的时候，笔者非常推荐大家用Excel表格进行辅助，无论是新企业还是老企业，随着投标工作的进行，资料肯定日益增多，而我们无法记住所有的资料和时间，一张Excel表格不但有助于我们快速匹配评分标准的得分情况，而且能让我们对公司资料目前的状态一目了然，更可以通过公式的设置，提醒证书的到期日期以便进行年审和更新。下面提供三个表格样式供大家参考（见表2-1、表2-2、表2-3），希望可以启发大家。除公司证书、业绩状况、人员证书之外，供应商合同、场地租赁合同以及设备信息等都可以用Excel表格进行管理。

最后再强调一下，备标的工作贯穿于整个投标活动，它不是一次性的，而是持续性的，每一次的项目投标优化和不断地迭代可以让公司资料库变得日益强大。

表2-1 公司证书一览

序号	品类	证件名称	证书编号	发证日期	到期日期	发证机构	备注

表2-2　业绩状况一览

序号	客户类型	客户名称	金额	合同有效期	发票	用户评价	备注

表2-3　人员证书一览

序号	姓名	身份证号码	证书名称	颁证单位	证书级别	社保	劳动合同

三、备标的内容

在介绍完备标的概念和意义后，相信你已经迫不及待地想去排兵布阵了。先不着急，让笔者告诉大家，备标到底需要备什么。投标文件的评审通常分为两个阶段：第一阶段，资格审查和符合性审查；第二阶段，商务和技术评分审查。第二阶段的审查通过综合评分法将商务和技术报价分数相加，以推荐中标候选人。因此，我们可以按照这个逻辑来整理和准备我们的投标资料。这大致可以分为三部分：基础文件和资格文件、商务文件和技术文件。

第二节 基础文件和资格文件的准备

一、基础文件和资格文件是什么

除上文提及的资格文件、商务文件和技术文件之外，还有一种文件叫作基础文件，基础文件即营业执照、法定代表人身份证、公司介绍、公司管理制度、运营基本流程等可以反映公司基本情况的资料；而资格文件，就是根据法律法规要求，在投标文件资格审查部分中必须提供的证明文件。在此，我们结合《政府采购法》的规定和常用的基础文件进行整理。

《政府采购法》第二十二条规定，供应商参加政府采购活动应当具备下列条件：

（一）具有独立承担民事责任的能力；

（二）具有良好的商业信誉和健全的财务会计制度；

（三）具有履行合同所必需的设备和专业技术能力；

（四）有依法缴纳税收和社会保障资金的良好记录；

（五）参加政府采购活动前三年内，在经营活动中没有重大违法记录；

（六）法律、行政法规规定的其他条件。

下面，我们用一张表（见表2-4）来展示备标工作中的基础文件和资格文件明细，表中列明了准备的法律法规依据和资料的所属部门，可供大家参考。

表2-4　备标工作中的基础文件和资格文件明细

所属部门	基础文件和资格文件	依据的法律法规
行政	营业执照正副本扫描件 核准变更通知书（如有）	《政府采购法》 "具有独立承担民事责任的能力"
行政	许可/生产/经营等证书扫描件（如有）	《政府采购法》 "法律、行政法规规定的其他条件"
行政	法定代表人身份证正反面扫描件	《政府采购法》 "具有独立承担民事责任的能力"
行政	公司介绍	《政府采购法》 "法律、行政法规规定的其他条件"
行政	场地租赁合同扫描件 公司设备一览表、业绩合同	《政府采购法》 "具有履行合同所必需的设备和专业技术能力"
行政	公司邮箱、公司通信地址、 公司固定电话和传真号码（如有）	《政府采购法》 "具有履行合同所必需的设备和专业技术能力"
财务	财务报表（公司财务部自行编写）	《政府采购法》 "具有良好的商业信誉和健全的财务会计制度"
财务	上一年度财务审计报告扫描件	《政府采购法》 "具有良好的商业信誉和健全的财务会计制度"
财务	税收缴费凭证、税收完税证明（纳税）、免税证明（如有）	《政府采购法》 "有依法缴纳税收和社会保障资金的良好记录"
财务	社保参保明细、社保资金缴费凭证、税收完税证明（社保资金）	《政府采购法》 "有依法缴纳税收和社会保障资金的良好记录"
财务	开户许可证扫描件或基本存款账户信息	《政府采购法》 "具有独立承担民事责任的能力"
人事	人员证书、劳动合同	《政府采购法》 "具有履行合同所必需的设备和专业技术能力"
备注	1. 财务报表和财务审计报告必须有现金流量表、资产负债表、利润表、所有者权益变动表、附注以及财务情况说明书才完整； 2. 文件扫描建议进行彩色扫描，扫描文件完整，扫描效果高清	

二、基础文件和资格文件必须具备的三要素

在制作投标文件时，供应商提供的资料须具备至关重要的三要素，即有效性、完整性和逻辑性。

有效性：提供的资料需要在有效期内，至少能覆盖开标当天。如果是需要年审的资料，则需要经年审且在审查有效期内。例如，ISO体系证书需要经过年审，才属于有效证书。

完整性：所提供的资料信息完整，意思表达完整。例如，有部分营业执照没有体现经营范围，需要提供国家企业信用信息公示系统的经营范围截图作为补充，方为有效。

逻辑性：当需要用两个或多个资料证明一个资格项或评审项时，资料之间的因果关系、前后顺序等必须是闭环的、完整的且合理连贯的。例如，评分要求提供车辆租赁合同以及车辆行驶证，那么租赁合同中列明的车辆一览表，要和所附车辆行驶证上的信息一致。

接下来，我们把基础文件和资格文件的常见样式一一展示，并提出检查资料有效性的方法和标准。

（一）营业执照

营业执照是工商行政管理机关发给工商企业、个体经营者的准许从事某项生产经营活动的凭证（见图2-1），营业执照分正本和副本，两者没有实质性的区别，且具有同等法律效力。在使用方面，一般来说正本悬挂在经营场所明显处，副本用于外出办理业务，例如办理银行开户许可证或进行投标报名等。备标时建议正本和副本同时进行彩色扫描，如果营业执照有变更，还需要把核准变更通知书一起扫描并及时更新营业执照。

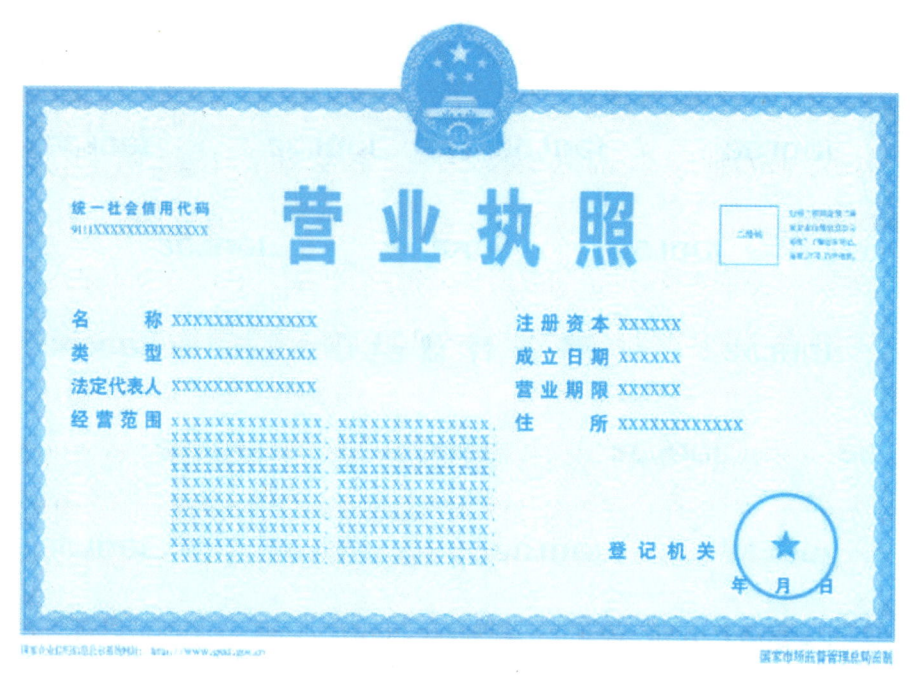

图2-1　营业执照示例

（二）许可证

投标人需要确认自己所在公司或行业是否需要特定的经营许可证。例如，销售医疗器械的企业必须具备医疗器械经营许可证（见图2-2），食材配送公司必须具备食品经营许可证。许可证都有一定的有效期，并且某些许可证会有附加文件。因此，在准备投标文件时，务必连同附件一起扫描。

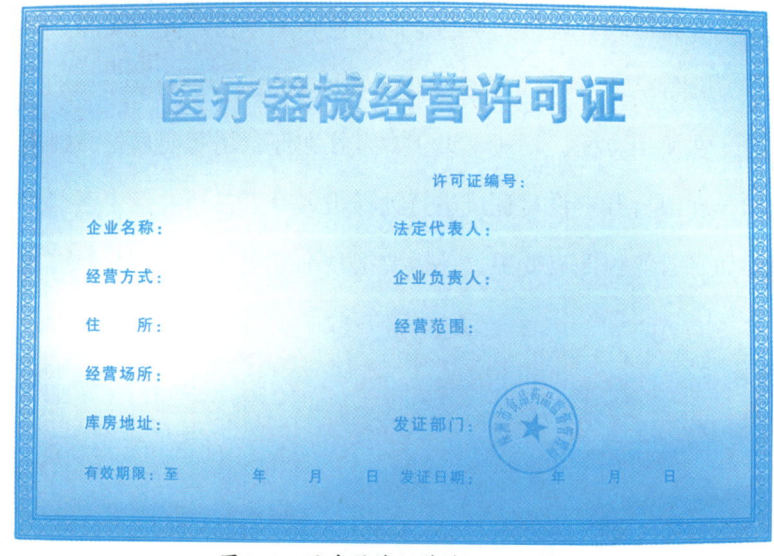

图2-2　医疗器械经营许可证示例

（三）身份证

需要提醒大家，身份证是分正反面的，国徽面是正面，人像面是反面（见图2-3）。在编制法定代表人身份证明书和授权委托书时，要根据格式提示正确放置身份证的正反面。

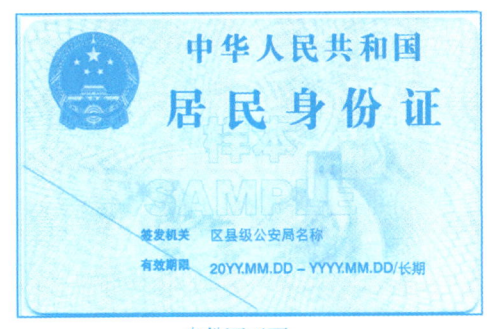

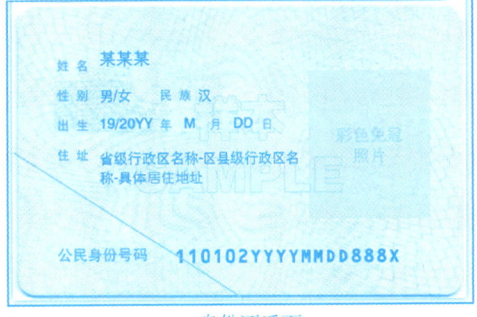

身份证正面　　　　　　身份证反面

图2-3　身份证正反面示例

（四）开户许可证/基本存款账户信息

开户许可证（见图2-4）是由中国人民银行核发的一种开设基本账户的凭证，但目前部分银行取消了开户许可证，到银行开设基本账户，会用基本存款账户信息（见图2-5）取而代之。由于《招标投标法实施条例》第二十六条明确规定"招标人在招标文件中要求投标人提交投标保证金的，投标保证金不得超过招标项目估算价的2%。……依法必须进行招标的项目的境内投标单位，以现金或者支票形式提交的投标保证金应当从其基本账户转出"，因此，很多项目都有投标保证金需要从基本账户转出的要求，在此建议各位投标人从公司基本账户转出保证金，并且在投标文件中的保证金汇款凭证后附上开户许可证。

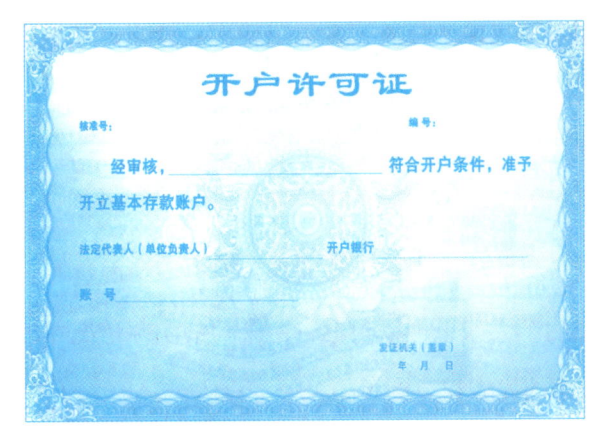

图2-4　开户许可证示例

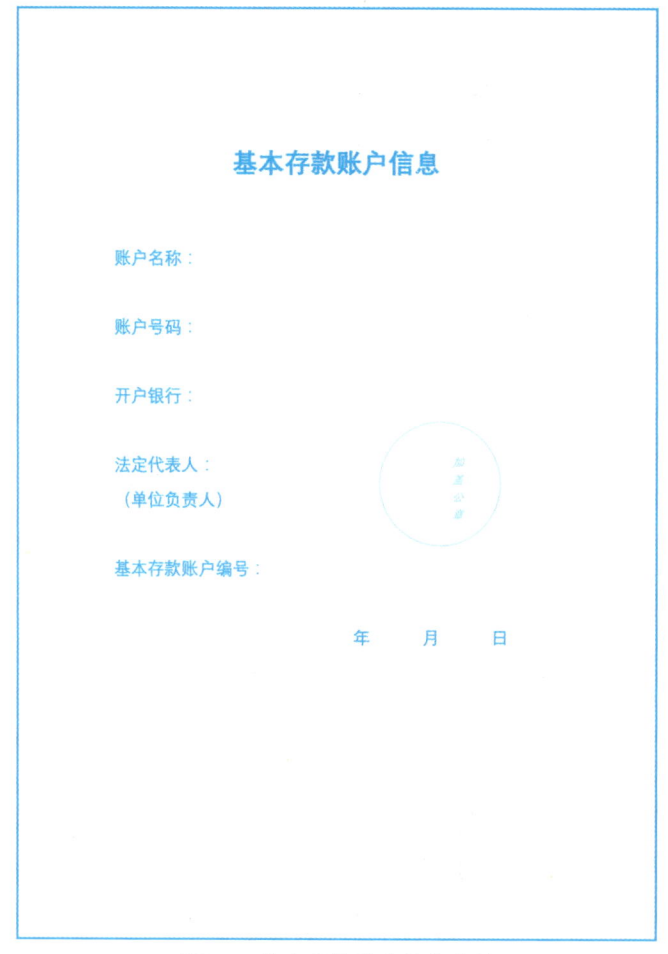

图2-5 基本存款账户信息示例

（五）公司介绍

一般的公司介绍包含两种表述形式：文字描述和图片描述。

文字描述主要用于表述单位性质、发展历程、经营规模及服务理念、主营产品、技术力量等。

图片描述主要用于表述经营场所、主要或关键产品介绍、生产场所及工艺流程等。

公司介绍一般位于投标人基本情况表后面，对以上情况进行表述也是大多数招标文件的格式要求，当然，大家也可以根据自己公司的实际情况在以上基础框架上再进行优化，例如加上公司的优势和亮点等。

（六）财务报表、财务审计报告

财务报表是反映企业或预算单位一定时期资金、利润状况的会计报表，财务报表包括资产负债表、利润表（损益表）、现金流量表或财务状况说明书、附表和附注。财务报表构成财务报告的核心部分，而董事报告、管理分析及财务情况说明书等则属于财务报告中除财务报表外的其他重要资料。

财务审计报告是具有审计资格的会计师事务所的注册会计师出具的关于企业会计的基础工作是否符合会计制度、企业的内控制度是否健全等事项的报告，是对企业财务收支、经营成果和经济活动全面审查后作出的客观评价。

财务报表和财务审计报告都可以反映企业一定时期的财务情况，财务报表可由公司财务部自行出具，备标时记得打印出来盖公章再归档。而财务审计报告则是由具有审计资格的会计师事务所的注册会计师出具的，一般有20页以上，其中最重要的三个表格是资产负债表、利润表（损益表）和现金流量表，在投标实务当中，这三表缺一不可。

说到财务审计报告，笔者想跟大家分享一个案例，以此案例说明资料有效性和完整性的重要性。

案例

2020年5月，我当时还是一个公司某部门的投标经理，每天的工作就是审标书和催资料，当时就在催一份2019年的财务审计报告。由于审计需要时间，因此每年的1—4月很多项目不会要求提供审计机构出具的上一年度的审计报告，但5月的项目就开始要求提供上一年度的审计报告了。当时我所在的公司有2个项目在同一天开标，一个是军队的项目，一个是政府采购的项目。在上传标书的前一天，我刚好拿到审计报告的扫描件，心里想着审计机构都是专业的，报告是财务部提供的，肯定没问题，所以直接放到投标文件里面上传了。然而，第二天收到一个好消息和一个坏消息，政府采购的项目中标了，而军队的项目废标了。我打电话咨询废标的原因时才知道公司提供的审计报告有2个地方有问题：

1. 审计报告没有财务情况说明书。
2. 财务报表没有单位负责人以及相关人员的签字和盖章。

然后我去找《中华人民共和国会计法》进行核实，找到相关法条如下：

"第二十条　财务会计报告应当根据经过审核的会计账簿记录和有关资料编制，并符合本法和国家统一的会计制度关于财务会计报告的编制要求、提供对象和提供期限的规定；其他法律、行政法规另有规定的，从其规定。

"向不同的会计资料使用者提供的财务会计报告，其编制依据应当一致。有关法律、行政法规规定财务会计报告须经注册会计师审计的，注册会计师及其所在的会计师事务所出具的审计报告应当随同财务会计报告一并提供。

"第二十一条　财务会计报告应当由单位负责人和主管会计工作的负责人、会计机构负责人（会计主管人员）签名并盖章；设置总会计师的单位，还须由总会计师签名并盖章。

"单位负责人应当保证财务会计报告真实、完整。"

这个案例我记忆很深刻，也让我明白了几件事情：

1. 政府采购和其他采购的评审标准不同。

2. 投标人必须有判断资料有效性、完整性、逻辑性的本领和方法，资料有效，投标才有效。

3. 虽然现在营商环境越来越好，但是标书还是要做到滴水不漏才能经得起各方考验。

综上，一份完整的财务审计报告应该由封面、目录、正文、资产负债表、现金流量表、利润表（损益表）、所有者权益（或股东权益）变动表、附注、财务情况说明书、审计机构营业执照、执业证书、审计人员证书组成，并且需要有审计机构的盖章和两名会计师的签字、盖章，因此大家在整理财务审计报告的时候要留意审计报告的完整性和有效性。

另外，目前审计机构出具的财务审计报告都不会提供财务情况说明书，这部分内容需要投标人主动向审计机构提出；审计机构提供财务审计报告后，投标人应该确认表中的"单位负责人""会计主管""制表人"位置有签名和盖章再归档。

（七）税收完税证明（纳税）、税收完税证明（社保资金）、税收缴费凭证、社保资金缴费凭证以及社保参保明细表

关于"具有依法缴纳税收和社会保障资金的良好记录"这个资格条款的基础资料，不同的采购项目会有不同的资料要求。有部分项目要求投标人提供税收完税证明即可，也有部分项目要求提供税收缴费凭证，更有的项目要求提供社保参保明细用来证明参保人数。因此，我们需要仔细审核招标文件的需求，做好一一对应的工作，而在备标的时候，我们要尽可能全面考虑大多数项目的需求。

税收完税证明是税务机关开出的，是证明纳税人已缴纳税费或社保资金的完税凭证，用于证明纳税人已完成纳税义务。税收完税证明可以证明已经缴纳税费或社保资金，但不同的税收完税证明上面的税种明细不同。

税收完税证明（纳税）：用于证明缴纳税费的税收完税证明，凭证上面所列的税种明细为增值税、城市维护建设税、印花税、教育费附加、地方教育附加、个人所得税等；税收完税证明（社保资金）：用于证明缴纳社保资金的税收完税证明，凭证上面所列的税种明细为企业职工基本养老保险费、基本医疗保险费、工伤保险费、失业保险费、生育保险费等。

缴费凭证是指银行转账凭证，是纳税人把税费缴纳到税务局账户后，由银行系统自动生成并发送给交易参与者的电子化交易凭证，可用于证明纳税人把税费汇款到了税务局的事实行为。

缴费凭证和完税证明是一一对应的，因此有税收缴费凭证和社保资金缴费凭证之分。由于各银行的缴费凭证样式不一，因此大家在备标的时候，需要跟公司财务人员确认完税证明和缴费凭证的对应关系。例如，项目要求提供2024年5月缴纳税收的证明材料，就需要提供税收完税证明以及缴费凭证，那么这2份证明材料上，总金额必须保持一致，如果这2份证明材料上都有"税费所属日期"，那么要检查是否同样显示为2024年5月的日期。

社会保险参保明细表是由社会保险业务部门出具，上面有列明参保单位参保人员姓名、身份证号码、缴费起止日期、缴费月数等明细信息的表格。一般在企业所在地人力资源和社会保障局的网上系统上可自行打印，部分地区网上系统未设该功能，需

要到线下窗口打印,也有部分地区将其称为社会保险权益记录单,一般用于证明参保人数及参保人员名单。

(八)员工个人证书和劳动合同

员工个人证书:员工身份证、毕业证书、学位证书、资格证书、荣誉证书,这些证书在投标编制中经常需要用到,建议人事部门在员工入职时就做好归档管理。

劳动合同:每位员工入职时都会跟用人单位签订劳动合同,建议劳动合同与人员证书一同归档管理。需要注意的是,劳动合同是有合同期限的,需要及时更新。

第三节 商务部分的文件准备

商务文件是投标文件中商务部分的重要组成内容，其内容一般按招标规定逐项填写，包括但不限于：企业资质、企业实力证明、投标报价、分项报价书、投标保证金等。根据投标实务中的经验，我们把商务部分的文件划分为合同类、证书类和其他（见表2-5）。

表2-5 商务部分的文件分类

类别	类型	常规标配	更新期限
合同类	业绩合同及相关资料	中标通知书、中标公告截图和网址、合同首页、金额页、落款页（落款必定有签订日期、盖章和签名）、发票、送货单、用户评价	每月/季度
合同类	供应合同及相关资料	采购合同、供应商资质（营业执照、许可证）、采购发票、货物图片	每年或按需要
合同类	器材设备合同及相关资料	车辆行驶证、车辆租赁合同、车辆登记证、车辆保险	每年
合同类	场地合同及相关资料	租赁合同、房产证明、房屋租赁登记备案证书（如有）、租金发票、现场图片	注意有效期
证书类	人员证书及相关资料	社保参保证明、劳动合同、毕业证书、资质证书、健康证、行驶证、用户评价	社保参保证明按招标文件要求更新、劳动合同和资质证书等每年检查
证书类	公司证书及相关资料	资质认证证书、体系认证证书、荣誉证书	每年跟踪是否需要年检
其他	其他	检测报告、保险、测绘报告、校准报告、基地合同、产品资料、日常管理制度、其他职能部门的培训等	按需要

一、业绩合同

业绩合同指的是投标人与客户签订的服务（供货）协议，开展备标工作时，除做好业绩合同归档工作之外，还需要注意以下几点。

检查合同是否有落款日期：一般招标文件中的评分标准要求投标人提供××××年××月××日之后签订的合同，合同签订日期是衡量提供的业绩是否满足评分的其中一个标准，如果合同没有签订日期，只有供货日期，评审专家无法判定签订日期，那么类似的合同也是不得分的。所以在开展备标工作的时候，要检查合同的完整性，如有缺漏及时补充完整。

检查合同是否有签名、盖章：部分合同上会写着"合同签名、盖章后生效"，如果合同上没有签名只有盖章，专家也无法判断合同是否生效，不一定会给分，因此在开展备标工作的时候要进行有效性的检查。

保留中标通知书和中标网站的公告：中标的项目代理公司一般会发放中标通知书，网上也会公示中标公告，建议把中标公告的网址和截图一并保留，某些项目招标的商务评分会有此类要求，我们在备标阶段做好保存的工作，不但可以为以后的投标工作省下时间，也可以成为自身的优势。

建立用户评价制度：服务类的项目经常会有这么一则评分要求："提供业绩合同以及用户评价"，因此提早建立用户评价制度可以降低投标时商务资料准备的难度，如果可以的话，最好让客户在用户评价上面加盖公章，这可以成为自身优势。

大额合同保留发票以及送货单：有部分招标文件会要求提供业绩合同、发票以及送货单，用于证明合同真实履行过，更有部分招标文件要求用发票证明合同金额，因此在备标阶段可提前做好这方面的准备，也可以为以后的投标工作省下大量的时间。

二、供应合同

供应合同是指投标人采购货物（设备）的采购合同，一般用于证明货源渠道或者厂家资质，因此除供应合同归档之外，还需要保存供应商的营业执照、厂家资质证书、货物检测报告、产品彩页、采购发票等文件，用于证明货源渠道合法正规而且质量过关。供应合同一般是一年一签，货物检测报告、产品彩页都有一定的时效性，以上材料需要及时更新，同时要关注厂家的营业执照等相关资质是否有变更。

三、器材设备合同和场地合同

器材设备合同和场地合同是投标人自有、购买或租赁器材设备和场地的合约性证明材料，是投标人硬件实力的体现。例如，车辆设备合同在一定程度上体现着投标人的硬件实力，投标人可以举一反三，如有其他类似的证明材料都可以在备标阶段做好归档管理。

车辆设备情况证明：车辆行驶证、车辆登记证、车辆购买发票、车辆保险合同、车辆照片（车辆正面、车辆侧面、车辆后面）、车辆租赁合同、车辆租赁发票等，这些都可以用于证明车辆设备情况。

场地情况证明：自有场地房产证明、场地租赁合同以及租赁发票、房屋租赁登记备案证书（如有）、场地测绘报告、场地各区域照片、建设合同（如冷库建设）等，这些都可以证明公司场地情况。

四、人员证书和公司证书

人员证书和公司证书都是可以证明公司软实力的文件，关于人员证书在第二节"基础文件和资格文件的准备"中已经提到过，这里就不再赘述了。公司证书包含ISO体系认证证书、荣誉证书等，大多数具有有效期，备标的时候要做好有效期的记录，方便及时更新，另外部分招标文件评分要求提供证书以及证书网上查询截图，用于辨别证书的真实性，因此在备标的时候要确认证书是否可以在网上查询到。

最后强调一下，在投标实务中，一个项目是否能够中标，商务文件的得分情况起着重要的作用，商务部分能拿满分的项目比商务部分拿不了满分的项目中标率更高，而对于商务部分的评分，评标现场的评审专家都会严格审核，大家在做好以上商务文件管理的同时，也要根据本行业投标实务中的实际情况进行优化和更新迭代。

第四节 技术部分的文件准备

服务类和货物类的投标文件中，技术部分大多数是描述投标人针对项目的实施方案、质量保证措施、售后服务承诺、应急服务等，这部分的内容跟商务文件不一样，没有直接的证明材料，大多数是以文字、表格、图片的形式进行描述，那么在备标阶段我们可以怎么做呢？

第一，先模仿再超越。如果我们是新成立的企业或者是之前毫无投标经验的企业，我们可以参考网上类似的方案，同一个方案建议找三种模板，例如，物业管理服务项目的质量保证措施，我们在网上找到A，B，C三种质量保证措施，通过对三种质量保证措施的筛选、优化、组合，就会得到属于自己公司的一套质量保证措施了。

第二，多方面了解行业。作为投标人，经常要代替公司在投标文件中输出公司的理念、管理流程、质量保证措施等，评审专家也只能通过投标文件来认识我们，如果我们不了解公司所在的行业，怎么能够写好公司的投标文件呢？所以，我们可以通过关注与行业相关的公众号、视频号、行业协会的网站等多种资讯平台保证自己的输入，这样在撰写投标文件的时候才可以顺利输出。

第三，关注其他职能部门的培训会议。其实，实施方案说的是运营部门的运营流程，质量保证措施说的是采购部门和质检部的工作方法，售后服务承诺说的是售后部门可为客户提供的服务，这样看来，技术文件，就是在描述各个职能部门的工作流程。所以，各个部门的工作制度、工作流程、惩罚制度、培训材料就是我们撰写投标文件最好的素材。如果初入公司还不了解行业和公司，可以通过参加各个职能部门的会议了解它们的工作流程和制度。

综上，无论是基础文件、资格文件、商务文件，还是技术文件，在备标工作中，都需要通过不断搜索、筛选、更新、优化、完善，从而打造我们的资料体系。所以，备标不是一次性的工作，而是一个持续性的系统工程。

第五节　资料的有效搜索

做技术文件的时候，少不了资料搜索这一步骤，先模仿再超越、找三个方案合并再修改的方法我相信很多读者都试过，但我更相信很多人尝试搜索时却找不到能够匹配评分标准的内容。所以，这节内容就跟大家说说资料搜索的一些流程和渠道，供大家参考。

一、资料有效搜索的流程

投标人在编写技术部分方案的时候，经常需要在各种搜索引擎或者文库中进行搜索，而在我们日常工作与学习中，收集信息的能力是很关键的，但却常常被忽视。因此，这里跟大家分享资料有效搜索的流程。一个完整的信息收集过程可以分为四大部分：搜索—提炼—集成—整理。

搜索：用各种搜索渠道找到所需要的信息；

提炼：从搜索的众多的信息当中筛选提炼出你需要的精准信息；

集成：把经过筛选的信息，定制成个人资料库，按照自己的习惯分类整理到方便访问的地方；

整理：定期对收集的信息进行整理（删除、去重、归纳、加标签等），以提高搜索效率。

下面举个例子（见表2-6）跟大家说明如何进行有效搜索。

表2-6 评审项目

评审项目	评审内容
项目总体实施方案 （10分）	根据投标人提供的本项目总体实施方案进行评分： 1. 实施组织计划科学合理，总体工作流程详尽完善、步骤清晰明确，质量服务标准高，保障措施切实可行，优于采购需求的，得10分； 2. 实施组织计划基本合理，总体工作流程基本完整，质量服务标准较高，保障措施基本可行，基本满足采购需求的，得7分； 3. 实施组织计划、总体工作流程、质量服务标准及保障措施合理性一般，不能基本满足采购需求的，得5分； 4. 没有提供对应方案的不得分

表2-6这类的评分标准在投标实务中很常见，我们用这个评审项目举例说明搜索资料的流程。

（一）搜索

我们可以先确定需要搜索的主题。表2-6中这个评分标准，主题是"实施方案"，我们就可以结合项目的类型进而缩小范围，例如物业管理类型的项目，我们的搜索主题就确定为"物业管理的实施方案"。

然后，我们要懂得降维分解主题（关于降维分解的思维逻辑会在第五章详细描述）。我们搜索的目的是想获得精准的信息，减少筛选和整理的时间。想要达到这个目的，我们必须把搜索的范围缩小，内容精准，这样才可以得到更精准的信息。例如，直接搜索关键词"物业管理的实施方案"得到的内容可能包含保安、绿化、清洁等各种零散的内容，但是如果按照物业管理构成板块进行搜索，所得内容必定比大范围地搜索精准得多，因此，我们可以按照组成物业管理项目的板块将其分解为：保安服务的实施方案、绿化管理服务的实施方案、清洁服务的实施方案等；根据不同的构成板块进行分解之后，我们又可以按照每个板块工作的时间或者地点再进行分类，如此类推下去。

ChatGPT的问世把信息搜索的工作做得更加精细化了，我们可以利用ChatGPT把一个评分标准降维分解，例如，我们可以直接问××实施方案可以从哪几个方面实施，然后通过ChatGPT提供的答案再进行二次分解；也可以自己进行降维分解后，直接问ChatGPT某部分工作的实施方案，让其为我们提供一个方案的框架，然后我们根据框架的每个小点再进行搜索。如果大家不方便使用ChatGPT，那么百度研发的文心一言也有异曲同工之处。下面我用文心一言给大家作示范。

（1）向文心一言表明你正在做的事情以及要求它做的事情（见图2-6）。

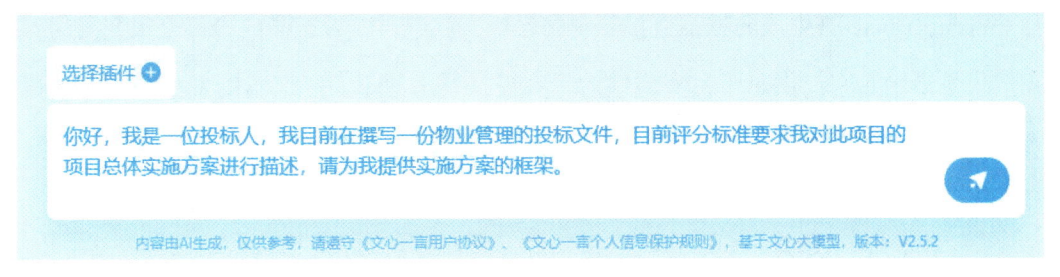

```
选择插件 ⊕

你好，我是一位投标人，我目前在撰写一份物业管理的投标文件，目前评分标准要求我对此项目的
项目总体实施方案进行描述，请为我提供实施方案的框架。

内容由AI生成，仅供参考，请遵守《文心一言用户协议》、《文心一言个人信息保护规则》，基于文心大模型，版本：V2.5.2
```

图2-6　向文心一言提问的示例

（2）文心一言会自动生成一个比较系统的框架供我们参考（见图2-7）。

```
你好，非常高兴能为你提供帮助。以下是一份关于物业管理项目总体实施方案的框架，你可以根据具体的情况进
行修改和完善。

一、项目背景与目标
1.1 项目背景介绍
1.2 项目目标设定

二、项目管理组织结构
2.1 项目管理团队介绍
2.2 项目管理职责划分
2.3 与其他相关方的协调机制

三、项目实施计划
3.1 项目实施时间表
3.2 关键节点与里程碑
3.3 资源需求与分配

四、物业服务质量保障措施
4.1 服务质量标准设定
4.2 服务质量监控机制
4.3 服务质量改进措施
```

图2-7　文心一言提供的答案示例

根据上述示范可以看出，文心一言给我们提供了很广阔的思路，我们可以根据用户需求书的内容以及自己所了解到的知识再让它为我们分解或者再向它提问。我们提供的信息越多，它提供的思路和框架就越精准。不过需要注意的是，不建议直接把文心一言或者ChatGPT生成的方案直接复制到投标文件中，因为这些内容都是很空洞的，我们只是借用它来提供思路，实质性的内容还是要来源于实际运营的素材。所以除搜索之外，我们还需要学会提炼。

（二）提炼

我们在搜索的过程中，会获得很多与关键词有关联的信息，也会搜索到某些权威网站或者某些行业协会的有关信息，无论是通过搜索引擎得来的信息，还是通过对ChatGPT训练所获得的信息，我们都需要对所得信息进行提炼，我们可以通过以下维度来判断各个搜索结果的价值。

关联性：是否匹配投标项目的用户需求书和评分要求；

权威性：网站、发布者是否可靠，是否具有权威性，文章的逻辑是否严谨，数据是否可靠等；

完整性：搜索结果的广度和深度。

通过以上维度的提炼，我们所搜索到的信息应该已经达到了去粗取精的效果。接下来就是集成和整理了。

（三）集成

我们在对信息进行提炼的阶段，会发现有部分信息跟本项目关联紧密，那么可以直接使用；有部分信息与本项目关联较小，但是与同类项目内容有关，那么可以保存起来以备不时之需。这时候，我们就需要对信息进行集成处理。集成处理有利于日后方案写作的扩充和优化，同时可以减少重复搜索工作。

集成处理的方法是，筛选信息之后，把信息分门别类地放到对应文件夹中，而文件夹的分类可以按照日常工作中遇到的评分标准进行，例如最常见的就是项目实施方案、质量保证方案、售后服务方案、应急服务方案等，把搜索到的信息按照时间先后顺序进行保存即可。

（四）整理

随着行业、公司的发展，有一些集成文件夹中的信息可能已经不适用了；同时，随着方案的不断完善和优化，有部分在集成文件夹中的碎片信息可能已经被并入完善、系统的方案中了，这时候我们需要对集成文件夹中的信息进行"去旧迎新"的整理。

同时，随着我们对行业、公司、项目的逐渐理解，我们搜索的关键词必然比之前更加精准，搜索得到的信息也会日渐精确和有效。因此，对集成文件夹中的信息进行优化整理，会让我们的"方案素材库"变成投标时的左膀右臂。

这就是信息收集的全部过程，这个过程在贯穿每一个项目的同时，也贯穿在投标人的日常工作中，只有不断重复"搜索—提炼—集成—整理"的步骤，我们的"方案素材库"才可以不断迭代和升级。

二、搜索的渠道

搜索的渠道大家用得最多的就是搜索引擎，这里再跟大家分享几个思路，其实搜索的渠道最重要也是最精准的来源首先是公司内部资料，因为投标文件描述的就是公司的内容，所以公司内部资料库、素材库就是我们搜索的第一渠道。其他的还有文库网、期刊网、专业书籍、行业数据库、专业论坛、甲方官网等，都是我们可以进行搜索的渠道（见图2-8）。

公司内部资料库、素材库	文库网	期刊网	专业书籍
行业数据库	专业论坛	甲方官网	搜索引擎

图2-8 搜索的渠道

（一）文库网推荐

在这里推荐几个笔者常用的文库网（见表2-7），大多数都是收费的，大家谨慎选择，其中我认为采购文件网的性价比是最高的，因为里面有许多各个行业的实操投标方案，大家可以按需选择。

表2-7 文库网推荐

序号	名称	网址
1	采购文件网	www.cgwenjian.com
2	百度文库	wenku.baidu.com
3	豆丁文库	www.docin.com
4	道客巴巴	www.doc88.com
5	智库文档	doc.mbalib.com

（二）搜索引擎推荐

搜索引擎除我们常用的百度之外，其实还有很多其他搜索引擎（见表2-8）。不同的引擎搜索出来的内容会不一样，所以可以多尝试几个。

表2-8 推荐使用的搜索引擎

序号	名称	网址
1	百度	www.baidu.com
2	搜网	www.websou.com
3	搜狗	www.sogou.com
4	必应	cn.bing.com
5	有道	www.youdao.com

第六节 必须了解的政府采购优惠政策

在备标阶段，除企业内部的资料准备之外，涉及招投标的一些法律法规、政策意见等，我们也务必要实时关注。特别值得投标人关注的是政府采购中的一些优惠政策。

目前政府采购中有两种类型的优惠政策，一种是针对中小企业的优惠政策，另一种是针对节能产品的优惠政策。无论是哪种优惠政策，优惠的体现就是直接在投标报价上面给予价格折扣，让投标人评标价格变得更低，得分就会变高，但是中标后的结算价格还是以投标人的实际报价为准。下面我们以一个案例来感受一下利用优惠政策的好处。

案例

项目概况：这是一个非专门面向中小企业的政府采购项目，项目名称为某学校计算机采购项目。根据优惠政策，如果投标人是小型或者微型企业，可以享受6%的价格折扣优惠。根据招标文件以及《政府采购法》规定，政府采购项目价格评审方式用**低价优先法**，此项目的价格分为30分，**评标价格最低的为基准价**，价格计算公式为（基准价/报价）×30分。开标当天，A，B，C三家公司前往开标，现场的开标情况一览见表2-9。

表2-9 开标情况一览

投标人	中小企业	价格折扣优惠	投标报价	评标价格	价格得分	商务、技术得分	综合得分
A公司	否	—	98万元			69分	
B公司	是	6%	100万元			68分	
C公司	否	—	95万元			67分	

思考题：请计算出A，B，C三家公司的评标价格、价格得分、综合得分以及推算出最后的中标人和中标价格。

分析思路：我们需要计算出三家公司的价格得分，加上商务、技术得分才可以得知三家公司的综合得分进而推算出中标人和中标价格。因此，我们需要先确定三家投标人的评标价格。

第一步：已知B公司是中小企业，可以享受价格折扣优惠，因此三家公司评标价格如下。

A公司评标价格=98万元。

B公司评标价格=100万元×（1-6%）=94万元。

C公司评标价格=95万元。

第二步：根据低价优先法，评标价格最低价就是基准价，可以得出三家公司的价格得分。

A公司价格得分=94万元/98万元×30分=28.78分。

B公司价格得分=94万元/94万元×30分=30分。

C公司价格得分=94万元/95万元×30分=29.68分。

第三步：根据价格得分，我们把A，B，C三家公司的价格得分跟商务、技术得分相加即可得出综合得分（见表2-10）。

表2-10 开标得分一览

投标人	中小企业	价格折扣优惠	投标报价	评标价格	价格得分	商务、技术得分	综合得分
A公司	否	—	98万元	98万元	28.78分	69分	97.78分
B公司	是	6%	100万元	94万元	30分	68分	98分
C公司	否	—	95万元	95万元	29.68分	67分	96.68分

可见，B公司综合得分最高，所以B公司是中标人，而成交价格就是100万元。

现在，关于中小企业的优惠政策感受到了吗？优惠的力度就是在投标人原始报价上面进行折扣，以折扣之后的价格作为评标价格，那么评标价格就变低了，评价价格变低价格得分自然就会提高，价格得分提高了综合得分也就变高了。如果中标了，成交价格依然是按照原始报价，这就是扶持中小企业的优惠政策。

下面，我把政府采购中的优惠政策都罗列出来，大家可查阅并利用。具体优惠政策的执行，须根据招标文件来定。

一、关于中小企业的优惠政策

在备标阶段，除企业内部的资料准备之外，外部的一些法律、法规、政策我们也务必要实时关注，如果是新成立企业或者是中小企业，就要特别关注财政部及工业和信息化部于2020年12月18日颁发的《政府采购促进中小企业发展管理办法》（以下简称《办法》），这项政策对于中小企业来说是极大的利好消息，《办法》全文如下。

政府采购促进中小企业发展管理办法

第一条　为了发挥政府采购的政策功能，促进中小企业健康发展，根据《中华人民共和国政府采购法》、《中华人民共和国中小企业促进法》等有关法律法规，制定本办法。

第二条　本办法所称中小企业，是指在中华人民共和国境内依法设立，依据国务院批准的中小企业划分标准确定的中型企业、小型企业和微型企业，但与大企业的负责人为同一人，或者与大企业存在直接控股、管理关系的除外。符合中小企业划分标准的个体工商户，在政府采购活动中视同中小企业。

第三条　采购人在政府采购活动中应当通过加强采购需求管理，落实预留采购份额、价格评审优惠、优先采购等措施，提高中小企业在政府采购中的份额，支持中小企业发展。

第四条　在政府采购活动中，供应商提供的货物、工程或者服务符合下列情形的，享受本办法规定的中小企业扶持政策：（一）在货物采购项目中，货物由中小企业制造，即货物由中小企业生产且使用该中小企业商号或者注册商标；（二）在工程采购项目中，工程由中小企业承建，即工程施工单位为中小企业；（三）在服务采购项目中，服务由中小企业承接，即提供服务的人员为中小企业依照《中华人民共和国劳动合同法》订立劳动合同的从业人员。在货物采购项目中，供应商提供的货物既有中小企业制造货物，也有大型企业制造货物的，不享受本办法规定的中小企业扶持政策。以联合体形式参加政府采购活动，联合体各方均为中小企业的，联合体视同中小企业。其中，联合体各方均为小微企业的，联合体视同小微企业。

第五条 采购人在政府采购活动中应当合理确定采购项目的采购需求，不得以企业注册资本、资产总额、营业收入、从业人员、利润、纳税额等规模条件和财务指标作为供应商的资格要求或者评审因素，不得在企业股权结构、经营年限等方面对中小企业实行差别待遇或者歧视待遇。

第六条 主管预算单位应当组织评估本部门及所属单位政府采购项目，统筹制定面向中小企业预留采购份额的具体方案，对适宜由中小企业提供的采购项目和采购包，预留采购份额专门面向中小企业采购，并在政府采购预算中单独列示。符合下列情形之一的，可不专门面向中小企业预留采购份额：（一）法律法规和国家有关政策明确规定优先或者应当面向事业单位、社会组织等非企业主体采购的；（二）因确需使用不可替代的专利、专有技术，基础设施限制，或者提供特定公共服务等原因，只能从中小企业之外的供应商处采购的；（三）按照本办法规定预留采购份额无法确保充分供应、充分竞争，或者存在可能影响政府采购目标实现的情形；（四）框架协议采购项目；（五）省级以上人民政府财政部门规定的其他情形。除上述情形外，其他均为适宜由中小企业提供的情形。

第七条 采购限额标准以上，200万元以下的货物和服务采购项目、400万元以下的工程采购项目，适宜由中小企业提供的，采购人应当专门面向中小企业采购。

第八条 超过200万元的货物和服务采购项目、超过400万元的工程采购项目中适宜由中小企业提供的，预留该部分采购项目预算总额的30%以上专门面向中小企业采购，其中预留给小微企业的比例不低于60%。预留份额通过下列措施进行：（一）将采购项目整体或者设置采购包专门面向中小企业采购；（二）要求供应商以联合体形式参加采购活动，且联合体中中小企业承担的部分达到一定比例；（三）要求获得采购合同的供应商将采购项目中的一定比例分包给一家或者多家中小企业。组成联合体或者接受分包合同的中小企业与联合体内其他企业、分包企业之间不得存在直接控股、管理关系。

第九条 对于经主管预算单位统筹后未预留份额专门面向中小企业采购的采购项

目,以及预留份额项目中的非预留部分采购包,采购人、采购代理机构应当对符合本办法规定的小微企业报价给予6%—10%(工程项目为3%—5%)的扣除,用扣除后的价格参加评审。适用招标投标法的政府采购工程建设项目,采用综合评估法但未采用低价优先法计算价格分的,评标时应当在采用原报价进行评分的基础上增加其价格得分的3%—5%作为其价格分。接受大中型企业与小微企业组成联合体或者允许大中型企业向一家或者多家小微企业分包的采购项目,对于联合协议或者分包意向协议约定小微企业的合同份额占到合同总金额30%以上的,采购人、采购代理机构应当对联合体或者大中型企业的报价给予2%—3%(工程项目为1%—2%)的扣除,用扣除后的价格参加评审。适用招标投标法的政府采购工程建设项目,采用综合评估法但未采用低价优先法计算价格分的,评标时应当在采用原报价进行评分的基础上增加其价格得分的1%—2%作为其价格分。组成联合体或者接受分包的小微企业与联合体内其他企业、分包企业之间存在直接控股、管理关系的,不享受价格扣除优惠政策。价格扣除比例或者价格分加分比例对小型企业和微型企业同等对待,不作区分。具体采购项目的价格扣除比例或者价格分加分比例,由采购人根据采购标的相关行业平均利润率、市场竞争状况等,在本办法规定的幅度内确定。

第十条 采购人应当严格按照本办法规定和主管预算单位制定的预留采购份额具体方案开展采购活动。预留份额的采购项目或者采购包,通过发布公告方式邀请供应商后,符合资格条件的中小企业数量不足3家的,应当中止采购活动,视同未预留份额的采购项目或者采购包,按照本办法第九条有关规定重新组织采购活动。

第十一条 中小企业参加政府采购活动,应当出具本办法规定的《中小企业声明函》(附1),否则不得享受相关中小企业扶持政策。任何单位和个人不得要求供应商提供《中小企业声明函》之外的中小企业身份证明文件。

第十二条 采购项目涉及中小企业采购的,采购文件应当明确以下内容:(一)预留份额的采购项目或者采购包,明确该项目或相关采购包专门面向中小企业采购,以及相关标的及预算金额;(二)要求以联合体形式参加或者合同分包的,明确联合协议或者分包意向协议中中小企业合同金额应当达到的比例,并作为供应商资格条件;(三)非预留份额的采购项目或者采购包,明确有关价格扣除比例或者价格分加分比例；（四）规定依据本办法规定享受扶持政策获得政府采购合同的，小微企业不得将合同分包给大中型企业，中型企业不得将合同分包给大型企业；（五）采购人认为具备相关条件的，明确对中小企业在资金支付期限、预付款比例等方面的优惠措施；（六）明确采购标的对应的中小企业划分标准所属行业；（七）法律法规和省级以上人民政府财政部门规定的其他事项。

第十三条　中标、成交供应商享受本办法规定的中小企业扶持政策的，采购人、采购代理机构应当随中标、成交结果公开中标、成交供应商的《中小企业声明函》。适用招标投标法的政府采购工程建设项目，应当在公示中标候选人时公开中标候选人的《中小企业声明函》。

第十四条　对于通过预留采购项目、预留专门采购包、要求以联合体形式参加或者合同分包等措施签订的采购合同，应当明确标注本合同为中小企业预留合同。其中，要求以联合体形式参加采购活动或者合同分包的，应当将联合协议或者分包意向协议作为采购合同的组成部分。

第十五条　鼓励各地区、各部门在采购活动中允许中小企业引入信用担保手段，为中小企业在投标（响应）保证、履约保证等方面提供专业化服务。鼓励中小企业依法合规通过政府采购合同融资。

第十六条　政府采购监督检查、投诉处理及政府采购行政处罚中对中小企业的认定，由货物制造商或者工程、服务供应商注册登记所在地的县级以上人民政府中小企业主管部门负责。中小企业主管部门应当在收到财政部门或者有关招标投标行政监督部门关于协助开展中小企业认定函后10个工作日内做出书面答复。

第十七条　各地区、各部门应当对涉及中小企业采购的预算项目实施全过程绩效管理，合理设置绩效目标和指标，落实扶持中小企业有关政策要求，定期开展绩效监控和评价，强化绩效评价结果应用。

第十八条　主管预算单位应当自2022年起向同级财政部门报告本部门上一年度面向中小企业预留份额和采购的具体情况，并在中国政府采购网公开预留项目执行情况（附2）。未达到本办法规定的预留份额比例的，应当作出说明。

第十九条　采购人未按本办法规定为中小企业预留采购份额，采购人、采购代理机构未按照本办法规定要求实施价格扣除或者价格分加分的，属于未按照规定执行政府采购政策，依照《中华人民共和国政府采购法》等国家有关规定追究法律责任。

第二十条　供应商按照本办法规定提供声明函内容不实的，属于提供虚假材料谋取中标、成交，依照《中华人民共和国政府采购法》等国家有关规定追究相应责任。适用招标投标法的政府采购工程建设项目，投标人按照本办法规定提供声明函内容不实的，属于弄虚作假骗取中标，依照《中华人民共和国招标投标法》等国家有关规定追究相应责任。

第二十一条　财政部门、中小企业主管部门及其工作人员在履行职责中违反本办法规定及存在其他滥用职权、玩忽职守、徇私舞弊等违法违纪行为的，依照《中华人民共和国政府采购法》、《中华人民共和国公务员法》、《中华人民共和国监察法》、《中华人民共和国政府采购法实施条例》等国家有关规定追究相应责任；涉嫌犯罪的，依法移送有关国家机关处理。

第二十二条　对外援助项目、国家相关资格或者资质管理制度另有规定的项目，不适用本办法。

第二十三条　关于视同中小企业的其他主体的政府采购扶持政策，由财政部会同有关部门另行规定。

第二十四条　省级财政部门可以会同中小企业主管部门根据本办法的规定制定具体实施办法。

第二十五条　本办法自2021年1月1日起施行。《财政部　工业和信息化部关于印发〈政府采购促进中小企业发展暂行办法〉的通知》（财库〔2011〕181号）同时废止。

二、关于残疾人福利性单位的优惠政策

在政府采购中，残疾人福利性单位同样可以享受价格折扣优惠，具体优惠幅度需要根据招标文件而定，以下是《关于促进残疾人就业政府采购政策的通知》的具体内容。

关于促进残疾人就业政府采购政策的通知

财库〔2017〕141号

党中央有关部门，国务院各部委、各直属机构，全国人大常委会办公厅，全国政协办公厅，高法院，高检院，各民主党派中央，有关人民团体，各省、自治区、直辖市、计划单列市财政厅（局）、民政厅（局）、残疾人联合会，新疆生产建设兵团财务局、民政局、残疾人联合会：

为了发挥政府采购促进残疾人就业的作用，进一步保障残疾人权益，依照《政府采购法》、《残疾人保障法》等法律法规及相关规定，现就促进残疾人就业政府采购政策通知如下：

一、享受政府采购支持政策的残疾人福利性单位应当同时满足以下条件：

（一）安置的残疾人占本单位在职职工人数的比例不低于25%（含25%），并且安置的残疾人人数不少于10人（含10人）；

（二）依法与安置的每位残疾人签订了一年以上（含一年）的劳动合同或服务协议；

（三）为安置的每位残疾人按月足额缴纳了基本养老保险、基本医疗保险、失业保险、工伤保险和生育保险等社会保险费；

（四）通过银行等金融机构向安置的每位残疾人，按月支付了不低于单位所在区县适用的经省级人民政府批准的月最低工资标准的工资；

（五）提供本单位制造的货物、承担的工程或者服务（以下简称"产品"），或者提供其他残疾人福利性单位制造的货物（不包括使用非残疾人福利性单位注册商标的货物）。

前款所称残疾人是指法定劳动年龄内，持有《中华人民共和国残疾人证》或者《中华人民共和国残疾军人证（1至8级）》的自然人，包括具有劳动条件和劳动意愿的精神残疾人。在职职工人数是指与残疾人福利性单位建立劳动关系并依法签订劳动合同或者服务协议的雇员人数。

二、符合条件的残疾人福利性单位在参加政府采购活动时，应当提供本通知规定的《残疾人福利性单位声明函》（见附件），并对声明的真实性负责。任何单位或者个人在政府采购活动中均不得要求残疾人福利性单位提供其他证明声明函内容的材料。

中标、成交供应商为残疾人福利性单位的，采购人或者其委托的采购代理机构应当随中标、成交结果同时公告其《残疾人福利性单位声明函》，接受社会监督。

供应商提供的《残疾人福利性单位声明函》与事实不符的，依照《政府采购法》第七十七条第一款的规定追究法律责任。

三、在政府采购活动中，残疾人福利性单位视同小型、微型企业，享受预留份额、评审中价格扣除等促进中小企业发展的政府采购政策。向残疾人福利性单位采购的金额，计入面向中小企业采购的统计数据。残疾人福利性单位属于小型、微型企业的，不重复享受政策。

四、采购人采购公开招标数额标准以上的货物或者服务，因落实促进残疾人就业政策的需要，依法履行有关报批程序后，可采用公开招标以外的采购方式。

五、对于满足要求的残疾人福利性单位产品，集中采购机构可直接纳入协议供货或者定点采购范围。各地区建设的政府采购电子卖场、电子商城、网上超市等应当设立残疾人福利性单位产品专栏。鼓励采购人优先选择残疾人福利性单位的产品。

六、省级财政部门可以结合本地区残疾人生产、经营的实际情况，细化政府采购支持措施。对符合国家有关部门规定条件的残疾人辅助性就业机构，可通过上述措施予以支持。各地制定的有关文件应当报财政部备案。

七、本通知自2017年10月1日起执行。

三、关于监狱企业的优惠政策

在政府采购中，监狱企业同样可以享受价格折扣优惠，具体优惠幅度需要根据招标文件而定，以下是《关于政府采购支持监狱企业发展有关问题的通知》的具体内容。

关于政府采购支持监狱企业发展有关问题的通知

财库〔2014〕68号

党中央有关部门，国务院各部委、各直属机构，全国人大常委会办公厅，全国政协办公厅、高法院、高检院、有关人民团体，中央国家机关政府采购中心，中共中央直属机关采购中心，全国人大机关采购中心，各省、自治区、直辖市、计划单列市财政厅（局）、司法厅（局），新疆生产建设兵团财务局、司法局、监狱管理局：

政府采购支持监狱和戒毒企业（以下简称"监狱企业"）发展对稳定监狱企业生产，提高财政资金使用效益，为罪犯和戒毒人员提供长期可靠的劳动岗位，提高罪犯和戒毒人员的教育改造质量，减少重新违法犯罪，确保监狱、戒毒场所安全稳定，促进社会和谐稳定具有十分重要的意义。为进一步贯彻落实国务院《关于解决监狱企业困难的实施方案的通知》（国发〔2003〕7号）文件精神，发挥政府采购支持监狱企业发展的作用，现就有关事项通知如下：

一、监狱企业是指由司法部认定的为罪犯、戒毒人员提供生产项目和劳动对象，且全部产权属于司法部监狱管理局、戒毒管理局、直属煤矿管理局，各省、自治区、直辖市监狱管理局、戒毒管理局，各地（设区的市）监狱、强制隔离戒毒所、戒毒康复所，以及新疆生产建设兵团监狱管理局、戒毒管理局的企业。监狱企业参加政府采购活动时，应当提供由省级以上监狱管理局、戒毒管理局（含新疆生产建设兵团）出具的属于监狱企业的证明文件。

二、在政府采购活动中，监狱企业视同小型、微型企业，享受预留份额、评审中价格扣除等政府采购促进中小企业发展的政府采购政策。向监狱企业采购的金额，计入面向中小企业采购的统计数据。

三、各地区、各部门要积极通过预留采购份额支持监狱企业。有制服采购项目的部门，应加强对政府采购预算和计划编制工作的统筹，预留本部门制服采购项目预算总额的30%以上，专门面向监狱企业采购。省级以上政府部门组织的公务员考试、招生考试、等级考试、资格考试的试卷印刷项目原则上应当在符合有关资质的监狱企业范围内采购。各地在免费教科书政府采购工作中，应当根据符合教科书印制资质的监狱企业情况，提出由监狱企业印刷的比例要求。

四、各地区可以结合本地区实际，对监狱企业生产的办公用品、家具用具、车辆维修和提供的保养服务、消防设备等，提出预留份额等政府采购支持措施，加大对监狱企业产品的采购力度。

五、各地区、各部门要高度重视，加强组织管理和监督，做好政府采购支持监狱企业发展的相关工作。有关部门要加强监管，确保面向监狱企业采购的工作依法依规进行。各监狱企业要不断提高监狱企业产品的质量和服务水平，为做好监狱企业产品政府采购工作提供有力保障。

四、关于节能产品的优惠政策

如果你们公司的产品属于节能产品，那么就要注意了。政府采购属于节能清单中产品时，在技术、服务等指标同等条件下，会优先采购节能清单所列的节能产品。以下是《财政部　国家发展改革委关于印发〈节能产品政府采购实施意见〉的通知》。

财政部　国家发展改革委关于印发《节能产品政府采购实施意见》的通知

财库〔2004〕185号

各省、自治区、直辖市、计划单列市财政厅（局）、发展改革委（计委）、经贸委（经委），新疆生产建设兵团财务局、发展改革委，党中央有关部门，国务院各部委、各直属机构，全国人大常委会办公厅，全国政协办公厅，高法院，高检院，有关人民团体：

为贯彻落实《国务院办公厅关于开展资源节约活动的通知》（国办发〔2004〕30号），发挥政府机构节能（含节水）的表率作用，根据《中华人民共和国节约能源法》和《中华人民共和国政府采购法》，财政部、国家发展和改革委员会制定了《节能产品政府采购实施意见》。现印发给你们，请遵照执行。

附件：节能产品政府采购实施意见

二○○四年十二月十七日

节能产品政府采购实施意见

为贯彻落实《国务院办公厅关于开展资源节约活动的通知》（国办发〔2004〕30号），发挥政府机构节能（含节水，下同）的表率作用，根据《中华人民共和国节约能源法》和《中华人民共和国政府采购法》，现就推行节能产品政府采购提出如下意见。

一、采购节能产品对于降低政府机构能源费用开支，节省财政资金，推动企业节能技术进步，扩大节能产品市场，提高全社会的资源忧患意识，节约能源，保护环境，实现经济社会可持续发展，具有十分重要的意义。各地区、各部门要高度重视，加强组织管理和监督，确保节能产品政府采购工作落到实处。

二、各级国家机关、事业单位和团体组织（以下统称"采购人"）用财政性资金进行采购的，应当优先采购节能产品，逐步淘汰低能效产品。

三、财政部、国家发展和改革委员会综合考虑政府采购改革进展和节能产品技术及市场成熟等情况，从国家认可的节能产品认证机构认证的节能产品中按类别确定实行政府采购的范围，并以"节能产品政府采购清单"（以下简称"节能清单"）的形式公布。

节能清单中新增节能认证产品，将由财政部、国家发展和改革委员会以文件形式确定、公布并适时调整。

四、中国政府采购网（http://www.ccgp.gov.cn/）、中国环境资源信息网（http://www.cern.gov.cn/）、中国节能节水认证网（http://www.cecp.org.cn/）为节能清单公告媒体。为确保上述信息的准确性，未经财政部、国家发展和改革委员会允许，不得转载。

五、节能清单中的产品有效时间以国家节能产品认证证书有效截止日期为准，超过认证证书有效截止日期的自动失效。

六、政府采购属于节能清单中产品时，在技术、服务等指标同等条件下，应当优先采购节能清单所列的节能产品。

七、在政府采购活动中，采购人应当在政府采购招标文件（含谈判文件、询价文件）中载明对产品的节能要求、合格产品的条件和节能产品优先采购的评审标准。

八、采购人或其委托的采购代理机构未按上述要求采购的，有关部门要按照有关法律、法规和规章予以处理，财政部门视情况可以拒付采购资金。

九、本意见采取积极稳妥、分步实施的办法，逐步扩大到全国范围。2005年在中央一级预算单位和省级（含计划单列市）预算单位实行，2006年扩大到中央二级预算单位和地市一级预算单位实行，2007年全面实行。在实施中，各级政府和预算单位可以根据实际情况，提前执行本意见相关要求。

本章小结

本章内容主要介绍了备标的必要性、所需资料以及投标人搜索资料的渠道和方法，还介绍了参加政府采购必须了解的一些优惠政策。这些内容虽然看似琐碎，但实际上是一个庞大的系统工程，为投标文件的诞生奠定了实质性的基础。备标是一项长期的工作，需要投标人充分动用公司内部资源，结合投标实务不断更新和迭代。因此，投标人需要高度重视备标工作，确保资料的准确性和完整性，以提高中标率。

下一章，我们来说说寻标。如果万事俱备，只欠东风的话，那我们就一起去寻找那一阵能让我们起飞的"东风"。

```
备标
├── 备标的概念和意义
│   ├── 备标的概念
│   ├── 备标的意义
│   └── 备标的内容
├── 基础文件和资格文件的准备
│   ├── 基础文件和资格文件是什么
│   └── 基础文件和资格文件必须具备的三要素
├── 商务部分的文件准备
│   ├── 业绩合同
│   ├── 供应合同
│   ├── 器材设备合同和场地合同
│   └── 人员证书和公司证书
├── 技术部分的文件准备
├── 资料的有效搜索
│   ├── 资料有效搜索的流程
│   └── 搜索的渠道
└── 必须了解的政府采购优惠政策
    ├── 关于中小企业的优惠政策
    ├── 关于残疾人福利性单位的优惠政策
    ├── 关于监狱企业的优惠政策
    └── 关于节能产品的优惠政策
```

第三章 寻标：寻找适合自己的项目

林天逸： 曾师傅，备标的工作我已经完成得差不多了。现在，万事俱备，只欠东风，我们去哪里找项目投标呢？

曾洪波： 你认为呢？

林天逸： 去各大政府采购网和公共资源中心找就行了。

曾洪波： 这两类平台的确可以找到项目，但我们投的项目覆盖全国，只在这两类平台找是不全面的。今天，我来跟你说说目前市场上采购平台的分类吧，等你明白了，再跟你说如何找到适合自己的项目吧。

本章内容导航

招标公告的来源和分类

找到适合自己的项目

第一节　招标公告的来源和分类

本章的主题是寻标。所谓寻标，其实就是搜索招标公告。由于法律规定招标公告需要公示，因此无论是集中采购代理机构还是分散采购代理机构，每天都有很多招标公告公示出来，在海量的数据中快而准地找到适合自己公司投标的项目是每个投标人的工作之一，到底怎么才能做到精准且不遗漏地搜索呢？在公布答案之前，我们先来了解一下招标公告的来源和分类。

按照招标公告来源可以划分为原始信息发布平台和综合性采招平台。

原始信息发布平台，是指发布第一手采购信息的各类平台，包括全国性及地方性的政府采购网、全国性及地方性的公共资源交易中心、各地方的集中采购代理机构、各地方的分散采购代理机构、企业官方网站或企业自建的采购网站等。

综合性采招平台，是基于大数据分析技术向用户提供全国范围内多种类型采购信息的平台，例如剑鱼标讯、乙方宝、千里马等。

下面为大家整理了采购信息发布渠道一览（见表3-1），让大家更加清楚每一种类型项目的发布渠道。

从表3-1中我们可以看出，原始信息发布平台的项目类型包含了政府采购类、工程类、企业类。以上官方发布平台都可以免费查看招标公告，但是采购信息来源单一，有时需要通过多个平台搜索才可以找到有效信息。

综合性采招平台使用大数据分析技术，能够自动获取市面上99%的平台数据。用户可以通过关键词的设置，精准搜索所需项目，实现以点带面的全面覆盖效果。相较于在原始信息发布平台逐个搜索，综合性采招平台的搜索效率更高，数据更精准，覆盖面也更广。然而，综合性采招平台只有在收费后才会开放全部功能。

表3-1 采购信息发布渠道一览

平台类型	项目类型	采购主体	项目属性	发布渠道
原始信息发布平台	政府采购类	事业单位、国家机关、团体组织	政府采购	全国性及地方性的政府采购网、各地方的集中采购代理机构，例如广东省政府采购网
	工程类	多种主体	依法必须招标的工程项目	全国性及地方性的公共资源交易中心，例如广州市公共资源交易中心
			非依法必须招标的工程项目	各地方的分散采购代理机构，如公诚管理咨询有限公司
	企业类	国有企业、大型企业	各种属性	各地方的阳光采购平台、企业官方网站或企业自建的采购网站，例如南方电网电子采购交易平台
综合性采招平台	多种类型	多种主体	各种属性	剑鱼标讯、乙方宝、千里马等

原始信息发布平台和综合性采招平台各有其优劣势，基本情况如下（见表3-2）。

表3-2 原始信息发布平台和综合性采招平台的优劣势比较

平台类型	优势	劣势
原始信息发布平台	免费使用	需要人工筛选项目；信息来源单一；无法覆盖多种类型项目等
综合性采招平台	信息来源丰富；覆盖多种类型项目；可通过设置关键词实现采购信息实时推送；可根据历史数据得出商情分析报告等	许多服务需要收费，具体表现为使用这些平台可能需要支付一定的费用才能获得相关服务或信息，增加了使用成本

下面我们通过举例的方式，向大家展示原始信息发布平台中的政府采购类、工程类、企业类的招标公告。

一、政府采购类项目

政府采购类项目会在各地区的公共资源交易中心或交易平台进行发布，例如广东省政府采购网、四川省政府采购网。在政府采购平台上，我们可以查询到各单位的采购意向、采购需求、采购公告、变更公告、中标公告等内容（见图3-1、图3-2）。

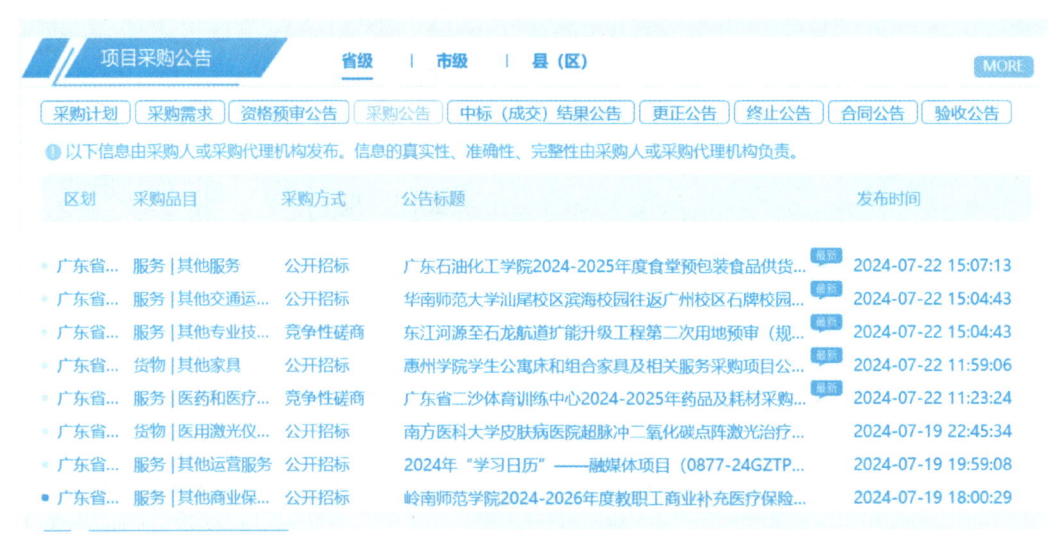

图3-1 广东省政府采购网截图

图3-2 四川省政府采购网截图

有部分国家机关、事业单位、团体组织会把采购信息发布在自己单位的官方网站的子网页上，例如，中山大学把采购信息发布在中山大学官方网站的子网页上，广东省妇幼保健院把采购信息发布在广东省妇幼保健院官方网站的子网页上（见图3-3、图3-4）。这类子网页属于该机构专门用于发布采购信息的平台，我们可以在这类子网页上查询该机构的采购公告、结果公告等，一般在百度上输入该机构名字加上关键词"招标"就可以查找到该机构的招标子网页，例如输入"中山大学招标"。

图3-3　中山大学政府采购与招投标管理中心网页截图

图3-4　广东省妇幼保健院招标采购网页截图

二、工程类项目

依法必须招标的工程类项目会在各地区的公共资源交易中心发布。公共资源交易中心是负责公共资源交易和提供相关咨询、服务的机构，是公共资源统一进场交易的服务平台，服务内容包括工程建设招投标、土地和矿业权交易、企业国有产权交易、公立医院药品和医疗用品采购等。公共资源交易相关招标信息都可以在各地的公共资源交易中心网站上搜索到，例如广州公共资源交易中心（见图3-5）。

图3-5　广州公共资源交易中心网站截图

非依法必须招标的工程项目或者大型企业招标的工程项目则会通过社会上的分散代理机构发布，例如在广东省机电设备招标中心有限公司网站上，我们可以查询和搜索到一些此类项目的招标信息（见图3-6）。

图3-6　广东省机电设备招标中心有限公司网站截图

三、企业类项目

除了政府采购和依法必须招标的项目，市场上还有很大一部分项目属于企业类招标项目，它们的采购流程跟政府采购流程无异，企业类项目的采购公告更多是发布在企业内部的招投标平台上，例如广发银行、中国移动等大型企业都有自己的招投标平台（见图3-7、图3-8）。

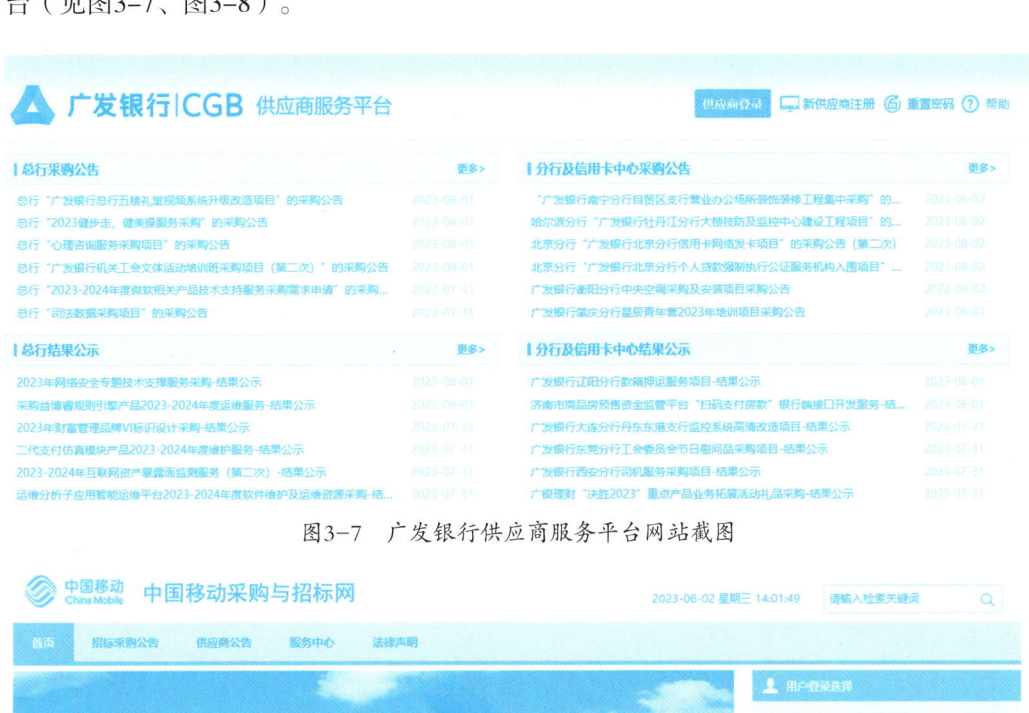

图3-7 广发银行供应商服务平台网站截图

图3-8 中国移动采购与招标网网站截图

经过上述的举例说明，相信读者们会更加清楚不同类型的项目在哪种平台上能够找到更精准的搜索结果。然而，我们也可能会遇到这样的情况：当我们要搜索某一个项目的时候，往往发现这个项目在常规的招标平台上找不到。这主要是因为，现在发布招标信息的平台太多，而人的认知是有限的，我们无法一一浏览和搜索到所有的平台。因此，为了解决这个问题，乙方宝、千里马等综合性采招平台应运而生。

第二节 找到适合自己的项目

随着市场上招投标的项目日益增多,许多企业采取了撒网式的投标,希望能从量变达到质变,这种方式虽然积极,但是花费的成本过高,有部分中小企业可能在保证金这方面就周转不过来,因此越来越多的企业转变观念,从盲投改成定投,对市场上的项目进行筛选和跟踪,从而做到有效投标,以提高中标率。

但是,招标数据这么多,如何可以囊括行业中所有的招标公告从而进行筛选分析和跟踪呢?这时候就需要用到一个很重要的工具——商情分析报告。

商情分析报告,是综合性采招平台基于庞大的数据发布量和专业的资源整合能力为用户提供的各种专业商务咨询报告服务。内容包括行业分析报告、甲方分析报告、竞争对手分析报告等。制作商情分析报告的主要目的,是了解采购项目的基本情况、采购周期、中标单位及成交金额、采购人与代理机构的联系方式等,以便制定出有针对性的商务战略。

例如,根据表3-3的商情分析报告示例,我们可以预估深圳市坪山区人民法院安保安检服务的项目将在下一年度的11月左右进行新一轮的招标,而且上面有招标方的联系方式以及上一年度的成交金额,根据这些基本信息,我们可以有针对性地开展投标工作。

表3-3 商情分析报告示例

公告名称	发布时间	省份	地市	区县	中标金额（元）	招标单位	中标商	原文链接
【延续合同】深圳市坪山区人民法院2024年安保安检服务	2023-12-27	广东省	深圳市	坪山区	1 350 000.00	深圳市坪山区人民法院	深圳市保安服务有限公司	https://www.szggzy.com/jygg/details.html?contentId=2035456
【延续合同】福永街道网格综合管理中心2024年食堂食材配送服务	2023-12-27	广东省	深圳市	宝安区	3 788 400.00	深圳市宝安区福永街道网格综合管理中心	广东天地和实业控股集团有限公司	https://www.szggzy.com/jygg/details.html?contentId=2035863
【延续合同】龙岗区龙岗街道"一街一车一室"运营管理服务采购	2023-12-26	广东省	深圳市	龙岗区	2 418 000.00	深圳市龙岗区龙岗街道公共事务中心	深圳凯吉星农产品检测认证有限公司	https://www.szggzy.com/jygg/details.html?contentId=2035037
【初始合同】深圳市人民医院超声眼科晶状体摘除和玻璃体切除设备及附件采购	2023-12-27	广东省	深圳市	罗湖区	1 894 800.00	深圳市人民医院	广东南方医药对外贸易有限公司	https://www.szggzy.com/jygg/details.html?contentId=2035459
深圳市人民医院综合动力系统项目中标（成交）结果公告	2023-12-27	广东省	深圳市	南山区	1 958 000.00	深圳市人民医院	江西力连医疗科技有限公司	http://zfcg.szggzy.com：8081/gsgg/002001/002001004/002001004001/20231227/e2ee65bd-1d64-4b80-b676-e022ac9fa1f7.html
【初始合同】新桥街道宣传策划服务项目	2023-12-27	广东省	深圳市	宝安区	1 760 000.00	深圳市宝安区新桥街道办事处	深圳市西部新传媒有限公司	https://www.szggzy.com/jygg/details.html?contentId=2035868

商情分析报告可以根据公司的实际情况，按区域、客户类型或者产品渠道等进行划分，通过对一定年限的历史数据进行分析，可大大增进对某一范围的招标周期性的了解，从而判断项目是否可行，做到真正的有效寻标，精准定投。

本章小结

　　本章为大家简单介绍了招标公告的来源和分类，本章结束后，我相信各位读者会更加清楚自己常接触的项目会出现在哪类平台上。除此之外，还为大家介绍了商情分析报告，事实上，在投标实务中越来越多的企业在进入投标竞技场前就对大数据进行了分析，实现了精准定投，大家可以根据自身所处行业和公司的实际情况酌情选择。

　　下一章，我们正式进入跟标环节，既然找到了适合自己的项目，那么接下来，应如何跟进把握好项目呢？

```
                              ┌── 政府采购类项目
             ┌─ 招标公告的来源和分类 ─┼── 工程类项目
             │                └── 企业类项目
    寻标 ────┤
             └─ 找到适合自己的项目
```

第四章 跟标：成功报名和招标文件的解读

林天逸： 曾师傅，今天老板让我去跟进一个项目，我已经在网上下载了招标文件并报了名，接下来还有什么要跟进的？

曾洪波： 等等，只是"报了名"并不代表报名成功了。网上有个段子你听说过吗？就是一个投标人接了个重大项目，花了一个礼拜的时间去做标书，结果到投标现场后才知道自己在报名环节没有操作成功，直接失去投标资格。

林天逸： 啊？那我赶紧去看看是否报名成功了。真是细节决定成败。如果报名成功了，我们还需要做什么？直接做标书吗？

曾洪波： 报名成功之后，我再跟你说说跟标的环节——项目的跟进和解读。

本章内容导航

成功报名

招标文件的解读

第一节　成功报名

本章讲述的是跟标的两个环节，一个是成功报名，另一个是招标文件的解读。完成这两个环节之后，我们才开始投标文件的制作。虽然报名看起来很简单，但投标实务中还是有很多公司会因为错过报名时间、线上报名操作不成功等原因导致失去投标资格。要知道，成功报名是获取投标资格的第一步，如果这一步都没有做好，那么无论后面的工作准备得多充分，都没有任何的希望了。所以，本章节的内容虽然很简单，但是却充满细节。

在平台上找到自己的意向项目之后，下一步就是报名。报名有两种模式，第一种是线下报名，第二种是线上报名。而项目的招标公告会告诉我们关于报名的几个事项：报名的时间、报名的地点、报名的费用、报名时需要携带的文件；如果是线上报名，还会明确指出报名的渠道或者平台。有部分招标公告会公示招标文件供大家免费下载，但是下载了招标文件不代表报名成功，这是很多人会有的一个误区，这里提醒各位投标人注意。

接下来，我们简单说一下线下报名和线上报名的注意事项，助力投标人轻松地完成报名事宜。

一、线下报名

线下报名是指，按照招标公告的报名要求，在指定时间段，到指定地点递交公告上要求的资料进行报名。如图4-1所示，招标公告上明确写着时间、地点和方式。简单的几句话包含了比较多的信息量，投标人一定要看清楚招标公告上的要求，**不要漏掉**

资料，也不要错过时间或者跑错地点，如果资料需要邮寄的必须预留足够的时间，以防出现快递延迟的情况。

> 三、获取竞争性谈判文件
> 　　时间：2022年1月20日至2022年1月25日，每天上午8:00至12:00，下午3:00至6:00（北京时间，法定节假日除外）
> 　　地点：云之龙咨询集团有限公司钦州分公司（广西钦州市子材东大街19号奥林名城8号楼8层）
> 　　方式：供应商须按照公告规定的时间、地点及售价现场购买或邮购竞争性谈判文件。
> 　　法定代表人或委托代理人身份证，非法定代表人携带法定代表人授权书原件购买；主体资格证明（如营业执照、事业单位法人证书等）副本复印件（须加盖单位公章）。【通过邮寄方式获取采购文件的，必须于采购文件的获取时间截止前将以上资料原件通过快递方式送达云之龙咨询集团有限公司钦州分公司（广西钦州市子材东大街19号奥林名城8号楼8层），提供的材料须注明收件人姓名、收件人联系方式及收件地址，未按本公告要求提供有效收件人联系方式的，不予办理邮寄手续；因此造成供应商无法按时获取采购文件的，责任由供应商承担】。
> 　　售价：竞争性谈判文件售价每本300元，售后不退。如需邮寄，每本另加邮费50元（邮购竞争性谈判文件的，必须于竞争性谈判文件的获取时间截止前将竞争性谈判文件价款及邮费汇到采购代理机构指定账户，须提供项目名称、项目编号、收件人姓名、收件人联系方式及收件地址等，未按本公告要求提供的，不予办理邮寄手续；因此造成供应商无法按时获取竞争性谈判文件的，责任由供应商承担）。
> 　　竞争性谈判文件价款及邮费交纳银行账户：
> 　　开户名称：云之龙咨询集团有限公司钦州分公司；
> 　　开户银行：中信银行南宁东葛支行，银行账号：8113 0010 1330 0157 979；
> 　　行号：3026 1102 9137。
> 　　注：
> 　　供应商获取竞争性谈判文件时应当向采购代理机构索取收据或者发票，须将收据或者发票复印件放入响应文件中，否则响应文件作无效处理。索取收据的，供应商应当提供完整准确的单位名称；依据国家税务总局2017年第16号《国家税务总局关于增值税发票开具有关问题的公告》的规定，索取发票的，供应商应当提供纳税人识别号或统一社会信用代码；
> 　　已获取竞争性谈判文件的供应商不等于符合本项目的供应商资格条件。

图4-1　线下报名公告示例

二、线上报名

报名还有第二种模式，就是线上报名。随着电子投标的普及，报名的环节也陆续更多地改成线上进行。目前，各大集中采购代理机构和分散采购代理机构的平台都有线上报名的功能。但是，线上报名的流程比线下报名多了一个平台注册的环节，意思就是我们必须先把公司的信息登记到网站上面，通过平台的审核之后，才具备报名的资格，所以投标人需要关注平台上的注册流程和审核时间。如图4-2所示，广东省政府采购网的招标公告会明确告知投标人在线获取招标文件，意思就是直接在广东省政府采购网上报名就可以了，不需要线下报名，还不收取报名费用。

> 三、获取招标文件
>
> 时间：2022年01月26日至2022年02月07日，每天上午00:00:00至12:00:00，下午12:00:00至23:59:59（北京时间,法定节假日除外）
> 地点：广东省政府采购网https://gdgpo.czt.gd.gov.cn/
> 方式：在线获取
> 售价：免费获取

图4-2　广东省政府采购网要求在线获取招标文件

其实，线上报名时每个平台的操作步骤都类似，一般都是"注册—上传公司资料—平台审核—审核通过"，审核通过之后直接用账号、密码登录，然后报名即可。下面以广东省政府采购网作为示范，向大家阐述线上获取招标文件的过程，大家以此作简单的了解，具体操作还是以每个平台的公示流程为准。

（一）供应商注册

先找到招标公告上载明获取招标文件的平台，打开平台首页（见图4-3）。建议使用IE浏览器，而且不要设置阻止弹窗，这类平台在操作过程中会有较多弹窗提示，如果阻止弹窗会遗漏重要信息甚至无法进行下一步操作。

图4-3　广东省政府采购网首页

打开平台首页后下拉，找到"用户注册登录"这个图标（见图4-4），点击选择"注册"即可。

图4-4　供应商注册位置展示

点击"注册"之后进入系统链接，这时页面会显示"广东省政府采购供应商网上注册登记须知"（见图4-5），点击"同意"即可进入注册界面（见图4-6）。

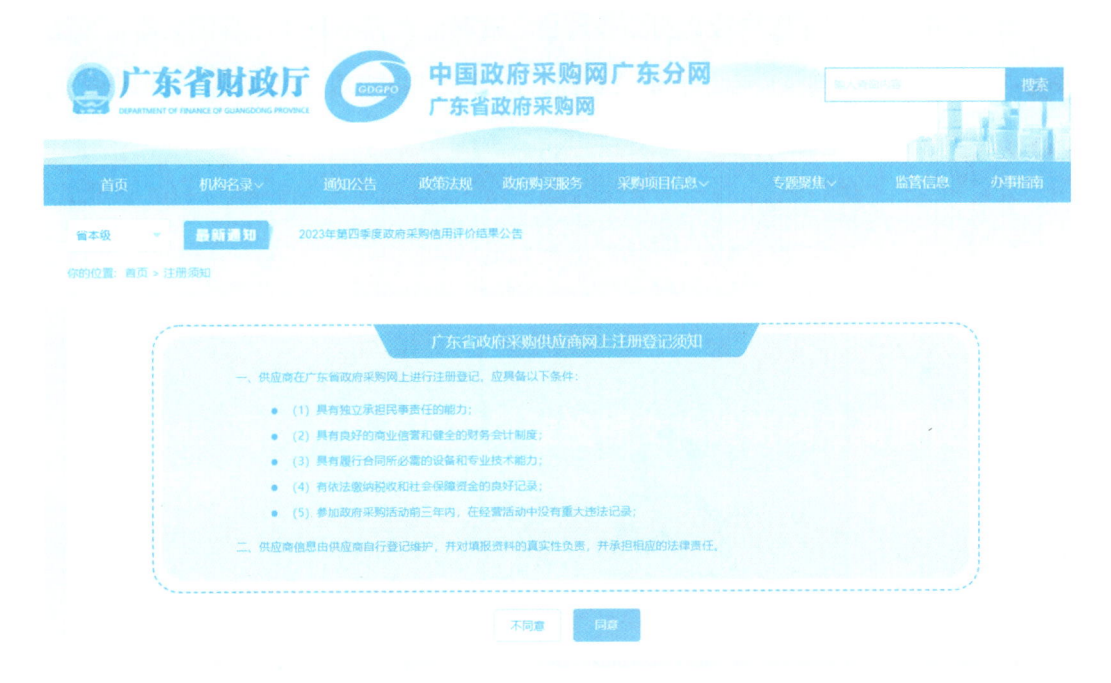

图4-5　广东省政府采购供应商网上注册登记须知界面展示

进入注册界面后，按照提示输入信息即可，请务必记住自己的注册手机号码、账号以及密码。注册成功之后即可用账号、密码进行登录，进入供应商信息填写的环节。

图4-6　注册界面展示

（二）供应商信息填写

登录系统之后，系统会让我们选择角色，这时候选择"我要注册供应商"（见图4-7），然后跳转到供应商信息填写界面，此时按照提示填写供应商信息即可（见图4-8）。

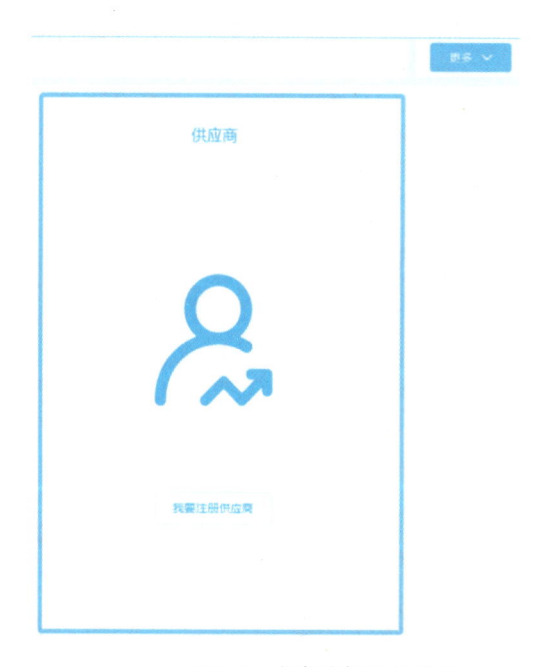

图4-7　角色选择界面展示

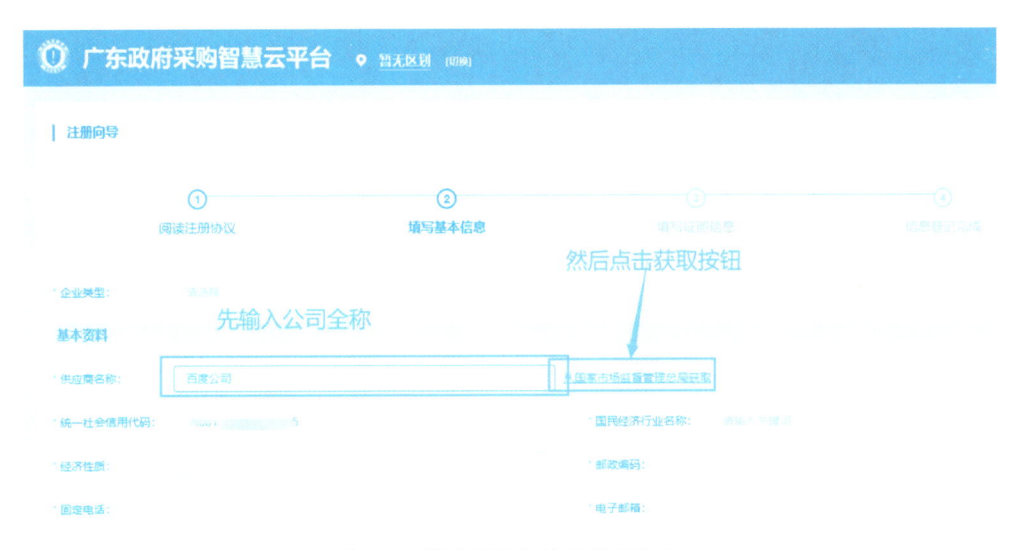

图4-8 供应商信息填写界面展示

（三）供应商资料审核

输入并上传供应商信息之后，部分平台会进行审核，一般1—2个工作日即可完成，**供应商需要注意平台审核时间**，以免错过获取招标文件的有效时间。

（四）招标文件的获取

供应商用账号、密码登录系统后，进入后台，可以在"项目投标"板块查看项目情况（见图4-9）；点击"未参与项目"进入项目报名界面，按要求填写相关信息后，点击"获取"按钮，即可下载招标文件，系统也会自动显示"已参与"或者"已报名"，这样就表示该项目已经报名成功了（见图4-10）。

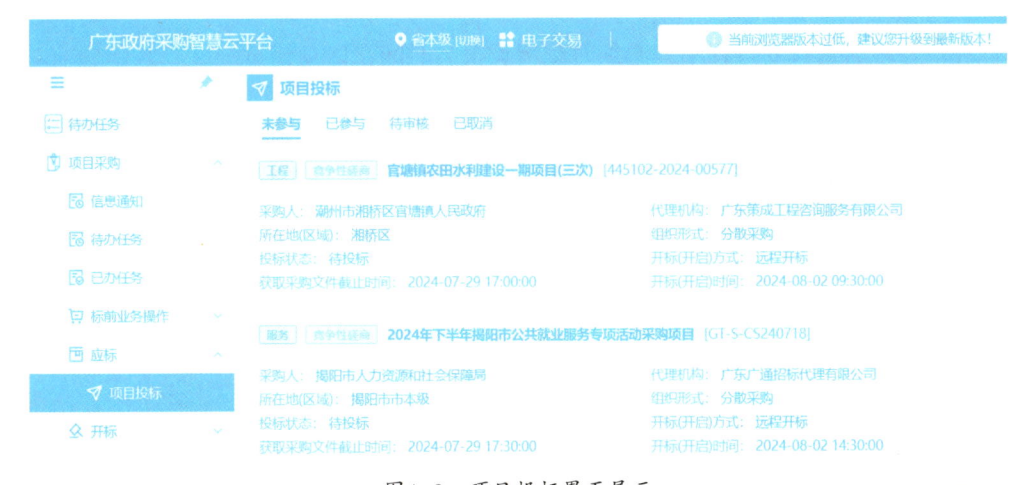

图4-9 项目投标界面展示

图4-10　项目报名界面展示

最后需要确认的是，你所投标的项目有没有在线上报名的同时线下也要递交资料的要求，这时候就回归到招标公告的内容，不能确定的话需要跟代理公司确认是否报名成功。

三、报名注意事项汇总

一般在投标实务中，投标报名时需要注意以下事项。

（一）注意报名的时间

如果错过了报名的时间，就错失了报名的机会，也就失去了投标的资格，因此，我们在准备报名资料的过程中，必须时刻留意报名时间，以免错过。

（二）核对招标公告与招标文件的信息是否一致

确认招标公告和招标文件的项目名称、项目编号、资格条款、开标时间等信息是否一致，如果不一致一定要致电代理公司确认，并要求其出更正/澄清公告。

（三）留意招标公告下的附件

需要提醒各位投标人留意招标公告下的附件，附件内容可能是报名时所需要的格式文档，也可能是制作投标文件时所需要的格式文档。

（四）提前熟悉平台上的操作

各类报名平台的流程类似，但是操作方法不一，我们可以参照各平台的操作指南。一般在平台首页的导航会有"办事指南"一项，或者在供应商注册位置的附近会有相关的操作指南。这类操作指南的内容包含了供应商"注册—入库—CA办理—驱动下载—投标文件制作—上传—开标解密"的操作过程，也有一些常见疑问的答疑，经常遇到的问题基本上可以迎刃而解。

总而言之，报名成功是跟标的首要工作，更是中标的第一步，虽然看起来很简单，但实际上包含着很多细节。在这个环节中，如果是新手投标人，建议跟代理公司确认、确认、再确认。

接下来，我们将讲述成功获取招标文件之后，该如何解读招标文件。

第二节 招标文件的解读

无论项目的商务关系如何，报名成功之后的首要工作，都是对招标文件进行解读。那么，应该怎样有效、快速、精准地解读招标文件呢？这就是本节的主要内容了。

一、浅谈招标文件与投标文件之间的关系

如果问你，你认为招标文件和投标文件之间是什么样的关系，你会怎么回答呢？在平时的训练营里面，学员们回答的最多的就是响应关系。的确，投标文件就是要对招标文件作出响应。但在笔者看来，它们更像是问卷与答卷之间的关系，如图4-11所示。

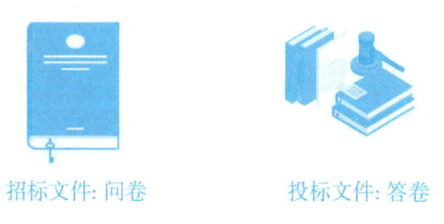

招标文件：问卷　　投标文件：答卷

图4-11　招标文件与投标文件的关系

笔者之所以这样认为，主要有三大原因：其一，大多数项目采用的评审方法都是综合评分法，就像我们做卷子一样，会给我们的投标文件打分；其二，招标文件的资格部分、商务部分和技术部分都是在不断向供应商提问题，我们就要在投标文件里一一作答；其三，如果我们对招标文件的问题理解得不准确或者不到位，就有可能会导致丢分甚至废标。

既然这样，我们为了得到高分，就必须准确理解招标文件提的问题，这样才可以找到正确的解题方法。

二、招标文件的解读方法

既然已经明白招标文件与投标文件之间的底层逻辑，那么我们就要研究"打开"招标文件的正确方式。在这里给大家推荐一个方法——笔者从业十几年来每天都在实践并且有成效的方法——无死角阅读法则，如图4-12所示。

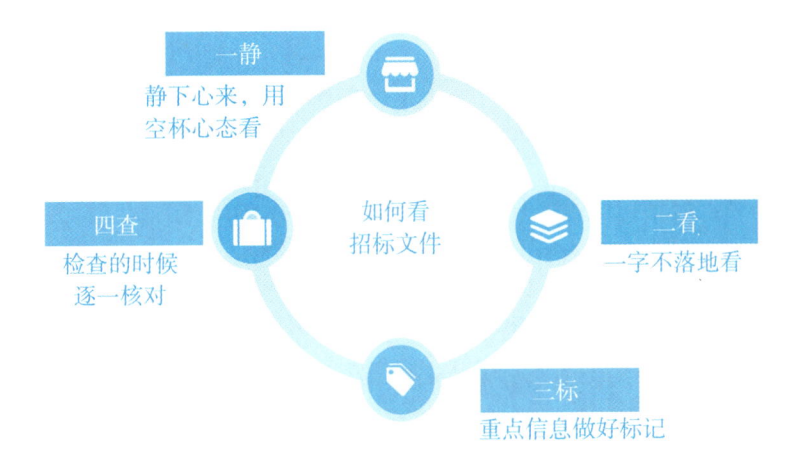

图4-12 无死角阅读法则

无死角阅读法则包含了四步：一静，二看，三标，四查。下面，跟大家简单介绍一下每一步的意思。

（一）一静：静下心来，用空杯心态看

现代人生活节奏快，投标人日常工作多，很难静下心来研读一份文件，更何况是枯燥无味的招标文件。但是，静心且用空杯心态去看文件，才可以真正地理解"问卷"到底在问什么，需要我们回答什么。所以，无论是新的项目，还是重招的项目，抑或是多次招标的项目，我们都必须把过往的"经验"丢掉，保持空杯心态，静心地看文件。

（二）二看：一字不落地看

有一些投标人会认为招标文件都大同小异，里面很多内容都是复制粘贴的，很多

都是通用条款。请允许笔者用语重心长的语气提醒各位，漏看一字一句，废标的概率是50%。我们的"一字不落"是要做到：招标文件第一页的"温馨提示""投标人须知"、附表后面的文字、招标文件最后一页的文字、格式下的备注等，都要一字一句地认真仔细阅读。

（三）三标：重点信息做好标记

看招标文件的时候，一定要边看边画边想：看"招文"、画重点、想策略。如果想把标书写得"快""狠""准"，除边看边画出重点内容之外，脑海中要马上联想到用什么样的资料文件去佐证每个资审要求、评分点、实质性条款和用户需求书上的重点内容。

（四）四查：检查的时候逐一核对

投标文件制作完毕后要进行完整的检查，既要对资料的完整性进行检查，也要对资料的有效性进行核查。需要检查的内容包括：

①根据招标文件的资格性审查、符合性审查以及评分标准表检查投标文件是否进行了点对点响应。

②用户需求书中要求提供的资料、承诺，是否进行了完全响应。

③是否修改了投标文件的格式，格式下的备注信息是否有另外的要求，如果有是否满足。

以上，给大家介绍了阅读招标文件的一个法则，下面，我们走进招标文件的结构里看看，招标文件到底是由哪些部分组成的，每一部分的哪些内容是我们在阅读的时候要格外关注的。

三、详解招标文件的构成和关键点

招标文件一般分为六大板块：招标公告、投标人须知、用户需求书、评分办法和标准、合同主要条款以及投标文件相关格式，如表4-1所示。

表4-1　招标文件的构成与关键点

序号	构成内容	关键点
1	招标公告	门槛条件、资格条件
2	投标人须知	具体内容
3	用户需求书	项目需求（参数）说明
4	评分办法和标准	得分关键点、评标方法与流程
5	合同主要条款	甲乙双方权利与义务
6	投标文件相关格式	不得随意删减的部分、格式要求和备注

*每一份招标文件都不存在"和之前一样""通用条款"，每一个字都需要投标人重视。

下面，我们详细解读招标文件的每个部分。

（一）招标公告：我们需要具备什么条件才可进行本次项目的投标

招标公告会列明投标人资格要求，也就是参加这个项目投标的必备要素。《政府采购法》第二十二条列明了最常见的条件要求。看到法条，很多投标人都不知道投标文件袋里要放什么证明材料，表4-2给大家列明了每一条规定对应的是什么证明材料。

表4-2　《政府采购法》第二十二条规定以及对应证明材料

序号	《政府采购法》第二十二条规定	对应证明材料
1	具有独立承担民事责任的能力	营业执照、国家企业信用信息公示系统的企业信息、变更声明及核准变更通知书（如有）
2	具有良好的商业信誉和健全的财务会计制度	银行开具的资信证明、企业内部出具的财务报表、第三方审计部门出具的完整财务审计报告
3	具有履行合同所必需的设备和专业技术能力	人员设备列表、声明函、业绩证明
4	有依法缴纳税收和社会保障资金的良好记录	税收完税证明（纳税）、税收缴费凭证、免税证明（如有）、税收完税证明（社保资金）、社保资金缴费凭证、社保参保明细
5	参加政府采购活动前三年内，在经营活动中没有重大违法记录	承诺函，信用中国、中国政府采购网、中国文书裁判网等网站相关截图
6	法律、行政法规规定的其他条件	行业资质、保证金汇款凭证、已报名证明等

*此表所列为投标实务中常见内容的总结，如果招标文件另有要求，则以招标文件为准。

下面，我们详细解说每条法条对应的证明材料是什么。

1. 具有独立承担民事责任的能力

提供营业执照，如果是个体户还需要提供户主身份证正反面扫描件。现在多证合一之后，大多数营业执照上不显示经营范围或经营范围显示不全，所以需要补充国家企业信用信息公示系统上的经营范围的截图，这样提供的资料才是完整的。如果公司名称、经营地址、法定代表人变更过，也要在营业执照下方提供变更声明以及核准变更通知书，这样会显得我们的投标文件更专业、更有逻辑性。如招标文件允许分支机构投标，而投标人是以分支机构名义进行投标的，那么一定要提供总公司授权分支机构的授权书，而且总公司不能再参与同一项目同一包组的投标。

2. 具有良好的商业信誉和健全的财务会计制度

最常用于证明这条法条的资料就是：银行开具的资信证明，企业内部出具的财务报表（必须有资产负债表、利润表、现金流量表）、第三方审计部门出具的完整财务审计报告。其中，偶有招标文件要求提供基本户开具的资信证明，届时投标人需留意具体要求，如要求提供基本户开具的资信证明，需前往基本户开户银行进行办理；另外，资信证明上可能会有有效期，放入投标文件时需要确认有效期是否可以覆盖开标当天。

3. 具有履行合同所必需的设备和专业技术能力

一般来说，按照招标文件格式提供声明函或者提供相关证明材料即可作出有效响应。但在笔者看来，这个可以作为投标人的"广告"位置，因为采购人、评审专家是首先审查招标文件的资格部分的，而我们可以借此位置告诉采购人和评审专家公司有实力以及有同类项目经验，这样他们对我们的印象可能会更好。所以在作出格式要求的响应之后，也可以放上公司简介或者同类项目经验作为证明材料。

4. 有依法缴纳税收和社会保障资金的良好记录

这一条对应的完整的证明材料包括税收完税证明（纳税）、税收缴费凭证、免税证明（如有）、税收完税证明（社保资金）、社保资金缴费凭证、社保参保明细。在提供这一条对应的证明材料时，要注意税收完税证明与缴费凭证之间的逻辑性。

5. 参加政府采购活动前三年内，在经营活动中没有重大违法记录

这部分可以用承诺函以及信用中国、中国政府采购网、中国文书裁判网等网站相关截图来证明。

6. 法律、行政法规规定的其他条件

这一条属于兜底条款，我们需要提供行业资质（例如食品行业提供食品经营许可证、消防行业提供消防设施工程专业证书、建筑施工安全生产许可资质等）、保证金汇款凭证（如有保证金要求）、已报名证明（如有要求）、基本户的开户许可证、强制性证书等。

很多公司刚开始开展投标工作，商务资料还没来得及整理，面对《政府采购法》第二十二条的条款，我们可以用一个声明函进行应标，前提是招标文件允许且没有强制要求提供证明材料。投标声明函格式如下，供大家参考。

案例

投标声明函

致：代理机构、采购人

为响应你方组织的＿＿＿＿＿＿＿＿＿（项目名称）＿＿＿＿＿＿＿＿＿项目的招标（采购项目编号为：＿＿＿＿＿＿＿＿＿），我方愿参与投标。我方确认收到贵方提供招标文件的全部内容并承诺：

1. 我司符合《中华人民共和国政府采购法》第二十二条的规定。

（1）具有独立承担民事责任的能力；

（2）具有良好的商业信誉和健全的财务会计制度；

（3）具有履行合同所必需的设备和专业技术能力；

（4）有依法缴纳税收和社会保障资金的良好记录；

（5）参加政府采购活动前三年内，在经营活动中没有重大违法记录；

（6）法律、行政法规规定的其他条件。

2. 单位负责人为同一人或者存在直接控股、管理关系的不同供应商，没有同时参加本采购项目投标。

3. 本项目非联合体投标。

4. 已登记报名并获取本项目招标文件。

投标人名称（加盖公章）：××××

日期：××××年××月××日

我们放入投标文件中的资料必须满足三大性质：**有效性**、**完整性**、**逻辑性**。这三大性质必须贯穿于整个投标文件当中，这样的投标文件才经得起每一位评委的严谨评审。

（二）投标人须知：关于投标文件的细节要求

投标人须知是由投标人须知前附表和投标人须知正文组成的。但是，并不是所有的项目都会有投标人须知前附表。曾经有一名学员跟我分享他的一次废标经历，他参与的一个项目没有投标人须知前附表，他也没有仔细看投标人须知的正文，该项目投标人须知正文中有"合格的投标人"这项内容，与资格部分的"供应商资格要求"不完全一致，他的投标文件只满足了"供应商资格要求"，而没有满足"合格的投标人"的要求，最后投标资格被否决。因此，笔者建议大家，必须重视投标人须知前附表以及正文中的内容，如有不一致的地方，必须咨询代理机构。

以下是投标人须知的组成内容及提请投标人注意的关键点，如表4-3所示。

表4-3 投标人须知的组成内容及提请投标人注意的关键点

序号	内容	关键点
1	名词解释	理解各名词含义
2	合格的投标人	除资格条款外，此处如有新增要求同样需要响应
3	项目的资金来源和监管部门	可判断项目性质和适用法律
4	投标有效期	30/60/90/120天与投标函格式内日期保持一致
5	费用	投标保证金、中标服务费、专家评审费、履约保证金
6	投标限价	拦标价、报价规则
7	递交要求	投标文件数量、密封要求
8	评审人数以及评标方法	项目的评审规则
9	投标流程	异议、澄清、质疑、修改流程的规范
10	开标时间、地点	按要求执行

下面详细解读一下投标人须知正文中常见的内容，以及投标人应如何注意。

1. 名词解释

名词解释有利于投标人加深对招标文件的理解。刚接触招标文件的投标人可能觉得那是一本天书，因此投标人须知里面的名词解释，可以很好地帮助投标人去理解整份招标文件的内容和逻辑关系。

2. 合格的投标人

这项内容提请各投标人特别注意。如这项内容中出现与招标公告"投标人资格要求"不一致的地方，需要跟代理公司确认清楚以哪部分内容为准。如代理公司没有回复或者回复的信息不明确，那么笔者建议，对两部分的要求都进行响应方为稳妥。

3. 项目的资金来源和监管部门

此部分内容有利于投标人判断项目适用的法律法规，如我们需要对招标文件或者招标结果进行质疑或提出异议，可通过这部分内容明确能够参考的法律法规和引用的法条。

4. 投标有效期

投标有效期是指为保证招标人有足够的时间在开标后完成评标、定标、合同签订等工作而要求投标人提交的投标文件在一定时间内保持有效的期限，跟合同期是有区别的。每个项目的投标有效期都不一样，这部分内容投标人需要特别标注出来，在制作投标文件的时候需要多次核对。

5. 费用

投标过程中会产生一定的费用。在投标前，会产生投标保证金；中标后，会产生中标服务费或者专家评审费；合同签订前需要递交履约保证金。而这些费用的标准和支付方式，都会在投标人须知中列明，这是投标人需要知悉并承担的，如表4-4所示。

表4-4　投标各阶段费用一览

投标阶段	费用类型	金额比例
投标前	投标保证金	不超过招标项目估算价的2%
中标后	中标服务费	—
	专家评审费	有部分项目需要中标人承担
合同签订前	履约保证金	不超过中标合同金额的10%

（三）用户需求书：采购人的具体要求

用户需求书，会具体阐述本项目的招标意图、本次招标的具体要求，包括但不限于送货时间、送货地点、所需人员和设备要求、货品质量参数要求、售后服务要求、结算和支付方式等，大概分为以下六个内容（见表4-5），这些内容是我们在投标文件中填写商务或技术响应表/偏离表的条款，也是撰写技术方案时的基准。

表4-5 用户需求书的内容与关键点

序号	内容	关键点
1	项目概况	采购人类型、项目预算、合同期
2	商务要求	服务要求、报价规则和结算方式；商务响应表/偏离表的内容
3	技术要求	货物的参数、服务的技术要求；技术响应表/偏离表的内容
4	售后服务要求	售后服务响应时间、应急时间
5	商务资料要求	列明需要在投标文件中提交的资料
6	要求在投标文件中响应/承诺的条款	按要求提交证明文件/响应函/承诺函

还要提请各位投标人注意的是，有时用户需求书中会出现一些需要投标人额外提供的资料或者承诺，如"广东省国防科技技师学院客车租赁项目招标文件"中的用户需求书（见图4-13），就要求投标人提供承诺函、专职司机的社保证明材料等。因此，在拆解招标文件的时候，这部分内容就应该用无死角阅读法则的"三标"进行标记，提醒自己不要落下响应内容。

另外，在投标实务中，大家可以有意识地搜索"承诺""提供"这些关键词，以便更快、更轻松地找到用户需求书中关于需要提供承诺或者资料的要求。

> 广东省国防科技技师学院客车租赁项目招标文件　　　　　项目编号：0835-210F12308101
>
> **三、车辆要求条件**
>
> 1、投标人应拥有40台以上（含40台）5座、7座、12-15座、22座、33座、39座、45座、51-53座的车辆。其中，33座、39座、45座、51-53座的车辆不少于20台（含20台），（供应商须提供承诺函，并附车管所车辆证明）。
>
> 2、投标人有20名以上（含20人），具备A1驾驶证，且驾龄在五年以上（含五年）的专职司机（提供本单位近6个月社保证明，若属于劳务派遣合同的，应提供能清楚证明，投标人与该劳务公司构成劳务派遣关系的合同或协议等证明材料）。
>
> 3、具有大型活动及平时车辆发生故障时应急调配车辆能力。
>
> 4、证照齐全（含有效道路运输证、行驶证，年审合格手续，有效期内的强制保险、第三者综合责任险及车上人员安全责任保险等手续）。
>
> 5、车辆需安装智能监控装置，注意车容车貌，确保车辆内外整洁，乘坐舒适。

图4-13　广东省国防科技技师学院客车租赁项目招标文件用户需求书截图

（四）评标办法和标准：得分的唯一依据，检查标书的闭环通道

这部分内容列明开标的流程、评标的方法、定标原则、评分标准，以及废标、否决投标的条款，如表4-6所示，投标人可以按照开标流程以自查的方式来检查自己的投标文件是否符合该部分内容要求。

表4-6　评标办法和标准的内容与关键点

序号	内容	关键点
1	开标的流程	熟悉全流程
2	评标的方法	综合评分法、低价优先法、靶心法等
3	定标原则	由专家定标还是采购人定标
4	评分标准	正确解读、不缺漏项、点对点响应
5	废标、否决投标的条款	具体条款

对于投标人来说，这部分内容，最重要的必定是评分标准。但是评分标准固然重要，也希望投标人认真查阅前面开标、评标和定标的流程和内容。

评分标准最能体现招标文件其实是一个问卷，评分标准一般分为商务评分、技术评分和价格评分，这三部分分值相加等于100分。在资格审查通过之后，评标委员会根据评分标准要求，检查投标人的投标文件是否做到了有效的点对点响应。可见，正确审题，做到有效拆解，是投标人中标的关键，下面以两个例子给大家说明如何有效拆解评分标准。

案例 1

广州供电局某地区车辆维修保养项目招标文件中列出了对业绩情况的评分标准（见表4-7）。

表4-7 广州供电局某地区车辆维修保养项目招标文件评分标准（部分）

评分要素	商务详细评审分项要素
业绩情况	近3年（投标截止日期前36个月）（以合同签订时间为准）完成车辆维修或保养相关业绩，每个有效业绩得5分，最高不超过30分。 说明：需按照招标文件规定格式提供业绩证明表，并需附上合同关键页及合同服务期间不少于1张的结算发票等结算凭证，不提供不得分。若为框架合同，则框架合同委托书中单个项目视为一个项目业绩，需附上项目合同委托书

从这个业绩情况的评分标准，我们可以拆解出几个得分点：

1. 业绩的时间：必须是投标截止日期前36个月，以合同签订时间为准。这就意味着，我们递交上去的合同必须有签订日期，如果没有签订日期，那么有可能被判定为无效合同。

2. 业绩的类型：业绩必须是已经完成的业绩，而且跟车辆维修或者保养相关。

3. 业绩的数量：根据评分标准"每个有效业绩得5分，最高不超过30分"，那么至少需要提供6份已经完成的业绩证明才能满足评分达30分的要求。而一般来说，商务资料的提供需要遵循N+2的原则，即至少需要提供8份已完成且有签订日期的车辆维修或者车辆保养相关业绩证明才比较稳妥。

4. 业绩证明需提交的材料：按照评分标准，业绩的形式分为普通合同和框架合同两种。如果是普通合同（有合同标的数量和金额），那么直接附上合同关键页（如首页，可体现合同标的数量、金额、期限的页面，双方盖章页）和合同服务期间不少于1张的结算发票即可；如果是框架合同（只是签订了合作意向，未有具体数量和金额），那么需附上项目合同委托书。

以上，是一个很常见的评分标准，经过拆解，我们找到了4个得分点。每个得分点都是需要我们去核实的，只要有一个得分点不满足评分标准，例如合同未履约完成、合同没有签订日期、没有递交结算发票等，都可能会导致业绩无效，使整个评审不得分。

案例 2

某医院康复设备采购项目对售后服务提出了评分标准（见表4-8）。

表4-8　某医院康复设备采购项目评分标准（部分）

评分要素	商务详细评审分项要素
售后服务	投标人提供的实施方案内容包含：①进度计划（至少包括交货计划周期、交货前准备、验收准备等）；②售后服务人员配置（至少包括售后人员姓名、联系方式，售后服务地点等）；③培训方案（至少包括培训地点、培训人员、培训方式等）；④特殊情况下应急措施（至少包括特殊情况期间交货、机器故障、配件短缺等的应急措施）；⑤安全保障措施（至少包括货物包装、运输方式、机器安装调试等）。以上五项实施方案内容齐全的得8分，每缺少一项扣1.6分

以上这个评分标准层次相对分明，整体的售后服务方案包含了5项小方案，分别是进度计划、售后服务人员配置、培训方案、特殊情况下应急措施、安全保障措施，而每项小方案下需要的内容都已经在每项方案后面列明，因此我们可以把这个评分标准进行如下拆解，如表4-9所示。

表4-9　某医院康复设备采购项目评分标准得分点拆解

得分点	内容
一级得分点	进度计划
二级得分点	交货计划周期
二级得分点	交货前准备
二级得分点	验收准备
一级得分点	售后服务人员配置
二级得分点	售后人员姓名、联系方式
二级得分点	售后服务地点等

（续表）

得分点	内容
一级得分点	培训方案
二级得分点	培训地点
二级得分点	培训人员
二级得分点	培训方式
一级得分点	特殊情况下应急措施
二级得分点	特殊情况期间交货
二级得分点	机器故障
二级得分点	配件短缺
一级得分点	安全保障措施
二级得分点	货物包装方式
二级得分点	运输方式
二级得分点	机器安装调试

表中蓝字内容是一级得分点。这样的拆解方法可以保证我们的投标方案与评分标准点对点响应，不会漏项缺项。

（五）合同主要条款：中标后我司与客户的权利和义务

以《中华人民共和国民法典》来说，招标文件是一份邀约文件，投标文件是一份应约文件，招标文件上载明的条款以及合同条款，投标人都应响应，因此合同条款的存在意义等同于商务技术条款，如果有要求我们承诺的内容，我们必须在投标文件中作出承诺。

另外，值得一提的是，投标人在解读招标文件的过程中，除了用户需求书，合同条款也必须详细查看，以免中标后发现无法达到合同条款要求而导致弃标。

（六）投标文件格式：投标文件的骨架

投标文件格式是代理公司提供给投标人制作投标文件的格式，一般情况下，投标人不能修改招标文件中提供的投标文件格式，统一格式不但方便专家评分，而且有利于投标人快速制作标书。不过投标文件格式要求中也会涉及一些非评分标准或者非用户需求书中的要求，因此需要细致浏览一遍文件格式，并注意其要求，否则同样有被废标或被扣分的可能。以下举例说明。

案例

某学校的食材配送项目合同金额为2300万，投标人在制作投标文件的时候，为了让投标文件整个版式看起来更整洁干净，就把格式项下的"注意"事项删掉了，但此项下有一条否决投标的条款"投标人需提供出售的食品、百货等清单，否则投标无效"（见图4-14）。正因为"注意"事项被删掉了，所以后面投标材料中没有放食品、百货等清单，还好部门经理检查的时候发现了，匆忙补上才挽回了这个项目。

一、标的说明一览表

招标编号：_____

合同包	品目号	投标标的	数量	备注
××	××	××	××	××
	××	××	××	××
…	…	…	…	…

★注意：
1、本表应按照下列规定填写："合同包"、"品目号"、"投标标的"及"数量"应与招标文件《采购标的一览表》中的有关内容（"合同包"、"品目号"、"采购标的"及"数量"）保持一致。
2、投标人需要说明的内容若需特殊表达，应先在本表中进行相应说明，再另页应答，否则**投标无效**。
3、投标人需提供出售的食品、百货等清单，否则**投标无效**。
4、纸质投标文件正本中的本表应为原件。

投标人：（全称并加盖单位公章）
投标人代表签字：_____
日期：____年____月____日

图4-14 某学校的食材配送项目投标文件（部分）

因此，大家在制作投标文件的时候，必须格外留意格式项下的备注，不要删掉，保留在投标文件里面，只要排好版是不会存在不美观的问题的。

四、采购项目的判断

通过对招标文件的解读，我们基本可以得知自己公司对于该项目的履约能力和得分情况，从而判断该项目的可行性。一般情况下，如果遇到以下情况（见表4-10），就可以判断该项目被控标了，是否继续参加投标，投标人就要仔细考量了。

表4-10 常见的项目被控标情况

序号	被控标情况类型	举例说明
1	时间控	要么是在产品供给上，要么是在工期上要求一个很难达到的时间标准
2	财务控	要求三年无股权变更、较高的营业额年复合增长率等
3	设计控	要求货物的设计参数符合某种特殊要求，比如符合特定数值、特定功能、特定颜色等
4	结算控	制定苛刻的合同结算条件
5	证书控	要求较多的认证证书、检测证书、荣誉证书等
6	人员控	要求项目经理具备博士学历、高级职称，连续5年购买社保，没有参与在建项目等
7	业绩控	业绩数量、质量和用户评价要求较高
8	授权控	要求提供某产品厂家的授权、服务承诺

五、标前会的建立

在投标实务中，拆解招标文件之后，常会发现一些履约条款需要跟运营部门确定，一些资质证书需要行政部门办理，一些业绩发票需要财务部门协调，甚至一些技术方案需要技术部门协助等，这些事情凭投标人员一己之力是无法在有限的时间内完成的，这个时候就需要一个机制来调动各方的资源达到高效完成投标文件制作的目的，笔者推荐一个机制——标前会。

（一）标前会的概念

标前会是在解读招标文件之后，编写投标文件之前，为了能够高效完成项目的资质补充、资料整理，或者投标文件的编写讨论，又或者获得多方部门协助以及关注，召集各部门合议的标前讨论会议。

（二）标前会的意义

1. 能够让关键问题得到最快的解决

一般公开招标的项目从发布招标公告之日起20天就开标了，如果是竞争性磋商或者竞争性谈判的项目，时间会更短。在实际工作中，投标人员往往都是在开始制作该项目投标文件之前才阅读招标文件的，那么一般来说公司现有的资料都不会完全符合评分标准的要求，而办理或者整理这些资料都是需要时间或者需要其他部门协助的。所以有的投标人会为了尽快完成标书的制作以顺利参加投标，而放弃某些证书的办理或者对某些必须整理的资料不了了之，最后因为丢分而错过了中标的机会。

标前会这个机制，一般要求必须在获取招标文件之后的24小时内，对招标文件进行解读，一旦发现有需要办理的资质文件（包括但不限于认证类证书、荣誉证书、奖状、人员证书等），或者有需要整理的资料（包括但不限于业绩合同、供应商合同、发票等），在会议上向各部门提出需求，并且与对方确认提供所需资料的时间。

大多数项目的评标办法都是综合评分法，其中商务分是客观得分，如果没有按要求提供资料或者资料不齐全都是无法得分的，所以商务分是整个竞标项目的关键得分点，也是标前会最迫切需要解决的核心问题。

2. 有利于调动各部门开展协同工作

很多人觉得投标文件撰写的主要负责人就是投标专员，这样理解是对的，但是也不完全对。

投标专员的主要工作就是投标文件资料整理、方案撰写以及排版，但是资料整理的前提是要有资料，方案撰写的前提是要有素材和理解公司的运营流程。所以，有了标前会，我们不但可以解决资料收集的问题，而且可以解决方案素材的问题，这里可以举个例子说明。

案例

小陈在公司写了3年的标书，但是对于公司的流程还是一知半解，某个项目领导特别重视，因此小陈召集了标前会，邀请了运营部和技术部的同事一同参会。

他把公司现有的方案以及本次招标的评分标准展示出来，让运营部的同事对方案作出修正，也让技术部的同事提供意见，再加上这3年标书撰写经验的积累，小陈很快就搭建了一个新的框架，然后让运营部和技术部的同事提供最近部门运营和培训的素材。

一周时间，一套新的公司运营方案就出来了，图文并茂、有理有据地展示在标书中，非常完美。

我们要懂得借助标前会的机制，获取公司资源，收集公司资料。一个公司的运营不是靠一个人完成的，所以一份优秀的标书，也不可能只靠一个人就可以写好。

3. 可以加深大家对招标文件的理解

标前会除了要解决商务部分的资料问题以及技术部分的方案问题，还要解决一个很重要的问题，就是中标后履约的问题。每年都有很多供应商中标后在签订合同的时候发现有一些条款自己无法满足，最后只能弃标，为什么会有这样的情况发生？那是因为他们没有仔细阅读招标文件的用户需求书以及合同条款。那么标前会就可以很好地把这类问题扼杀在摇篮里。

在标前会上，我们可以邀请运营部或者技术部的同事确定用户需求书里的要求、承诺、货物的参数、付款的条款等是否可以满足。例如，用户需求书要求我们在投标文件中承诺中标之后在某个地区成立售后服务中心，配备10位同事提供售后服务。若这些内容并不是投标专员可以确认的，那么我们就可以在标前会上确认这一点。

（三）如何有效落实标前会会议制度

标前会是笔者给各位投标人减轻工作、高效高质完成投标文件制作的一个建议，仅供参考，大家可以结合公司现有的内部制度来考量。如果大家认为标前会有参考价值，并且想执行，那么需要注意以下几点，以有效落实标前会的会议制度。

1. 得到领导的认可并制定成文制度

从刚刚给大家举的例子中不难看出，标前会需要各部门的同事协助，那么根据职场规则，只有上级领导才可以安排下属的工作，因此有效落实标前会会议制度的第一步，是让公司领导理解这个制度的概念和目的，然后让其发文通知各部门成员届时提供必要的协助工作。

2. 标书专员是落实制度的第一责任人

投标专员是拿到招标文件的第一人，也是标书撰写的主要负责人，所有的资质资料和方案素材最终都是流向他，因此投标专员是落实这个制度的第一责任人。

首先，必须及时查看招标文件，快速发现问题并列出问题，及时召开标前会进行解决。

其次，做好标前会的会议记录，对各种需要协助的问题给出解决的时间节点。有时间节点的工作才会变得有效率。

最后，会议之后需要及时跟进落实，做到每日更新投标进度，有问题及时向上反馈。

3. 需要做好复盘的工作

任何新建的制度和流程都需要磨合，标前会涉及各部门的工作，磨合的难度会更大，所以公司领导需要牵头对标前会的制度进行复盘，做好制度执行的监管和流程的改进。

六、招标文件常见的十大"陷阱"类型和避雷方法

大家常说，招标文件有很多"陷阱"，现在笔者把招标文件常见的十大"陷阱"类型和避雷方法罗列了出来（见表4-11），大家可以举一反三，每次拆解招标文件的时候要注意同类问题。

表4-11 招标文件常见的十大"陷阱"类型和避雷方法

序号	陷阱类型	具体案例	避雷方法
1	资格条款表述模糊	案例1：资格条款规定投标人需要符合《政府采购法》第二十二条规定，而未列明第二十二条规定具体内容是什么； 案例2：资格条款规定项目负责人必须是单位在职员工，但没有提及需要提供什么证明材料； 案例3：招标节能产品类货物，却没有要求提供3C证书	解决办法1：了解清楚法律法规的所有条文，放对应的证明材料，或做一个全面的声明函； 解决办法2：提供项目负责人的劳动合同以及投标单位为其购买社保的证明材料，证据链必须完整； 解决办法3：投标人需提前了解政府采购的相关政策
2	招标文件编写失误	投标函中的有效期与招标文件不同或者投标函格式中没有预留"＿＿"让投标人填写	解决办法1：确认招标文件中约定的投标有效期是否跟投标函上一致，如不一致需要致电代理公司确认清楚； 解决办法2：通读投标函，确定是否需要投标人填写有效期，如需要则自行填写
3	招标文件信息前后不一致	招标公告与招标文件中项目名称或项目编号不一致； 投标人须知中投标文件组成与实际投标文件组成内容不一致	必须致电代理公司确认清楚

（续表）

序号	陷阱类型	具体案例	避雷方法
4	招标文件格式的要求	招标文件提供的格式要求下有备注内容，备注内容写明："如……则投标无效。"	摆脱"只是格式"的思维，严格按照格式要求以及格式要求下的备注内容编写投标文件
5	投标人须知的要求	投标人须知写明："投标人应提供财务报表以及财务情况说明书。"	招标公告可能只要求提供财务报表，并未提及要求提供财务情况说明书，但是投标人须知中有写明，则投标人需要补充财务情况说明书以避免废标，另外，投标须知中"合格投标人""合格的货物""投标文件的组成"等这种关于资格和符合性条款的内容要多看几遍，以确保制作的投标文件满足前后文的资格条款
6	用户需求书内的要求	用户需求书中写明："投标人必须满足的资格条款有……"	用户需求书的资格条款同样也要满足，提供证明材料逐项证明
7	用户需求书内的要求	用户需求书中写明："投标人必须在投标文件中提供相关食品安全证明材料的复印件，供货时提供产品来源厂家发票、肉类制品的检验检疫证明材料。"	按要求提供证明材料，投标人必须多次查验除资格、符合性条款、评分标准之外的条款有没有要求投标人提供额外的资料
8	用户需求书内的要求	用户需求书中写明："投标人必须承诺……；投标人必须提供……；投标人必须响应……"	全文搜索"承诺""必须""必需""提供""响应"等字眼，在投标文件中对应的条款提供证明材料或者作出相应的承诺
9	合同条款的要求	合同条款中写明："乙方必须承诺……"	投标文件作为一份合约的文件，须对合同条款内容作出全面的响应，且须以承诺形式作出响应
10	报价要求含糊不清	前文要求填写折扣率，报价格式要求填写下浮率；招标文件中没有明确折扣率和下浮率的计算方式	关于报价格式，建议以举例的方式跟代理公司确认，例如："我的报价是打8折，那么我的报价表上是填写20%还是80%……"

本章小结

本章的内容主要讲述跟进项目的两个主要环节——成功报名以及招标文件的解读。成功报名是投标成功的第一步；有效解读招标文件，是提高中标率的核心点。因此，在跟标这个工作上，这两个环节缺一不可。

在招标文件的解读这节内容中，笔者给大家提供了拆解招标文件以及评分标准的方法，大家可以在投标实务中有意识地去练习和复盘。

下一章，我们将会详细介绍投标文件的有效编写，把前文我们提到的资料的有效性、完整性和逻辑性再次放大，用更多的案例去说明和佐证。

- 跟标
  - 成功报名
    - 线下报名
    - 线上报名
    - 报名注意事项汇总
  - 招标文件的解读
    - 浅谈招标文件与投标文件之间的关系
    - 招标文件的解读方法
    - 详解招标文件的构成和关键点
    - 采购项目的判断
    - 标前会的建立
    - 招标文件常见的十大"陷阱"类型和避雷方法

第五章 投标文件有效编写详解

林天逸： 曾师傅，您上次跟我们提到投标文件的有效编写很重要，那到底如何才能保证我们的投标文件是有效的呢？

曾洪波： 不错啊，能够记住我说过的话。有效性当然重要，而且这里的有效不只是投标文件不被否决，还包括我们所提供的资料能够准确拿到得分点，这样我们的投标文件才可以助力项目中标。今天，我们就从一个总体原则开始，再结合组成投标文件的三个部分阐述投标文件的有效编写是如何达成的。

本章内容导航

投标文件编写总体原则和流程

资格部分有效编写的注意事项

商务部分有效编写的技巧

技术部分有效编写的思路

第一节　投标文件编写总体原则和流程

投标文件编写总体原则：点对点响应。下面，我们就展开讲述如何做到点对点响应。

一、投标文件编写总体原则——点对点响应

招标文件与投标文件之间的关系就像是问卷和答卷的关系，招标文件问什么，我们便回答什么。而投标文件是给采购人、代理公司以及评标专家看的，对于他们来说，我们是陌生人，要想让他们在短短的评标时间内认识我们并且快速地为我们打分，就必须依照招标文件的要求来做。

按照招标文件的要求来做，一个好的方法就是点对点响应，而点对点响应是制作投标文件的基本原则。下面，我们就来说说投标文件的资格、商务、技术这三部分是如何进行点对点响应的。

投标文件的资格部分，按照招标文件资格要求以及资格性审查表的审查项设置标题；投标文件的商务部分，按照评分标准商务部分的评分项或得分点设置标题；投标文件的技术部分，按照评分标准技术部分的评分项或得分点设置标题。如招标格式文件已提供相应标题，则统一按照招标格式文件标题。

如第四章案例2中，对某医院康复设备采购项目评分标准得分点的拆解，就体现了点对点响应原则。

二、投标文件编写流程

完成一份投标文件的有效编写，一般要经历以下流程，如图5-1所示。

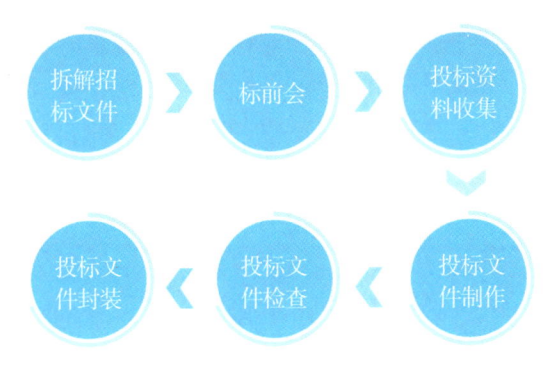

图5-1 标书编写流程

（1）拆解招标文件：遵循"一静、二看、三标、四查"的无死角阅读法则，把招标文件的资格条款、符合性条款、商务/技术评分要求以及用户需求书的商务/技术重点要求一一拆解并做好标记。

（2）标前会：标前会适用于项目资料欠缺较多需其他部门协助时，或者因为是重点项目需要其他部门同时关注时，不一定每个项目都必须经历这个步骤。

（3）投标资料收集：每个项目都是独一无二的，没有哪个做完的投标文件可以直接复制粘贴到下一个项目，因此想要快速完成投标文件的有效编写技巧之一就是把需要的商务和技术资料提前准备好。

（4）投标文件制作：按照招标文件的要求制作投标文件的资格部分、商务/技术部分以及报价部分。

（5）投标文件检查：投标文件必须经过两遍检查才可以封标，切忌自己编写的投标文件自己检查完之后就封标，这样的投标文件废标率高达50%。投标文件制作完成后，自己先检查一遍，修改完再交给上级领导或者其他同事检查，无误后才完成封标的工作。

（6）投标文件封装：投标文件修改完毕之后，根据招标文件的要求进行打印、盖章、签名和封装。

以上为大家简单介绍了投标文件编写的总体原则和流程，请大家谨记总体原则——点对点响应，必须贯穿于整个投标文件制作流程中，只有这样做，采购人和专家才可以快速找到评分项进行有效打分。接下来，我们将从资格部分、商务部分和技术部分，为大家描述如何把控好资料的有效性、完整性和逻辑性，从而达到投标文件整体有效的效果。

第二节　资格部分有效编写的注意事项

在第四章，我们详细为大家讲述了资格部分常见的审查条款《政府采购法》第二十二条规定，投标文件中应如何进行有效响应。因此，这里不再赘述，此处关于资格部分有效编写的注意事项，我们重点阐述投标文件的格式以及笔者在投标实务中经常遇到的一些类型及相关案例。

一、投标函

投标函是投标文件的第一部分，也是投标文件重要的构成部分，一般来说招标文件都会提供格式，大多数投标人都会认为代理公司提供的格式是最权威的，在投标函上填写"投标人名称""项目名称""项目编号"，然后再填写落款位置的信息就可以了。可是，在投标实务中，我们多次发现投标函中的"有效期"会被代理公司删除，而且没有留下画线提醒投标人填写，这样就会导致投标人漏填投标有效期而造成投标无效。例如下文的投标声明函，你能发现少了有效期吗？（见下面的案例）

案例

投标声明函（部分）

你方组织的"东莞市教育局数字化教学资源建设、运维和应用研训服务项目"的招标[采购项目编号为：441901-2022-09646]，我方愿参与投标。

我方确认收到贵方提供的"东莞市教育局数字化教学资源建设、运维和应用研训服务项目"的招标文件的全部内容。

我方在参与投标前已详细研究了招标文件的所有内容，包括澄清、修改文件（如果有）和所有已提供的参考资料以及有关附件，我方完全明白并认为此招标文件没有倾向性，也不存在排斥潜在投标人的内容，我方同意招标文件的相关条款，放弃对招标文件提出误解和质疑的一切权利。

××公司作为投标人正式授权×××（职务：×××）代表我方全权处理有关本投标的一切事宜。

我方已完全明白招标文件中的所有条款要求，并申明如下：

（一）按招标文件提供的全部货物与相关服务的投标总价详见《开标一览表》。

（二）本投标文件的有效期为从提交投标（响应）文件的截止之日起日历天。如中标，有效期将延至合同终止日为止。在此提交的资格证明文件均至投标截止日有效，如有在投标有效期内失效的，我方承诺在中标后补齐一切手续，保证所有资格证明文件能在签订采购合同时直至采购合同终止日有效。

（三）我方明白并同意，在规定的开标日之后，投标有效期之内撤回投标或中标后不按规定与采购人……

上述案例中，蓝字的部分，你能发现问题在哪吗？这一句话，并没有完全响应投标有效期，假如该项目招标文件要求的投标有效期为90天，那么这句话完整的表达应该是："（二）本投标文件的有效期为从提交投标（响应）文件的截止之日起90日历天。"

以此案例提醒各位投标人，在编写投标文件的时候需要注意投标声明函的完整性。

二、法定代表人证明书和授权人委托书

投标声明函后面紧跟着的，基本就是法定代表人证明书和授权人委托书，下面来说说这两个文件的填写规范以及判定有效性的方法。

（1）法定代表人证明书：法定代表人证明书是用来证明法定代表人身份的证明文件。法定代表人是指依照法律或者法人组织章程规定，代表法人行使职权的负责人，企事业单位、机关、团体的主要负责人为本单位的法定代表人。

（2）授权人委托书：是委托代理关系的证明文件，证明代理权限的文件。

（3）法定代表人证明书和授权人委托书的填写规范。

关于身份证正反面问题：国徽面为身份证正面，人像面为身份证反面。

关于有效期问题：法定代表人证明书和授权人委托书的填写，最大的问题在于投标有效期的表达，一旦有歧义就会导致投标无效。其他的基本信息，基本都是来自国家企业信用信息公示系统以及身份证信息，按实际填写即可。下面，我们用一个例子来说明法定代表人证明书关于有效期的填写方法。

案例

某学校食材配送项目开标时间为2022年4月15日，招标文件规定投标有效期为从提交投标（响应）文件的截止之日起90日历天。

请问：以下法定代表人证明书哪里有问题？

法定代表人证明书

___×××___ 现任我单位 ___总经理___ 职务，为法定代表人，特此证明

有效期限：90日历天

附：代表人性别：___男___　　年龄：___××岁___

身份证号码：×××××××

注册号码：×××××××

企业类型：有限责任公司

经营范围：××××××

投标人名称（盖章）：××××××

地址：××××××

法定代表人（签字或盖章）：_____

日期：2022年4月13日

正解：4月15日之后的90天为7月14日，投标文件在4月15日—7月14日都是有效的，但本证明书落款日期为4月13日，90天之后的有效期是7月12日，不满足招标文件

要求的有效期，因此这份法定代表人证明书放入投标文件中会导致投标无效的结果。我们填写有效期的原则是，有效期等同招标文件约定的有效期，所以要么我们的有效期写明"从提交投标（响应）文件的截止之日起90日历天"，要么把有效期延长，延长至可以覆盖招标文件约定的有效期，也可以写"长期有效"。

有效期写明"从提交投标（响应）文件的截止之日起90日历天"，是完全符合招标文件要求的（投标有效期天数按照实务中的招标文件）。这种写法，有效期就是从投标截止之日算起的，那么落款的时间在开标的时间之前即可。

三、营业执照

投标文件的资格部分，营业执照必不可少，但是营业执照也会有不少"雷点"，稍不注意也有可能成为投标无效的原因，重要的"雷点"有以下2个。

其一，没有按照招标文件的要求提供营业执照。招标文件要求提供营业执照副本，我们却提供了营业执照正本，一般情况下，营业执照正本和副本是没有区别的，它们具备同样的法律效力，只要我们提供了就可以通过，但是一旦遇到一些自行招标的企业或者特别严格的代理公司或专家，他们有可能以资格审查不通过或者符合性不通过判定投标人投标无效，因此我们还是要看清楚招标文件的要求，到底是要求提供正本还是副本，然后按照要求提供。

其二，营业执照核准日期跟国家企业信用信息公示系统显示的不一致。企业在发展的过程中有可能会变更注册资金、营业范围、法定代表人、注册地址等信息，这就导致营业执照不断地更新，而我们制作投标文件很多时候都是用上一份投标文件进行资料复制的，因此一定要及时跟行政部门沟通确认公司是否更新了营业执照，核准日期不一致也会导致投标无效。

四、社保缴纳证明

在投标实务中，有些公司的员工社保不一定是自己公司缴纳的，有免缴的，也有劳务公司代缴的，人员部分还会有兼职员工或者退休员工。这时候投标人就会很纠结，这种情况是否符合"依法缴纳社保资金"的要求呢？笔者把投标实务中关于社保常见的问题整理了出来，便于大家理解。

（1）员工属于兼职人员，因此公司没有为其缴纳社保，投标文件中想用此兼职人员的证书材料，要求提供人员证书以及社保，该怎么办？

答：如有依法不需要缴纳社保的兼职人员，应提供相应文件证明依法不需要为其缴纳社保，在此问题中可提供兼职人员的劳动合同加以说明。

（2）公司有部分有职称和资格证书的员工是属于退休返聘人员，在投标文件中需要提供他们的证书才满足评分标准的证书要求，但同时要提供社保证明，这时候该怎么办？

答：如果拟投入的人员有退休人员，其无须缴纳社保。关于社保证明文件可提供退休证。

（3）子公司参加投标，但子公司的社保是母公司代缴的，子公司与母公司属于两个不同的法人，我提供母公司缴纳凭证可以吗？

答：可以，只要有缴纳社保证明材料即可。事实上，一些实行总部管理的公司，子公司人员的社保、人事关系依然在母公司。未来随着承诺制的全面推行，供应商将无须提供缴纳社保证明材料，只需提供承诺函即可。

（4）投标人的社保由劳务派遣公司代缴，《政府采购法》第二十二条规定供应商应当有依法缴纳社保资金的良好记录，是否一定要以供应商名义汇出社保资金？

答：《政府采购法》第二十二条规定投标人应当有缴纳社保资金的良好记录，并没有规定缴纳形式，因此只要投标人实质上缴纳了社保资金即可认定为有缴纳。以上情况中，投标文件应提供供应商汇款社保资金到劳务派遣公司的汇款凭证以及劳务派遣公司缴纳社保资金的证明文件。

五、财务报表和审计报告

《政府采购法》第二十二条规定，供应商要"具有良好的商业信誉和健全的财务会计制度"。在投标实务中我们可以用财务报表、审计报告、基本户开具的资信证明予以证明。在一些招标文件中,"投标人须知"部分对于近年财务状况表常有这方面要求:"应附财务会计报表,包括资产负债表、现金流量表、利润表和财务情况说明书的复印件。"具体描述见下面的案例。

案例

投标人须知

…………

资格审查资料

除投标人须知前附表另有规定外,投标人应按下列规定提供资格审查资料,以证明其满足本章第1.4款规定的资格、财务、业绩、信誉等要求。

3.5.1 "投标人基本情况表"应附投标人营业执照和组织机构代码证的复印件(按照"三证合一"或"五证合一"登记制度进行登记的,可仅提供营业执照复印件)、基本账户开户许可证复印件。

3.5.2 "近年财务状况表"应附财务会计报表,包括资产负债表、现金流量表、利润表和财务情况说明书的复印件,具体年份要求见投标人须知前附表。投标人的成立时间少于投标人须知前附表规定年份的,应提供成立以来的财务状况表。

…………

因为是第三方提供的资料,作为投标人必须懂得审查所给资料的完整性和有效性,否则不完整或无效的资料放在投标文件中,也会导致投标文件不完整或无效。那么,如何审查审计报告的完整性和有效性?下面我们来看一部法规的相关条款和一则通知。

《中华人民共和国会计法》(部分摘录)

第二十条　财务会计报告应当根据经过审核的会计账簿记录和有关资料编制,并符合本法和国家统一的会计制度关于财务会计报告的编制要求、提供对象和提供期限的规定;其他法律、行政法规另有规定的,从其规定。

向不同的会计资料使用者提供的财务会计报告，其编制依据应当一致。**有关法律、行政法规规定财务会计报告须经注册会计师审计的，注册会计师及其所在的会计师事务所出具的审计报告应当随同财务会计报告一并提供。**

第二十一条 财务会计报告应当由单位负责人和主管会计工作的负责人、会计机构负责人（会计主管人员）签名并盖章；设置总会计师的单位，还须由总会计师签名并盖章。

单位负责人应当保证财务会计报告真实、完整。

《中华人民共和国财政部关于注册会计师在审计报告上签名盖章有关问题的通知》（部分摘录）

（财会〔2001〕1035号）

根据《中华人民共和国注册会计师法》和《中国注册会计师独立审计准则》的有关规定，现就注册会计师在审计报告上签名盖章的有关问题通知如下：

一、会计师事务所应当建立健全全面质量控制政策与程序以及各审计项目的质量控制程序，严格按照有关规定和本通知的要求在审计报告上签名盖章。

二、审计报告应当由两名具备相关业务资格的注册会计师签名盖章并经会计师事务所盖章方为有效：

（一）合伙会计师事务所出具的审计报告，应当由一名对审计项目负最终复核责任的合伙人和一名负责该项目的注册会计师签名盖章；

（二）有限责任会计师事务所出具的审计报告，应当由会计师事务所主任会计师或其授权的副主任会计师和一名负责该项目的注册会计师签名盖章。

三、会计师事务所出具验资报告、盈利预测审核报告等具有法定证明效力的报告，应当遵照本通知执行。

四、本通知自发布之日起执行。

通过上面法规的相关条款和通知我们可以知道审计报告的有效组成部分以及签名盖章要求标准，结合投标实务经验，总结一下，须从三个方面来判断审计报告：

其一，我们要判断审计报告的完整性。在投标实务中，笔者曾发现有些客户或者学员的审计报告出现漏页或者页码不连续的情况，可能是因为扫描时连页扫描造成漏页或者页码不连续。因此，原件页数跟扫描件页数相当，扫描件插入投标文件后页码连续，这些都是我们需要检查的内容。

其二，我们要判断审计报告的有效性。笔者曾咨询过专业的审计公司，对方反馈一般情况下客户不提要求他们就不会提供财务会计报告。而笔者曾遇到过因缺失财务会计报告而导致被否决投标的案例，因此，提醒各位投标人，务必让审计公司为你们单位的审计报告补充财务会计报告，以保证审计报告的有效性。

除报告组成必须符合法律规定之外，签名、盖章也要符合法律规定。审计报告要求投标人在现金流量表、利润表、资产负债表、所有者权益表的下方涉及单位负责人、主管会计工作负责人和会计机构负责人（会计主管人员）的地方签名和盖章。

其三，我们要判断审计报告的逻辑性。审计报告后面需要附上审计机构的营业执照、从业资质、两名具备相关业务资格的注册会计师的证书，我们可以通过国家企业信用信息公示系统，或者扫描会计师证书上方二维码的方式，验证资料是否有效。有效的审计机构和注册会计师出具的审计报告方为有效。

以上，是判断审计报告完整性、有效性和逻辑性的方法，大家可以结合投标实务进行验证。同时，大家可以将这些方法灵活运用到其他资料的相关判断中。

六、具有履行合同所必需的设备和专业技术能力

《政府采购法》第二十二条规定，供应商要"具有履行合同所必需的设备和专业技术能力"。在投标实务中，我们一般用承诺函或者根据招标文件提供的格式要求进行响应，就可以满足这个条款。但笔者认为，除基本的应标动作之外，我们还可以为自己打造一个"卖广告"的位置。目的是，在资格审查阶段，让采购人更早一点看到我们的优势和同类项目经验。"卖广告"的方法有很多，这里具体列举三个。

（1）填写本项目重要的设备或专业技术人员。如果资格条款或者用户需求书当中有提及需要某些设备或专业技术人员，一定要把自身拥有的重要的设备或专业技术人

员填写在表格中。这样一来，在评标过程中，满足资格条款或者甲方用户需求书的内容在资格审查环节就可以映入甲方眼帘，那我们必然能成功引起甲方的注意。

（2）提供投标人认为与本项目相关且较为重大的业绩证明和验收报告（用户好评证明材料等）。怎么判断哪些是与本项目相关且较为重大的业绩呢？第一，必须是与投标项目同一类的业绩，例如现在投的是三甲医院的物业管理项目，那我们可以把同为医院的物业管理项目业绩证明提供上去，如果没有医院的，那么就提供同是事业单位的；第二，一般服务大型企业、国家机关单位的业绩都会被纳入重大项目业绩，如果我们所投项目与这些项目是同一类型的，那么就把这些做过的重大项目中的1—2份业绩证明提供上去，这样更能彰显公司的实力。

（3）提供公司简介。按照大多数招标文件的格式要求，投标人的公司简介是放在"投标人基本情况表"后面的，但有些项目没有要求提供，在这类项目当中如果我们把公司简介放在"投标人认为需提供的其他资料"这个位置，就放得太靠后了，所以可以适当地放在"履行合同所必需的设备和专业技术能力"这个位置。也可以适当地调整公司简介的篇幅长短。

以上，就是给自己"卖广告"的方法，其实就一个原则，找准位置做广告。同样地，这个方法可以灵活运用到商务和技术板块当中。

七、《中小企业声明函》的填写

在政府采购项目里，有不少项目会要求填写《中小企业声明函》，而在投标实务中，有很多投标人由于漏填、填错或者填写不规范导致被否决投标或者错过了能拿到优惠的机会，所以《中小企业声明函》不得不重点提出。在备标的章节中，我们提及过中小企业的优惠政策，那么要享受国家给予的优惠政策，我们在投标文件中应该如何响应呢？

首先，我们来了解一下什么情况下需要填写《中小企业声明函》：

第一种，在政府采购项目当中，本项目享受中小企业优惠政策，我们就要填写《中小企业声明函》，如果非中小企业或者没有填写《中小企业声明函》，就不能享受优惠政策。

第二种，在专门面向中小企业的采购项目当中，《中小企业声明函》是必须提供的，因为属于资格项，不提供则直接判定投标无效。

已知这两种情况，我们继续来看《中小企业声明函》应该怎么填写才正确。《中小企业声明函》分两种类型，一种是货物类的，另一种是服务类的，不同的类型填写规范是不一样的，下面提供两个具体的案例供大家参考。

案例 1

中小企业声明函（货物类）

本公司（联合体）郑重声明，根据《政府采购促进中小企业发展管理办法》（财库〔2020〕46号）的规定，本公司（联合体）参加**（单位名称：采购人单位名称）**的**（项目名称：招标文件项目名称）**采购活动，提供的货物全部由符合政策要求的中小企业制造。相关企业（含联合体中的中小企业、签订分包意向协议的中小企业）的具体情况如下：

1. **（标的1名称：招标文件写明的标的名称）**，属于**（招标文件中明确的所属行业）**行业；制造商为**（企业名称：货物制造商的名称）**，从业人员**（货物制造商的从业人数）**人，营业收入为**（货物制造商的营业收入）**万元，资产总额为**（货物制造商的资产总额）**万元，属于**（中型企业/小型企业/微型企业）**；

2. **（标的2名称：招标文件写明的标的名称）**，属于**（招标文件中明确的所属行业）**行业；制造商为**（企业名称：货物制造商的名称）**，从业人员**（货物制造商的从业人数）**人，营业收入为**（货物制造商的营业收入）**万元，资产总额为**（货物制造商的资产总额）**万元，属于**（中型企业/小型企业/微型企业）**；

3. ……

以上企业，不属于大企业的分支机构，不存在控股股东为大企业的情形，也不存在与大企业的负责人为同一人的情形。

本企业对上述声明内容的真实性负责。如有虚假，将依法承担相应责任。

企业名称（盖章）：**（投标供应商的企业名称并盖公章）**

日期：　　年　月　日

案例 2

中小企业声明函（服务类）

本公司（联合体）郑重声明，根据《政府采购促进中小企业发展管理办法》（财库〔2020〕46号）的规定，本公司（联合体）参加**（单位名称：采购人单位名称）**的**（项目名称：采购项目名称）**采购活动，工程的施工单位全部为符合政策要求的中小企业（或者：服务全部由符合政策要求的中小企业承接）。相关企业（含联合体中的中小企业、签订分包意向协议的中小企业）的具体情况如下：

1. **（标的名称：招标文件写明的标的名称）**，属于**（招标文件中明确的所属行业）**行业；承建（承接）企业为**（投标人名称）**，从业人员**（投标人单位的从业人员数量）**人，营业收入为**（投标人单位的营业收入）**万元，资产总额为**（投标人单位的资产总额）**万元，属于**（中型企业/小型企业/微型企业）**；

以上企业，不属于大企业的分支机构，不存在控股股东为大企业的情形，也不存在与大企业的负责人为同一人的情形。

本企业对上述声明内容的真实性负责。如有虚假，将依法承担相应责任。

企业名称（盖章）：**（投标供应商的企业名称并盖公章）**

日期：　　年　月　日

从业人员、营业收入、资产总额填报上一年度数据，无上一年度数据的新成立企业可不填报。

投标人应当自行核实是否属于中小企业，并认真填写声明函，若有虚假将追究其责任。

货物类和服务类的格式要求各有不同，大家要注意区分，下面将详细介绍《中小企业声明函》填写标准以及注意事项。

（一）《中小企业声明函》填写标准

（1）"**标的名称**"。在招标文件的招标公告或者采购需求书中会有列明，必须按照招标文件载明的名称填写。

（2）"**所属行业**"。一般出现在招标公告、投标人须知或《中小企业声明函》

格式要求下的备注，不是写自己公司本来的所属行业，必须按照招标文件约定的来填写，如果没有列明，请致电代理公司核实。

（3）"从业人员、营业收入、资产总额"。填报上一年度数据，无上一年度数据的新成立企业可不填报，很多公司不知道这三个项目的数字如何确定，现在跟大家说一下。

从业人员：从业人员数据统计分两种情况，一般是上一年的最后一日24小时内在本单位工作并取得劳动报酬的人员数；如果是季节性生产的企业，最后一天没有从业人员的，就计算全年从业人员的平均数值。那么从业人员的定义是什么呢？是在本单位工作，并取得工资或其他形式劳动报酬的人员，是在岗职工、劳务派遣人员及其他从业人员人数之和，这个其他从业人员就包含了因公出差学习、病假、产假等原因暂时未工作但仍要单位支付工资的人员。从业人员不包括上一年的最后一日当天及以前已经与单位解除劳动合同关系的人员。从业人员还不包括：①离开本单位但仍保留劳动关系，并定期领取生活费的人员；②在本单位实习的各类在校学生；③本单位以劳务外包形式使用的人员。

营业收入以及资产总额：可参考公司上一年度的财务报表或者审计报告进行填写。

（4）"企业名称"。在《中小企业声明函》正文中的企业名称，指的是生产货物、承接服务、承建工程的企业的名称，而《中小企业声明函》落款位置的企业名称指的是投标人的名称，无须盖厂家公章，盖投标人公章即可。

（二）《中小企业声明函》（货物类）填写注意事项

（1）货物类的《中小企业声明函》，正文中填写的企业名称是货物制造商的公司名称，后面关于从业人员的信息也是货物制造商的信息，因此，如果投标人自身就是货物制造商，那么投标人填写自身信息即可，但如果投标人只是代理商，那么就要联系货物制造商获取正确数据信息进行填写。

（2）如果我们的项目涉及多个产品，那么《中小企业声明函》必须囊括所有产品的制造商信息，缺一个都不能满足享受中小企业优惠的条件。例如所投项目是实训室建设项目，涉及100个设备，那么这100个设备的信息都要填写上去。

（三）《中小企业声明函》（服务类）填写注意事项

在工程采购项目中，工程由中小企业承建时，不对其中涉及的货物制造商和服务承接商作要求。

在服务采购项目中，服务的承接商为中小企业时，不对其中涉及的货物制造商作要求。

（四）政府采购中关于中小企业优惠政策的常见问题

在投标实务中，很多人对于中小企业优惠政策的解读还是有偏差，此处部分摘录财政部2021年发布的《政府采购促进中小企业发展政策问答》，供大家参考、理解。

（1）对于未预留份额专门面向中小企业采购的货物采购项目，以及预留份额项目中的非预留部分货物采购包，大中型企业提供的货物全部为小微企业制造，是否可以享受6%—10%的报价扣除？是否还有"双小"（即直接参与采购活动的企业是中小企业，且货物由中小企业制造）的要求？

答：按照《政府采购促进中小企业发展管理办法》（财库〔2020〕46号，以下称《办法》）规定，在货物采购项目中，货物由中小企业制造（货物由中小企业生产且使用该中小企业商号或者注册商标）的，可享受中小企业扶持政策。如果一个采购项目或采购包含有多个采购标的，则每个采购标的均应由中小企业制造。在问题所述的采购项目或者采购包中，大型企业提供的所有采购标的均为小微企业制造的，可享受价格评审优惠政策。

（2）在货物采购项目中，供应商提供的货物既有小微企业制造货物，也有中型企业制造货物的，是否享受《办法》规定的小微企业扶持政策？

答：在货物采购项目中，供应商提供的货物既有中型企业制造，也有小微企业制造的，不享受《办法》规定的小微企业扶持政策。

（3）有些货物采购项目涉及多种货物和多个制造商，投标人从批发商或者经销商处拿货，而非从制造商处直接拿货，难以获知所有制造商的从业人员、营业收入、资产总额等数据。如果制造商提供给投标人的数据有误或者故意提供虚假的数据，是否认定投标人虚假投标（投标人没有主观故意）？

答：投标人应当对其出具的《中小企业声明函》真实性负责，投标人出具的《中小企业声明函》内容不实的，属于提供虚假材料谋取中标。在实际操作中，投标人希望获得《办法》规定政策支持的，应从制造商处获得充分、准确的信息。对相关制造商信息了解不充分，或者不能确定相关信息真实、准确的，不建议出具《中小企业声明函》。

（4）对于既有货物又有服务的采购项目，应当如何判断供应商是否属于中小企业？

答：采购人应当根据政府采购有关规定和采购项目的实际情况，确定拟采购项目是货物、工程还是服务项目。享受中小企业扶持政策的供应商应当满足下列条件：在货物采购项目中，货物应当由中小企业制造，不对其中涉及的服务的承接商作出要求；在工程采购项目中，工程应当由中小企业承建，不对其中涉及的货物的制造商和服务的承接商作出要求；在服务采购项目中，服务的承接商应当为中小企业，不对其中涉及的货物的制造商作出要求。

（5）对于200万元以下的货物和服务采购项目、400万元以下的工程采购项目，适宜由中小企业提供的，联合体是否享受对中小企业的预留份额政策？

答：联合体参与政府采购项目的，联合体各方所提供货物、工程、服务均为中小企业制造、承建、承接的，联合体视同中小企业，享受对中小企业的预留份额政策；联合体各方提供货物、工程、服务均为小微企业制造、承建、承接的，联合体视同小微企业，享受对小微企业的预留份额政策。

（6）《办法》第二条中"但与大企业的负责人为同一人，或者与大企业存在直接控股、管理关系的除外。"负责人是什么意思？控股是否有股权比例的要求？管理关系是什么意思？

答：按照相关法律法规规定，负责人是指单位法定代表人或者法律、行政法规规定代表单位行使职权的主要负责人。控股是指出资额占有限责任公司资本总额百分之五十以上或者其持有的股份占股份有限公司股本总额百分之五十以上的，以及出资额或者持有股份的比例虽然不足百分之五十，但依其出资额或者持有的股份所享有的表决权已足以对股东会、股东大会的决议产生重大影响。管理关系是指与不具有出资持股关系的单位之间存在的其他管理与被管理关系。与大企业之间存在上述情形的中小企业可依法参加政府采购活动，但不享受政府采购对中小企业的扶持政策。

（7）《办法》第八条规定："超过200万元的货物和服务采购项目、超过400万元的工程采购项目中适宜由中小企业提供的，预留该部分采购项目预算总额的30%以上专门面向中小企业采购，其中预留给小微企业的比例不低于60%。""该部分采购项目预算总额"中"该部分"是指哪些？

答："该部分"是指超过200万元的货物和服务采购项目、超过400万元的工程采购项目中适宜由中小企业提供的采购项目。

（8）在未预留份额专门面向中小企业的货物采购项目中，小微供应商提供的货物既有中型企业制造货物，也有小微型企业制造货物的，是否予以6%—10%的价格扣除？如扣除，那么是整体报价予以扣除，还是针对小微企业制造货物的报价部分予以扣除？

答：按照《办法》规定，如果题中所述货物采购项目含有多个采购标的，只有当供应商提供的每个标的均由小微企业制造，才能享受6%—10%的价格扣除政策。如果小微供应商提供的货物既有中型企业制造货物，也有小微企业制造货物的，不享受价格扣除相关政策。

（9）专门面向中小企业采购的采购项目或者采购包，是否还需执行价格评审优惠的扶持政策？如需的话，中型企业是否享受价格扣除？

答：专门面向中小企业采购的项目或者采购包，不再执行价格评审优惠的扶持政策。

（10）《办法》第九条规定："适用招标投标法的政府采购工程建设项目，采用综合评估法但未采用低价优先法计算价格分的，评标时应当在采用原报价进行评分的基础上增加其价格得分的3%—5%作为其价格分。"若小微企业在工程建设项目中价格分为满分，是否在满分基础上增加其价格分的3%—5%作为其价格分？

答：政府采购工程项目中对中小企业价格分加分属于政策性加分，小微企业价格分即使是满分也应当享受政策优惠，再给予加分。

（11）《办法》第九条规定："接受大中型企业与小微企业组成联合体或者允许大中型企业向一家或者多家小微企业分包的采购项目，对于联合协议或者分包意向协议约定小微企业的合同份额占到合同总金额30%以上的……"此处的"小微企业"在货物采购项目中是指企业本身，还是按照第四条的指其提供的产品属于何种类型企业制造？

答：《办法》第九条中关于联合体和分包的规定中的"小微企业"应当满足《办法》第四条的相关规定，"小微企业的合同份额"应当为小微企业制造的货物、承建的工程和承接的服务的合同份额。

（12）《办法》第十二条规定，采购文件应当明确采购标的对应的中小企业划分标准所属行业。若一个采购项目中包含多个不同品种的产品，采购人或者采购代理机构要明确每种产品的行业吗？

答：采购人、采购代理机构应当依据国务院批准的中小企业划分标准，根据采购项目具体情况，在采购文件中明确采购标的对应的中小企业划分标准所属行业。如果一个采购项目涉及多个采购标的的，应当在采购文件中逐一明确所有采购标的对应的中小企业划分标准所属行业。供应商根据采购文件中明确的行业所对应的划分标准，判断是否属于中小企业。现行中小企业划分标准行业包括农、林、牧、渔业，工业，建筑业，批发业，零售业，交通运输业，仓储业，邮政业，住宿业，餐饮业，信息传输业，软件和信息技术服务业，房地产开发经营，物业管理，租赁和商务服务业和其他未列明行业等十六类。

（13）附件1《中小企业声明函》规定，无上一年度数据的新成立企业可不填报从业人员、营业收入、资产总额等相关数据，是否可以理解为，新成立企业全部划分为中小企业？

答：新成立企业应参照国务院批准的中小企业划分标准，根据企业自身情况如实判断。认为本企业属于中小企业的，可按照《办法》的规定出具《中小企业声明函》，享受相关扶持政策。

（14）供应商需在《中小企业声明函》中填写相关企业（含联合体中的中小企业、签订分包意向协议的中小企业）的具体情况。请问联合体和分包企业均需按照声明函格式提供企业信息吗？

答：《中小企业声明函》由参加政府采购活动的供应商出具。以联合体形式参加政府采购活动或者合同分包的，《中小企业声明函》中需填写联合体中的中小企业或签订分包意向协议的中小企业相关信息。

（15）是否只要供应商出具《中小企业声明函》，即可在政府采购活动中享受《办法》规定的中小企业扶持政策？

答：符合《办法》规定条件的供应商只要出具《中小企业声明函》，即可在政府采购活动中享受相关扶持政策，任何单位和个人不得要求供应商提供声明函之外的中小企业身份证明文件。

（16）《中小企业声明函》要求："提供的货物全部由符合政策要求的中小企业制造"、"工程的施工单位全部为符合政策要求的中小企业（或者：服务全部由符合政策要求的中小企业承接）"。这是否与《办法》中规定的联合体参加、分包等措施相矛盾？

答：对于联合体中由中小企业承担的部分，或者分包给中小企业的部分，必须全部由中小企业制造、承建或者承接。供应商应当在声明函"项目名称"部分标明联合体中中小企业承担的具体内容或者中小企业的具体分包内容。

（17）残疾人福利性单位参与政府采购活动如何享受《办法》规定的相关扶持政策？民办非企业等社会组织是否可以享受促进中小企业发展的政府采购政策？

答：关于残疾人福利性单位享受政府采购支持中小企业有关措施的问题，财政部正在研究完善与《办法》的衔接措施，在相关文件印发前，仍按照《关于促进残疾人就业政府采购政策的通知》（财库〔2017〕141号）有关规定执行。

关于社会组织享受促进中小企业发展政府采购政策问题，财政部正会同有关部门研究制定相关规定。

八、参加政府采购活动前三年内，在经营活动中没有重大违法记录的查询办法

随着承诺制的推行，在政府采购的投标实务中，大部分招标文件都对投标人"参加政府采购活动前三年内，在经营活动中没有重大违法记录"有要求，投标人提供承诺函即可，然后开标当天由代理机构进行现场查询。但在投标实务中，有部分招标文

件会要求提供开标前一周或者前三天的查询结果，特别是非政府采购的项目，更会要求投标人提供法人、法定代表人、项目经理在中国裁判文书网上面的无犯罪记录证明截图。下面我们分别来讲述一下在信用中国、国家企业信用信息公示系统、中国政府采购网以及中国裁判文书网查询相关信息的方法。

（一）信用中国查询及截图操作

信用中国查询及截图方法如下：

第一步，登录信用中国官方网站（https://www.creditchina.gov.cn），如图5-2所示，然后点击"信用服务"栏目。

图5-2　信用中国官方网站

第二步，根据招标文件的要求选择信用分类，如图5-3所示。

图5-3 信用中国信用分类查询界面

第三步，输入想要查询的公司名称，然后点击查询，会显示出查询结果，以广州准星信息科技有限公司为例，如图5-4所示。

图5-4 信用中国查询结果

第四步，如果招标文件要求提供开标前的查询截图或者查询截图需要显示查询时间的，那么打开电脑的时间界面一并截图即可，如图5-5所示。

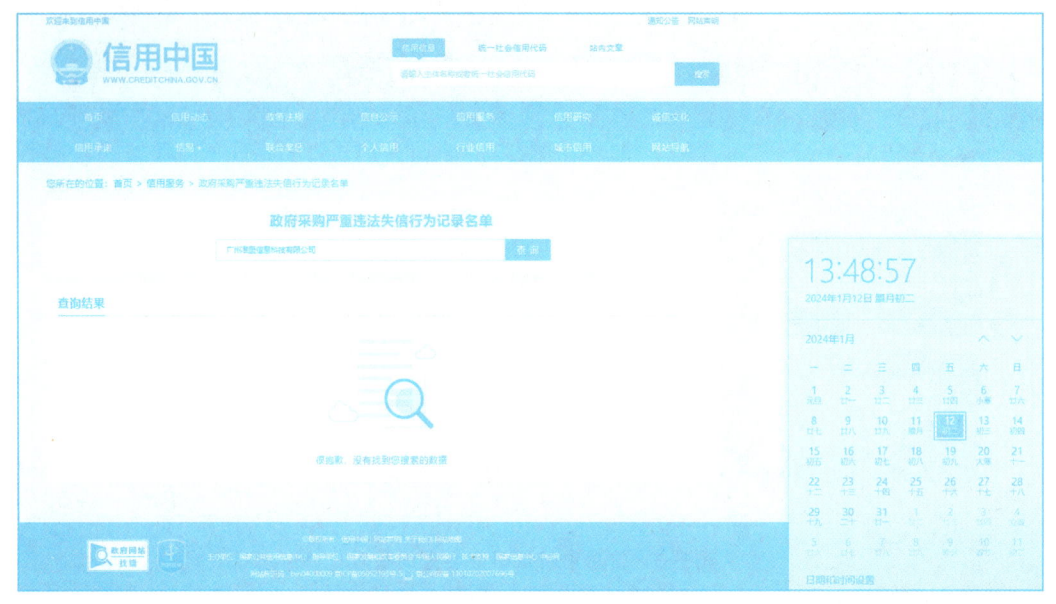

图5-5　带时间显示的查询截图

其中，在"信用服务"栏目查询"失信被执行人"的时候，网站会提醒您将要链接的地址已离开信用中国网站（跳转到中国执行信息公开网），如图5-6所示，如果招标文件要求"提供信用中国网站中失信被执行人查询截图"，那么跳转中国执行信息公开网查询的截图是不符合要求的。因此，可以在信用中国主页的信用信息搜索栏直接搜索公司名称，点击"失信被执行人"，直接截图即可，如图5-7所示。笔者建议将信用中国和中国执行信息公开网的查询截图都放上，方为稳妥。

图5-6　查询失信被执行人跳转页

图5-7　信用中国网站内的失信被执行人查询截图

133

（二）国家企业信用信息公示系统发送报告方法

国家企业信用信息公示系统（https://www.gsxt.gov.cn）需要注册账号，绑定邮箱才可以发送报告，报告会发送至注册时填写的邮箱。发送企业信用信息公示报告的方法：直接在国家企业信用信息公示系统搜索栏搜索企业名称，搜索出来企业信用信息公示报告后，点击发送报告即可，如图5-8所示。

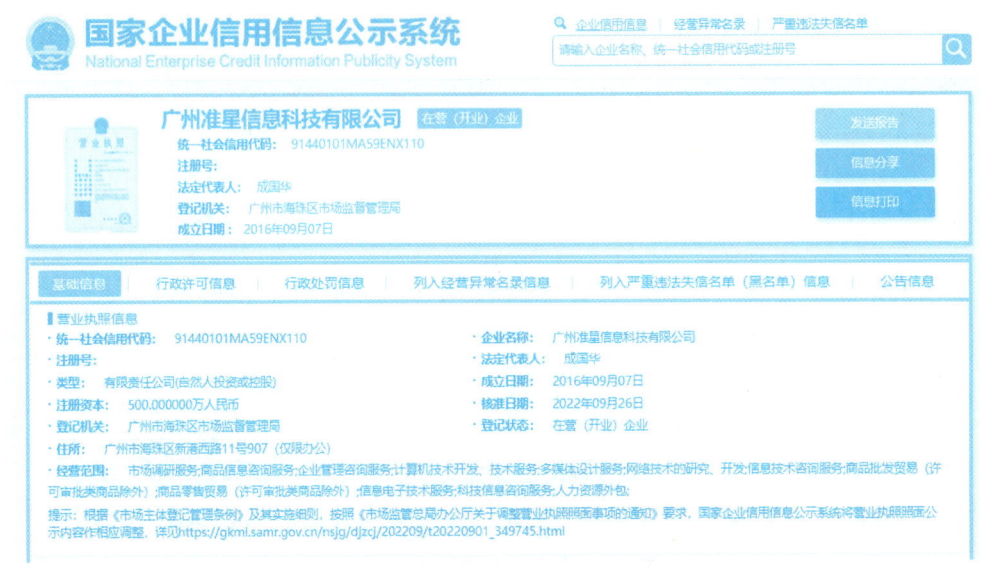

图5-8　国家企业信用信息公示系统查询截图

（三）中国政府采购网的查询办法

"政府采购严重违法失信行为记录名单"的查询渠道，就是中国政府采购网。进入中国政府采购网（https://www.ccgp.gov.cn），找到"政府采购严重违法失信行为记录名单"的板块，输入公司名称查询即可。如图5-9、图5-10所示。

图5-9　中国政府采购网首页

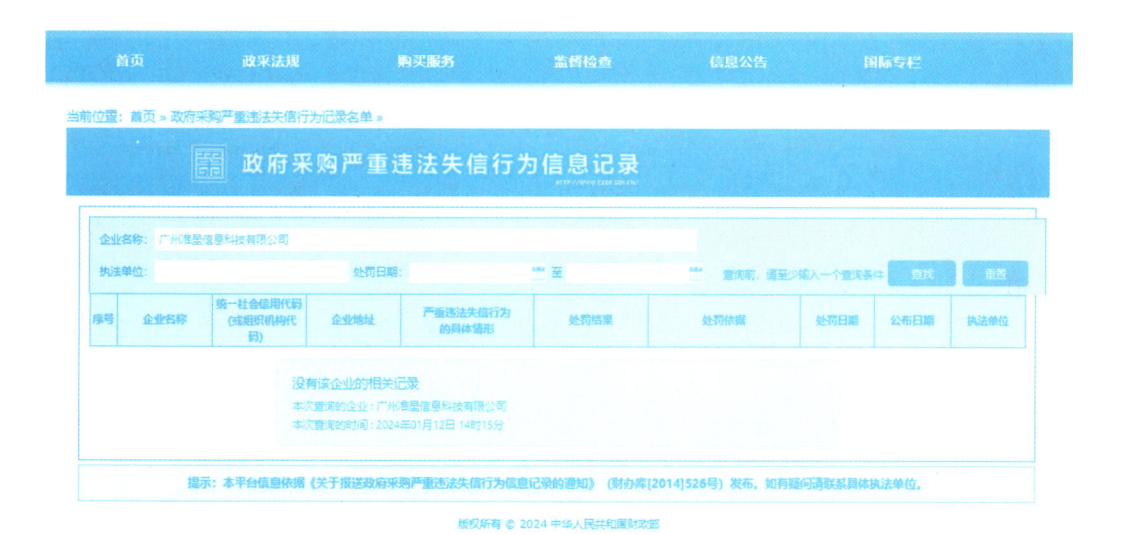

图5-10　政府采购严重违法失信行为信息记录查询截图

（四）中国裁判文书网查询行贿犯罪记录的流程

中国裁判文书网（https://wenshu.court.gov.cn）同样需要注册，用账号、密码登录才可以进入。在投标实务中经常需要在此网站查询法人、法定代表人、授权代表或者项目经理有无行贿犯罪记录，以下介绍具体的查询流程。

第一步，进入中国裁判文书网首页，点击"高级检索"，如图5-11所示。

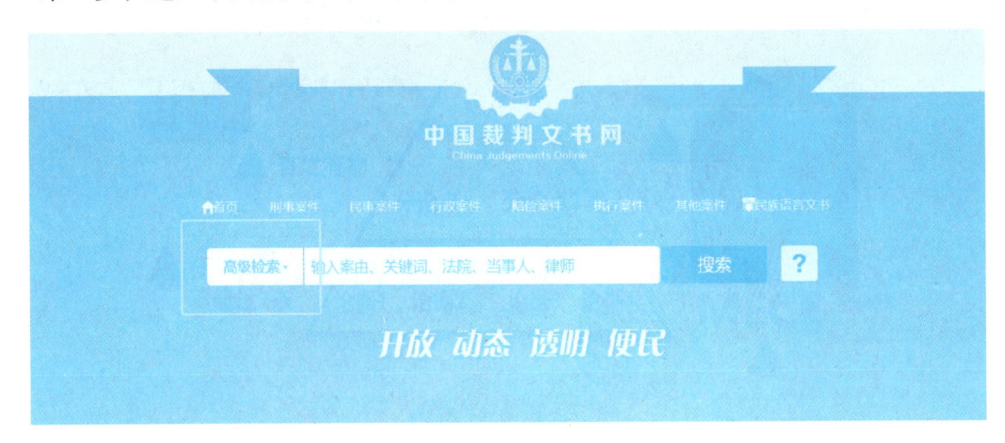

图5-11 中国裁判文书网首页

第二步，若要查询投标单位是否有行贿犯罪记录，则是在"全文检索"输入公司名称，"案由"选择"刑事案由"，点左边"+"号找到"贪污贿赂罪"条目，如图5-12所示。

图5-12 高级检索显示截图

若要查询人员是否有行贿犯罪记录，则是在"全文检索"输入人员姓名，"案由"也是选择"贪污贿赂罪"条目，如图5-13所示。

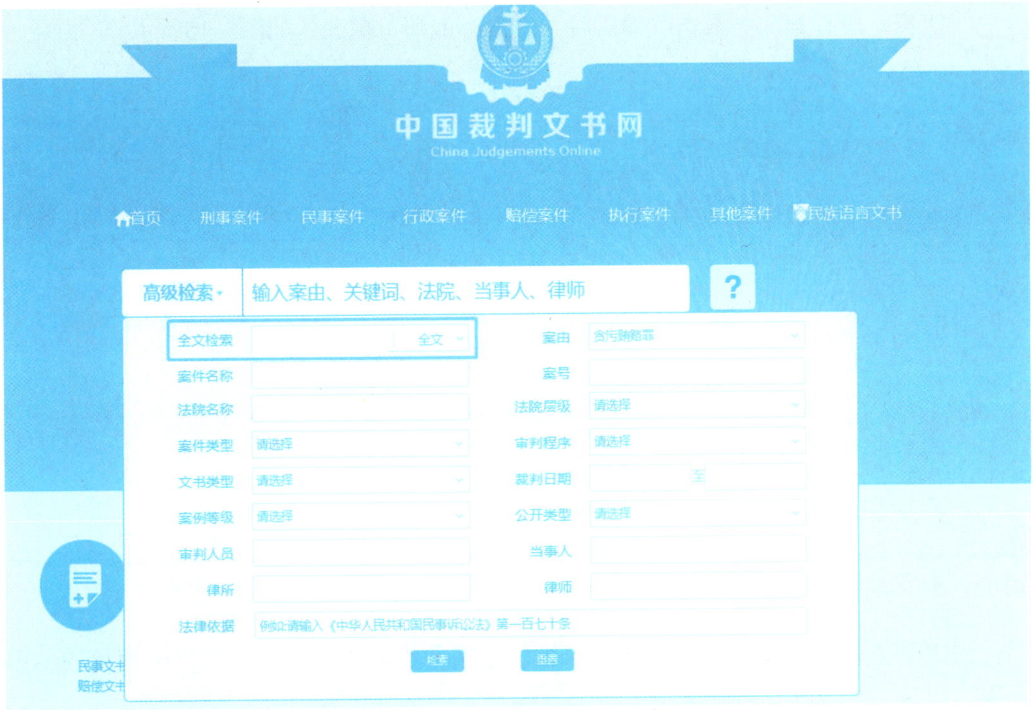

图5-13　人员行贿犯罪记录查询截图

第三步，如果招标文件对裁判日期有要求，在日期对话框选取日期即可，如果没有日期要求，则不选，如图5-14所示。

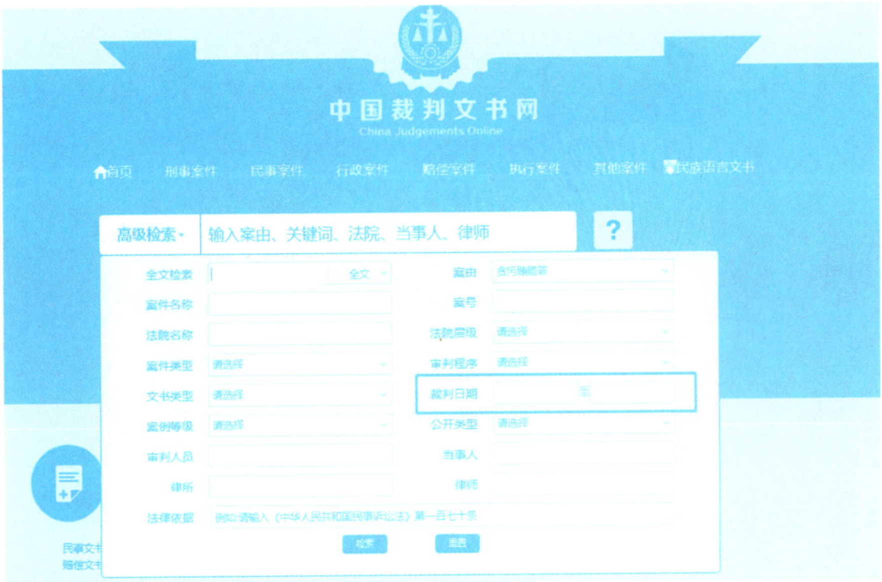

图5-14　增加裁判日期查询截图

第四步，所有查询要素选取确认后，点击查询即可截图，如图5-15所示。

图5-15 查询结果截图

以上是资格部分有效编写的全部内容。资格审查是投标文件到达投标现场的"第一关"，通过资格审查才可以到达"第二关"——符合性审查，两关通过后，才可以进入评审阶段。接下来，我们一起来看看商务部分和技术部分有什么编写技巧，可以让我们的标书在评审阶段大放光彩。

第三节　商务部分有效编写的技巧

商务部分的得分属于客观分，只要提供的资料符合商务评分要求就可以得分，因此，商务部分的得分是投标人可估算的。不过在编写商务部分的时候，我们也可以增加表格、定语或者导语等因素，让版式和界面更美观。下面，我们简单说一下组成商务部分的几个主要内容、如何排版以及有哪些编写技巧。

一、商务技术响应表和偏离表的编制

商务技术响应表，是投标人就投标文件对采购需求书（用户需求书）的商务技术条款进行逐一响应的文件。一般采购需求书的商务技术条款比较多，做这个响应表需要花点时间，在我们举办的标书制作训练营中，会看到一些学员的表格是如表5-1模式的，这种写法的确比较省事，但是有两个弊端：一是版式不好看，没有做到招标文件要求的点对点响应；二是不利于检查，会加大漏看条款的概率。因此，笔者建议大家采用表5-2的模式来编制商务技术响应表。

表5-1　商务技术响应表（示例1）

序号	商务条款要求	是否响应	偏离说明
1	1. 符合《政府采购法》第二十二条规定，在中华人民共和国境内注册，具有良好的商业信誉和健全的财务会计制度。 2. 投标人须具有中华人民共和国境内注册的独立法人资格或其他组织，且独立于招标人和招标代理机构，具有良好的信誉（投标文件中须提供营业执照复印件并加盖公章）。 3. 投标人应当是所投产品的制造商或其代理商，同一品牌只接受一家授权供应商；授权供应商须提供针对本项目的唯一授权书。 4. 投标人或所投产品（给水PE衬塑管件和给水沟槽管件）制造商必须具有省级及以上卫生部门批准的涉及饮用水卫生安全产品卫生许可批件（提供饮用水卫生许可批件复印件）。如部分省份因省级或以上卫生部门下放了"部分涉及饮用水卫生安全产品行政审批项目权限"的，须在投标文件中提供下放职能文件原件扫描件或网页截图并加盖投标人公章	√	—

表5-2　商务技术响应表（示例2）

序号	商务条款要求	是否响应	偏离说明
1	1. 符合《政府采购法》第二十二条规定，在中华人民共和国境内注册，具有良好的商业信誉和健全的财务会计制度	√	—
2	2. 投标人须具有中华人民共和国境内注册的独立法人资格或其他组织，且独立于招标人和招标代理机构，具有良好的信誉（投标文件中须提供营业执照复印件并加盖公章）	√	—
3	3. 投标人应当是所投产品的制造商或其代理商，同一品牌只接受一家授权供应商；授权供应商须提供针对本项目的唯一授权书	√	—
4	4. 投标人或所投产品（给水PE衬塑管件和给水沟槽管件）制造商必须具有省级及以上卫生部门批准的涉及饮用水卫生安全产品卫生许可批件（提供饮用水卫生许可批件复印件）。如部分省份因省级或以上卫生部门下放了"部分涉及饮用水卫生安全产品行政审批项目权限"的，须在投标文件中提供下放职能文件原件扫描件或网页截图并加盖投标人公章	√	—

另外，我们在编制商务技术响应表的时候要留意备注中格式的要求，有部分响应表格式会要求用"√"表示响应，有部分响应表格式会要求写"完全满足"表示响应，我们要按照响应表备注中的格式要求进行填写。

商务技术偏离表，是投标人就投标文件对采购需求书（用户需求书）的商务技术规格的响应情况、存在偏差和例外事项逐条作出说明的文件。大多数情况，无偏离的不用填写，因此大家在制作商务技术偏离表之前，要先看清楚偏离表下的备注。如表5-3所示。

表5-3 服务方案一般性条款商务技术偏离表

采购需求		投标人响应	
序号	项目内容	承诺	差异
1			
2			
3			
4			
5			
…			

填报要求：请按采购需求书列出差异内容，若无差异，留空，视为完全响应。

二、得分点的响应

还记得在拆解招标文件的章节中，提及过得分点拆解这个技巧吗？投标人必须灵活运用这个技巧，因为我们要在投标文件中框出证明材料响应得分点的内容，让专家快速评标。我们继续用第四章广州供电局这个项目作例子，如表5-4所示。

表5-4 广州供电局某地区车辆维修保养项目招标文件评分标准（部分）

评分要素	商务详细评审分项要素
业绩情况	近三年（投标截止日期前36个月）（以合同签订时间为准）完成车辆维修或保养相关业绩，每个有效业绩得5分，最高不超过30分。 说明：需按照招标文件规定格式提供业绩证明表，并需附上合同关键页及合同服务期间不少于1张的结算发票等结算凭证，不提供不得分。若为框架合同，则框架合同委托书中单个项目视为一个项目业绩，需附上项目合同委托书。

从这个业绩情况的评分标准，我们可以拆解出4个得分点：一是业绩的时间；二是业绩的类型；三是业绩的数量；四是业绩的证明材料。

按照商务资料的提供遵循$N+2$的原则，我们需要提供8份有效合同，然后在合同扫描件上，用红色框框上合同的签订日期、合同服务期限以及项目类型，以此证明我们的合同符合评分标准的要求。

三、商务部分定语的应用

业绩是商务部分的重要内容，大多数的招标文件都有业绩内容的格式表格，我们不用单独编制表格，直接按照格式表格填写内容就可以了。虽然如此，我们也可以增加排版的趣味性，例如，我们可以在表格开头设置定语，自行增加"广告位"，用文字描述业绩情况并且让内容向评分靠近，这样可以引导专家快速评分，也有利于采购人对公司业务能力的了解。

例如，深圳某公司是一家专注于为客户提供智能化服务的高科技企业，致力于以信息技术和人工智能为基础，为客户提供智慧运营、智慧金融、商业地产等全方位综合解决方案。公司主要产品有数字视频智能分析系统，视频监控设备/人脸识别智能设备，自动识别摄像机，网络视频智能分析系统，数字视频直播监控系统，云服务器监控存储等多个产品系列，覆盖安防、电力、交通、教育、金融、公安等多个领域。该公司参与某项目竞标，现根据评分标准，在2019—2021年的众多合同当中挑选了6份，以下6份合同均满足评分标准要求（见表5-5）。

表5-5 满足评分标准要求的合同

序号	客户名称	合同签订日期
1	××餐饮有限公司	2021年11月17日
2	××企业有限公司	2020年7月1日
3	××酒店有限公司	2019年8月1日
4	深圳市××快印中心	2019年4月29日
5	××技术有限公司	2019年3月20日
6	××终端有限公司	2019年3月19日

表5-5表题中的"满足评分标准要求的"就属于定语内容，虽然招标文件没有要求，但我们可以自行创作，我们可以利用定语强调自身优势与本项目的连接，也可以利用定语让我们的内容向评分标准靠近，这样既能让专家一目了然，增加印象分，也可以让专家快速评标，增加好感度。

在商务部分的其他板块也可以进行类似的操作，例如以表格罗列资质证书以及人员部分时，我们同样可以在表格的前面采用多使用定语的方法来加大标书商务部分的趣味性。

例如,"我司坚持**以才任职、以能定岗、因事设职、因职选人的**原则,拟投入本项目的人员都已通过岗位培训,选择**相关经验丰富、工作效率高、年富力强的**公司人才担任项目主要负责人,主要岗位人员皆有职业资格证书,确保项目能够科学、合理、有针对性地执行。"

上一段中蓝字这一类的定语大家可以多储备几条,同时可以借用AI工具(例如文心一言等)优化文字和表达。有了定语的加入,商务部分的资料就显得不那么枯燥了。

四、文不如表,表不如图

组成商务部分的内容还有人员证书、公司体系认证证书、荣誉证书、发明专利等资料,一般招标文件不会有格式限制,那么这时候我们就可以加入图表进行撰写,加入图表的作用有两个:一来可以达到总分结构的效果,二来可以达到美化商务部分内容的效果。一般来说,证明材料超过3种,就需要加上列表,以总分结构的形式呈现在投标文件中。

例如,我们需要在商务部分罗列3年的财务报表,如果直接把3年的财务报表图片插入则篇幅太长,专家也难以快速抓到重点,这时候我们可以根据评分标准的考核点列表,再加上图表说明。这样不但提高了这部分资料的美观度,而且直接把评分点呈现给专家,可以很好地增加好感度,协助专家快速评分。如表5-6、图5-16所示。

表5-6 ××公司2016—2018年度财务数据

单位:万元

序号	年度	总资产	主营业务收入	净利润
1	2016	200	390	50
2	2017	300	475	85
3	2018	330	700	75

图5-16 ××公司2016—2018年度财务数据

在这些证明材料上，我们也可以结合前述定语的使用技巧，再给自己一个"打广告"的机会，来证明公司营业收入还不错，有一定的履约经验和财务实力。

五、报价格式的确认

有效的报价，在整个投标过程中可能起到关键性的作用，这里所说的"有效"是指以下四个方面。

（一）正确的报价形式

货物类和服务类投标项目，一般存在着几种报价形式：单价、总价、含税单价、含税总价、不含税单价、不含税总价、折扣率、下浮率、上浮率等。从中可以看出，报价形式较多，因此，无论投标经验多丰富，我们都要结合招标文件的上下文把报价的要求确认清楚。如果招标文件没写清楚以哪一种形式进行报价，那么一定要以举例的方式跟代理公司确认，因为一旦格式错了，我们便会面临投标无效。例如，招标文件报价要求填写单价的，我们却填写了总价；要求填写折扣率的，由于理解错误，写成了下浮率等。在这里，通过两个案例，说一下如何通过招标文件的上下文对报价形式进行确认。

案例1

以下是××单位2022年中秋节会员节日慰问品招标项目的招标文件中第一部分投标邀请的内容摘要：

1.项目标的及最高限价如表5-7所示。

表5-7 项目标的及最高限价

标的名称	数量	采购最高限价（货币：人民币）
中秋节月饼	1批	173.1元/份

2. 开标一览表中对投标文件的格式和应答内容作了要求，如表5-8所示。

表5-8 开标一览表

序号	内容	标的名称	产地品牌	数量	单价（套餐报价/份）（单位：元）	投标总价（套餐报价×7000份）（单位：元）大写及小写
1	投标价	中秋节月饼		7000份		大写： 小写：
2	各种税费					
3	运输费					
4	其他费用					
	合计总价（单位：元）大写及小写				大写： 小写：	
5	投标保证金	详见随附《保证金缴纳凭证》				
6	投标有效期	自提交投标文件截止之日起90日				
7	备注	无				

注：

（1）投标人须按要求填写所有信息，不得随意更改本表格式。

（2）报价中必须包含货物及零配件运至用户指定地点的含税价（包括但不限于运输、保险、安装、伴随服务、关税、销售税、其他税以及合同包含的所有风险、责任等各项应有费用）。所有价格均应以人民币报价，金额单位为元。

（3）此表是投标文件的必要文件，是投标文件的组成部分，还应另附一份并与保证金缴纳凭证封装在一个信封中，作为唱标之用。

在这个招标文件第一部分的投标邀请当中，就写明了本项目的最高限价，可见这个最高限价是一份中秋节月饼的价格，因此我们一份中秋节月饼的报价不能高于173.1元，但是不能以此确定这个项目的报价就是报单价。我们还是要一字不落地去看招标文件，特别是开标一览表或者报价明细表的格式以及格式下的备注。

通过开标一览表的格式以及备注的内容，可知本项目报价要求填写含税单价以及含税总价。所以我们在填写此投标项目报价的时候要注意以下四点：

第一，中秋节月饼的单价不可以高于限价173.1元；

第二，开标一览表中要求填写套餐报价×份数的投标总价，假如我们单价报价是173元，那么我们的投标总价应该这样呈现——大写：壹佰贰拾壹万壹仟元整，小写：1 211 000元；

第三，注意金额单位是"万元"还是"元"，金额是"含税"还是"不含税"，是否有大小写要求等；

第四，填写完报价之后必须发给项目经理或上级领导审核，无误后才可进行封标。

在很多服务类项目当中，投标报价都需要填写折扣率或者下浮率，而在日常生活中，我们对于这两个概念的理解就是折扣率=1-下浮率，例如80%=1-20%，100块钱的货物，折扣率为80%，下浮率就是20%。但是我们在投标实务当中，遇到过多次折扣率和下浮率写法相反的情况，所以我们不能根据生活经验去判断招标文件中的折扣率和下浮率。最好的办法是根据招标文件上下文以及报价形式要求去确认。具体如何确认，我们来看案例2。

案例 2

××单位学校食堂食材配送项目招标文件部分内容如下：

第一章　投标邀请

……

2. 项目内容及需求情况（见表5-9）。

采购包1：××单位学校食堂食材配送项目。

采购包预算金额：2 400 000.00元。

表5-9 项目内容及需求情况

品目号	品目名称	采购标的	数量/项	技术规格、参数及要求	品目预算/元	是否允许进口产品
1-1	其他服务	学校食堂食材配送项目	1.0000	详见第二章	2 400 000.00	否

……

第二章 采购需求内容

……

（五）特别条款

1. 报价要求：所需货物以佛山市发展和改革局官网上公布的佛山市五区农副产品市场零售价格表，取三水区每月第一个工作日的价格表进行折扣率报价，所有品种统一一个折扣率，投标折扣率必须为固定数值，报价不能为区间值（如80%—100%），0＜投标折扣率≤100%。未公布的品种，则参照学校招投标和采购工作小组每月前五个工作日内在三水区对两家较大的市场（三水西南大市场、商业城市场）进行轮流市场调查的同类及相近品种产品的平均市场价×投标折扣率（以市场内随机三家档口的平均价为主）。若仍无法参照同类及相近品种产品的，以中标人与采购人双方共同调研的价格为基准。

【温馨提示】菜品名称以佛山市发展和改革局官网上公布的佛山市五区农副产品清单名称为主，不得随意更改。

若评标委员会认为投标人的报价（投标折扣率）明显低于其他通过符合性审查投标人的报价，有可能影响产品质量或者不能诚信履约的，投标人必须在评标现场半个小时内提供书面说明……

根据招标文件第一章投标邀请和第二章采购需求内容，可见此项目预算是240万元，价格以网上公布的零售价格为基准价，投标报价的形式是折扣率，且折扣率必须为固定数值，供应商的报价如果明显低于其他有效投标人的报价，要在半个小时内提供书面说明。以上内容均是通过读取招标文件所获得的，根据市场调查和深思熟虑，供应商计划报价打8折，那么这个折扣率该填写80%还是20%呢？

既然不能确定就继续往下读招标文件，一般招标文件中都会写明结算公式，我们可以尝试在招标文件中搜索"结算"两字，看能不能找到结算公式，有时候在开标一览表下的备注也能找到结算公式，通过结算公式我们可以确认折扣率的定义。

在这个招标文件中通过搜索"结算"两字，笔者找到了如下这段话，通过上下文我们可以判定这个折扣率就是80%。

【备注】上述表格中未提到的品种，如采购人需进行采购，中标人须无条件地承诺按需及时供给。结算价格以佛山市发展和改革局官网上公布的佛山市五区农副产品市场零售价格表，取三水区每月第一个工作日*价格表×投标折扣率*为准，不在价格表内的则参照学校招投标和采购工作小组每月前五个工作日内在三水区对两家较大的市场（三水西南大市场、商业城市场）进行轮流市场调查的同类及相近品种产品的*平均市场价×投标折扣率*（以市场内随机三家档口的平均价为主）。若仍无法参照同类及相近品种产品的，以中标人与采购人双方共同调研的价格为基准。

通过以上两个案例，我们可以得知，项目的报价形式必须结合招标文件上下文进行判断，切忌经验主义，如果招标文件中写得不清楚，我们必须致电代理公司并通过举例的方式进行确认。

（二）正确理解报价规则

大多数采购项目使用的评标办法都是综合评分法，即汇总供应商商务部分评分、技术部分评分和价格部分评分，那么，价格部分的得分是怎么计算的呢？这里要分两种情况进行说明。

（1）根据《政府采购货物和服务招标投标管理办法》第五十五条规定，价格分应当采用低价优先法计算，即满足招标文件要求且投标价格最低的投标报价为评标基准价，其价格分为满分。其他投标人的价格分统一按照下列公式计算：

投标报价得分=（评标基准价/投标报价）×100

评标总得分＝$F_1×A_1+F_2×A_2+\cdots+F_n×A_n$

$F_1,F_2,\cdots,F_n$分别为各项评审因素的得分；

$A_1,A_2,\cdots,A_n$分别为各项评审因素所占的权重（$A_1+A_2+\cdots+A_n=1$）。

评标过程中，不得去掉报价中的最高报价和最低报价。因落实政府采购政策进行价格调整的，以调整后的价格计算评标基准价和投标报价。

简单来说，低价优先法，就是在有效投标人当中，有效报价最低的，可以拿报价分的满分。下面我们通过一个案例，来说明低价优先法的计算方式。

案例

某事业单位采购计算机及耗材一批，采用公开招标的方式进行采购，财政预算金额500万元人民币。A，B，C，D四家供应商准时参加开标活动，代理机构进行公开唱标，唱标情况如表5-10所示。

表5-10　唱标情况

投标人	报价（单位：万元）
A	70
B	60
C	65
D	73

现在请你计算出它们的价格得分，本项目价格权重为30%（价格分满分30分）。

答案如下（如表5-11所示）：

表5-11　价格得分情况

投标人	报价（单位：万元）	价格得分
A	70	25.71分
B	60	30.00分
C	65	27.69分
D	73	24.66分

计算分析：

由于B的报价最低，根据低价优先法，投标价格最低的投标报价为评标基准价，其价格分为满分，所以B的价格得分是满分30分。

确定了评标基准价之后，就可以直接套用公式，而公式为：投标价格得分=（评标基准价/投标报价）×100×30%，因此计算如下：

A的价格得分=（60/70）×100×30%=25.71（分）

C的价格得分=（60/65）×100×30%=27.69（分）

D的价格得分=（60/73）×100×30%=24.66（分）

以上，是政府采购项目当中的投标价格得分计算方法。

（2）在非政府采购项目当中，由于没有法律法规约定投标价格得分的计算方式，在投标实务当中衍生了多种计算方式，如合理均价基准差径靶心法、合理价优选法、二次基准单边扣分法、分段法等，具体的定义以及计算方法以实际招标文件为准。

因此，无论是政府采购的项目还是非政府采购的项目，在投标实务中都必须认真阅读招标文件，正确理解报价形式以及价格的计分规则，只有这样才可以作出正确的报价。

（三）投标报价的修正

在投标过程中，难免会出现失误，如果报价部分出现前后金额不一致、大小写金额不一致等情况时该怎么处理呢？除招标文件另有规定外，一般按照下列规则修正：

（1）投标文件中开标一览表（报价表）内容与投标文件中相应内容不一致的，以开标一览表（报价表）为准。

（2）大写金额和小写金额不一致的，以大写金额为准。

（3）单价金额小数点或者百分比有明显错位的，以开标一览表的总价为准，并修改单价。

（4）总价金额与按单价汇总金额不一致的，以单价汇总金额计算结果为准。

修正后的报价经投标人确认后产生约束力，投标人不确认的，其投标无效。

（四）报价过低的处理方式

相信不少供应商都想用低价的策略获取中标的机会，不过我们要提前做好准备，因为评标委员会认为投标人的报价明显低于其他通过符合性审查投标人的报价，有可能影响产品质量或者不能诚信履约的，会要求投标人在评标现场合理的时间内提供书面说明，必要时要求提交相关证明材料；投标人不能证明其报价具有合理性时，评标委员会会将其投标作为无效投标处理。因此，想要低价抢标的供应商，需要提前写好成本分析报告。

第四节　技术部分有效编写的思路

投标文件的技术部分是大家的痛点也是难点。当我们缺乏结构化思维时，痛点是不知道应该怎么写；当我们缺乏素材和内容时，难点是不知道写什么。这一节，会给大家介绍几种适用于编写技术部分的结构化思维。

一、认识结构化思维

我们先来了解一下什么叫结构化思维。

结构化思维就是面对问题的时候通过某种思维方式，把问题拆解成一个个能解决的部分。结构化思维就是这样一种从无序到有序的思考解题过程。适用于编写投标文件的常用结构化思维有：金字塔原理、MECE法则、5W2H分析法、5M1E分析法以及PDCA循环法等。

（一）金字塔原理

金字塔原理就是总分的结构图（见图5-17），先给出中心论点，然后分出分论点，再给分论点提供论据，论点与论点之间遵循MECE法则，即两者相互独立又完全穷尽。就像这一节的开始，第一段就总结出了大家的痛点和难点，然后再提出几种解决方法，这就是典型的总分结构。

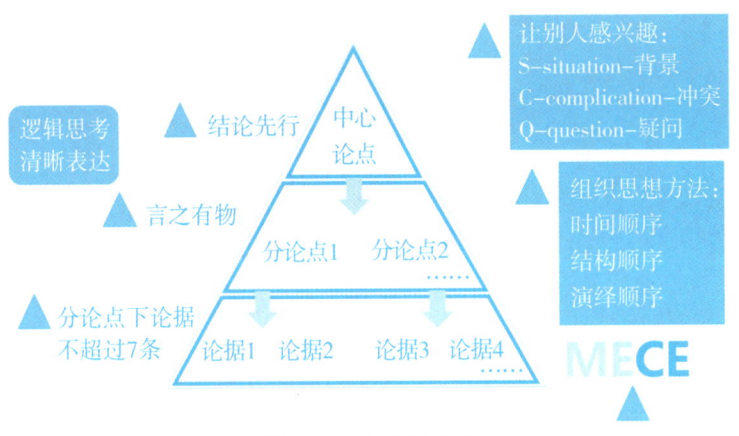

图5-17 金字塔原理

（二）MECE法则

MECE是"Mutually Exclusive, Collectively Exhaustive"英文首字母的缩写，中文的意思是"相互独立，完全穷尽"，它是很重要的结构分类法则。既相互独立又完全穷尽，让结构划分的逻辑更加清晰。把一个问题化整为零时，使用MECE法则等于把母问题细分为更明确的、没有重叠的子问题，同时，确保所有相关问题都考虑在内了。例如，评分标准要求我们提供食材的验收方案，那我们可以用MECE法则来思考，食材有哪几类，无非就是素类和荤类，这两类就是相互独立又完全穷尽的，然后我们可以对素类和荤类再进行分解，如图5-18所示。

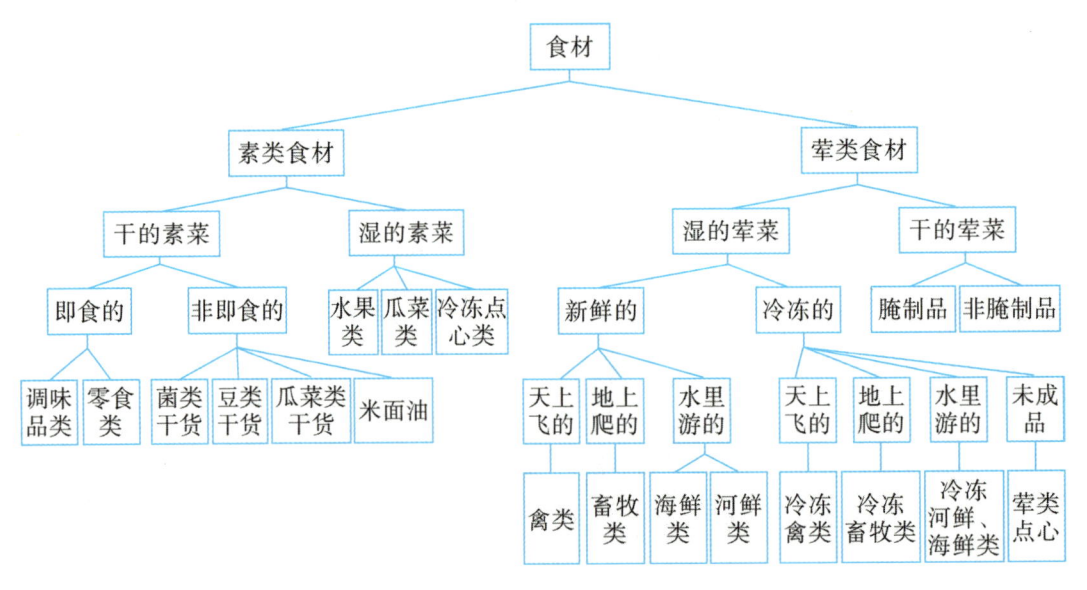

图5-18 运用MECE法则对食材进行分类

如图5-18所示，我们用MECE法则加思维导图的方式对食材这个大类进行了拆分，而每一次的分类，类别与类别之间都是相互独立又完全穷尽的，拆分到如图5-19所示的最后一级，就可以把它们设置为标书里的标题，标题下就是具体的验收标准。具体的验收标准，我们可以通过搜索百度文库或者公司资料库寻找，因为拆分得足够细致，所以找到的内容也是相对精准的。

（三）5W2H分析法

5W2H分析法又叫七问分析法（见图5-19），是我们在日常工作与生活中作计划或者作汇报时最常用的一种思维方式。

5W2H包括：Why（为什么做）、What（做什么）、Who（何人做）、When（何时做）、Where（何处做）、How（怎么做）、How much（多少）。

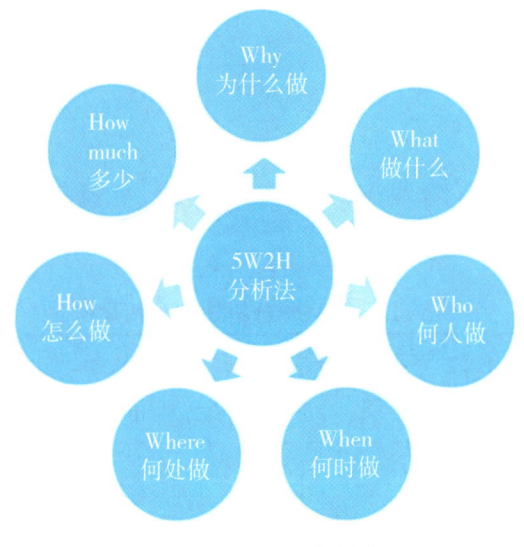

图5-19　5W2H分析法

下面我们来看两个例子。

案例 1

2024年我有一个去北京旅游的计划，我用5W2H分析法给这个计划作如表5-12所示的分析。

表5-12　5W2H分析法的分析案例1

北京旅游计划方案		
Why	为什么要去旅游？	陪爸妈出游
What	这是个什么计划？	这是一个去北京旅游的计划
Who	谁去北京？	父母与我
When	旅游的时间是？	国庆假期后（10月8—15日）
Where	旅游的目的地是？	游览北京各景点
How	出行方式是？	飞机
How much	大概需要花费多少钱？	1万元

通过表格分析，我已经对这个计划定下了基本的框架，接下来就可以对可扩展部分作出更详细的规划，例如旅游过程中游览的景点、住宿的酒店、吃饭的餐馆等，因为已经计划了旅游的费用和时间，所以详细的规划也方便制定了。

我们再来看工作中的一个案例。

案例 2

行政文员需要购买笔记本电脑，她向领导请款，在请款之前她用5W2H分析法做好了功课，如表5-13所示。

表5-13　5W2H分析法的分析案例2

购买笔记本电脑的计划		
Why	为什么要买？	公司现有的笔记本电脑运行过慢，不匹配技术人员工作
What	买来做什么？	工作
Who	谁使用笔记本电脑？	项目部的技术人员
When	什么时候购买和使用？	本周购买，2天后到货即可投入使用
Where	在哪里购买？	京东商城，企业用户可享受企业折扣
How	怎么购买？	在京东商城下单后，京东快递直接送货到公司
How much	需要买多少台？ 需要花费多少钱？	购买1台即可，费用是3999元

通过这个表格，领导可以很清晰地了解此项请款的来由，方便其决策。

通过以上两个案例，可见5W2H分析法其实是很常用的结构化思维方式，我们日常思考问题和分析问题的时候也会经常用到。

（四）5M1E分析法

5M1E分析法是从6个因素分析造成产品质量波动的原因，这6个因素包含人、机、料、法、测、环6个方面，如表5-14所示。

表5-14　5M1E分析法的6个方面

方面	解析
Man（人）	人员招聘、选择、留任、培训等
Machine（机器）	机器的选购、设置、维护保养状况等
Material（材料）	材料的选择，材料的成分、物理性能和化学性能等
Method（方法）	包括加工工艺、工装选择、操作规程、规章制度等
Measurement（测量）	对机器测量时采取的方法是否标准、正确 对项目质量考核的方法是否标准、正确
Environment（环境）	包括但不限于外部环境以及内部环境 工作环境的温度、湿度、照明和清洁条件等

在公司管理中，5M1E分析法多用于分析产品质量、现场质量管理，而投标文件的技术部分中经常有质量管理控制方案，我们同样可以采用5M1E分析法进行分析，把质量管理控制方案拆分成人、机、料、法、测、环6个方面，为我们方案的编写提供基本的思维结构。

（五）PDCA循环法

PDCA循环法，是一个用于质量管理的基本办法，PDCA循环包含了Plan（计划）、Do（执行）、Check（检查）和Act（处理）4个阶段。全面质量管理的思想基础和方法依据就是PDCA循环。下面我们来看看PDCA循环法这种结构化思维方式是如何拆解问题的，如表5-15所示。

表5-15　PDCA循环法的执行阶段

执行阶段	执行内容
Plan（计划）	要通过市场调查、用户访问等，摸清用户对产品质量的要求，确定质量政策、质量目标和质量计划等。包括现状调查、分析、确定要因、制订计划
Do（执行）	实施上一阶段所规定的内容。根据质量标准进行产品设计、试制、试验及计划执行前的人员培训
Check（检查）	检查阶段包含了检查、沟通、清理、控制四部分，主要是在计划执行过程中或执行之后，通过沟通，发现问题进而清理，通过检查，控制进程进而达到质量控制的效果
Act（处理）	处理阶段主要是根据检查结果，采取相应的措施。巩固成绩，把成功的经验尽可能纳入标准，进行标准化，遗留问题则转入下一个PDCA循环去解决

可见，PDCA循环法是一个循序渐进不断循环的工作法则，每一次的循环都是解决一个小问题，它就像爬楼梯，一个循环运转结束，生产的质量就会提高一些，然后再进入下一个循环，再运转、再提高，不断前进、不断提高。在运用PDCA循环法来撰写技术部分的方案时，一般情况下我们还可以结合5W2H分析法或者5M1E分析法对方案加以完善。

综上，给大家介绍了5种结构化思维，其实在企业管理和项目管理当中还有很多种结构化思维，例如SWOT分析法、SMART原则、WBS任务分解法等，各种思维之间，是互通有无的，我们在编写方案的时候可以综合来使用。这一小节主要是通过介绍这5种思维方式拓展大家的认知，让大家在编写技术方案的时候能够迅速地找准结构，进而对方案进行拆分。

二、结构化思维的应用

你们肯定在想，这个结构化思维与编写投标方案有什么关系？其实大多数投标文件中的方案都是在问投标人：实施方案怎么做？项目人员架构如何搭？项目质量如何保证？你有没有发现，这似乎就是在让我们用5W2H分析法、5M1E分析法等去回答他们的问题。结构化思维本来就是用于分析问题、管理项目的，我们可以借用这些思维方式去撰写方案。

下面我们以一个最常见的方案为例，用我们刚刚说到的结构化思维去为这个方案搭建框架。

某项目供货方案的评分标准如下（见表5-16）。

表5-16　某项目供货方案的评分标准

供货方案	提供本项目的供货方案： 1.方案科学合理，有具体完善的保障措施，运输及存储条件完备的，得5分； 2.方案基本合理，有具体的保障措施，运输及存储条件基本完备的，得3分； 3.方案缺乏合理性，保障措施不具体，运输及存储条件不完备的，得1分； 4.未提供，得0分

我们先用投标人惯用的思维对这个评分标准进行拆解，找出得分点。

得分点1——方案科学合理：通过对评分标准的细致分析，我们可以明确，要获得满分，提交的方案必须展现出高度的"科学性"与"合理性"，并伴有具体、完善的保障措施，以及完备的运输与存储条件。为了积极响应评分标准中的"科学性"要求，建议在投标文件中加入管理系统或电子化办公设备的介绍，以此作为"科学性"的具体体现；同样地，针对"合理性"的评判标准，我们建议详细阐述标准化的操作流程，并附上过往的成功案例，以充分证明方案的"合理性"与可行性。

得分点2——有具体完善的保障措施：我们的供货方案需要有具体完善的保障措施，保障的主体是供货，一般保障供货包含几方面内容，这里可以用MECE的结构化思维方式进行思考，根据一般供货流程的逻辑演练（供货的逻辑：采购—验收—储存—运输—配送—客户验收—售后服务）提出几方面保障措施，例如，供货渠道的质量保证措施、货物验收的质量保证措施、储存环境的质量保证措施、货物运输的质量保证措施、客户验收的质量保证措施、货物的售后服务承诺等。

得分点3——运输及存储条件完备：在保证措施的部分，我们已经提及运输以及存储条件，而且这部分的内容基本上都是以工作方法为主，因此在"运输及存储条件完备"这个得分点部分我们不再赘述，最多就是用定语来引入下文，因为此得分点更多的是需要我们展示硬件实力，可以放自有车辆或者租赁车辆、工作场地或者存储场地的情况，公司系统等一系列的公司设备来说明公司的运输及存储条件是完备的。

根据以上分析，我们大概会把方案的标题列成以下内容，如表5-17所示。

表5-17 得分点拆解

供货方案		
第一部分	科学合理的供货方案	得分点
第二部分	具体完善的保障措施	得分点
第一节	供货渠道的质量保证措施	
第二节	货物验收的质量保证措施	
第三节	储存环境的质量保证措施	
第四节	货物运输的质量保证措施	
第五节	客户验收的质量保证措施	
第六节	货物的售后服务承诺	
第三部分	运输及存储条件完备	得分点

接下来，我们尝试在这个框架基础上，加上5W2H分析法的内容，看看会有什么效果，如表5-18所示。

表5-18　加上5W2H分析法的方案框架

供货方案		
第一部分	科学合理的供货方案	得分点
第一节	方案实施目的	What
第二节	本项目重点难点分析	Why
第三节	项目概况——供货地点	Where
第四节	项目概况——供货时间	When
第五节	项目实施人员/项目组织架构	Who
第六节	供货方案实施流程	How
第七节	供货服务标准及考核	How much
第八节	成功案例	
第二部分	具体完善的保障措施	得分点
第一节	供货渠道的质量保证措施	
第二节	货物验收的质量保证措施	
第三节	储存环境的质量保证措施	
第四节	货物运输的质量保证措施	
第五节	客户验收的质量保证措施	
第六节	货物的售后服务承诺	
第三部分	运输及存储条件完备	得分点

可见，加上5W2H分析法的内容之后，供货方案会更具体、更有逻辑，一开始我们可能只想到对供货方案的流程进行描述，但是加上5W2H分析法的内容之后，增加了方案实施目的、项目实施人员、供货服务标准及考核等内容，方案的架构会搭建得更加饱满。

我们已经知道了如何在方案上运用结构化思维，现在我们把上一小节所说的结构化思维方法叠加一下，看看我们的方案会变成什么样。

我们可以按照MECE法则把供货方案按照时间逻辑演绎成"方案实施前—方案实施中—方案实施后"，这三者是按照时间顺序划分的，是相互独立又完全穷尽的分论点，我们可以根据不同的结构化思维对不同的分论点展开描述。

方案实施前，我们采取5M1E分析法中4M1E的分析法，即人、机、料、法、环的分析法进行描述，因此就有了人员、机器、材料、方法、环境的标题，涉及人员部分，我们可以思考公司的人员是如何来的，因此就有了人员招聘、人员选择、人员培训、人员留任的分论点，这基本上已经分得很细了，不能再拆分了，所以我们可以直接描述公司关于人员招聘的规章制度以及流程等内容。

方案实施中，我们采取5W2H分析法以及PDCA循环法对方案实施中的内容进行展开。这部分的核心内容跟我们在表5-17中描述的基本一致。

方案实施后，一般的供货方案，无论是货物还是服务都会涉及验收、培训、售后和应急，这部分的内容我们可以继续按照5W2H分析法进行分解，也可以简单一点，直接用2W1H进行描述（What——是什么，Why——为什么，How——怎么做），具体内容根据篇幅或者评分要求调整。

综上，供货方案的思维导图可以分解成如图5-20所示的结构，蓝色字体部分就是大家实际需要编写的内容。因为我们拆分得足够细，所以在寻找内容和素材的时候，方向会更明确，也更容易找到。

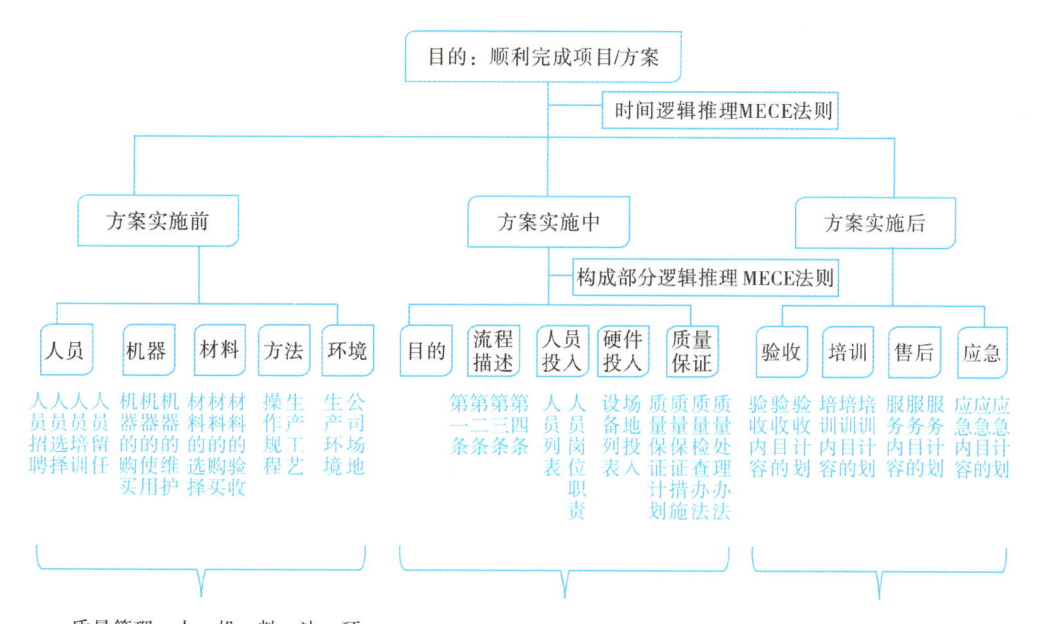

图5-20　供货方案的思维导图

在搭建框架的过程中，相信大家可以感觉到，我们只是用结构化思维方式打开编写方案的思路而已，借着这些思路可以让我们的方案框架更符合逻辑且丰富饱满。在搭建好框架之后，如果公司内部有好的素材或者好的案例，我们都是可以酌情加上去的。

三、日常素材的积累和收集

在本节一开始我就说过，大家觉得投标文件技术部分难写是因为不知道怎么写和不知道写什么。通过前面的学习，相信大家已经知道怎么写，所以这部分我们具体来说一下写什么。其实写的内容无非就是外部资料和内部资料，外部资料一般都是行业规范、行业知识，内部资料包括但不限于公司流程、公司制度、公司人员、公司业绩案例等，而投标文件技术部分都是横向对比，其实就是供应商之间的实力对比。因此，对公司日常运营资料的收集显得特别重要，我们可以通过以下四种方式收集公司资料。

（一）注意日常商务资料的收集

在备标一章中，表2-4已经列出了投标人经常需要接触的商务资料，我们对这部分商务资料加以整理，就可以作为证明公司实力的技术文件放到投标文件当中。例如，把经典的，或者金额较大的，又或者客户比较知名的业绩作为经典案例，以图文并茂的方式放进方案的成功案例当中，就可以作为方案有力的支撑和亮点。

（二）注意公司各部门日常会议/培训资料的收集

很多公司都会开各种会议，如周例会、月例会等，甚至有些公司每天都有早会，这些会议资料本身就可以作为素材的一种放进投标文件里面。投标文件制作者可以参加各部门的会议，除取材之外还可以听听会议的内容，一般情况下会议都是为了总结事务、提出问题、制定方案、解决问题的，我们在参加的过程中就可以了解该部门的运行状况以及即将发生的变化，这些内容都是在百度文库等上面找不到的真材实料。另外还有公司各部门的培训，一般的培训都是培训新的知识点、新的流程或者新的规章制度，除培训这个形式本身也是一种素材之外，培训当中的规章制度和流程，也是我们编写投标文件技术部分的重要材料。最后，我建议大家可以在参加会议或者培训的时候勇敢地进行提问，例如我们具体是怎么做应急预案的？我们具体是怎么做到质量保障的？会议或培训的笔记加上真实的回答，就是彰显公司实力最有力的素材，也是公司与公司之间拉开距离的核心内容。

（三）在参与公司实际运营当中收集

投标文件的技术部分其实就是在告诉甲方和评审专家，投标人是如何完成项目的，工作方式方法是什么，用各种证据和材料证明投标人比别人更优秀。但是作为撰写标书的人，这是想表达却很难表达出来的，为什么呢？因为我们自己也不确定公司到底是怎样运营的，虽然，参加了很多次的部门会议，我们知道大概流程，但是亮点在哪里却说不出来。所以，我建议大家安排时间去运营部门进行大概一周的走访轮岗，带着提问和学习的心态走访每一个岗位，为每一个岗位准备1—2个在招标文件中最常出现的问题。例如，从事食材配送行业，经常需要提及现场加工的加工人员，我们到现场就可以具体了解这位现场加工人员的工作内容和工作时长；从事工程设备类行业，跟着去送货、安装等，就可以了解运输、安装、调试以及售后各环节的实际过程，在这个过程中我们可以拍照取材，因为只有这时我们才真正知道投标文件需要放什么、怎么放最有说服力。

（四）多收集行业知识

从行业出发，多了解行业的有关网站和公众号等平台。 一份优秀的投标文件，内容上除了要有丰富的案例和图文支撑，还需要有一些行业专业知识，无论是彰显公司的专业性和技术能力，还是体现文字功底，或者作为章节与章节之间的过渡，专业的行业知识都是一个很好的选择。那么这些内容我们可以在哪里迅速找到呢？我们可以在行业协会网站找到，例如，从事物业管理行业的，可以登录中国物业网；从事食品行业的，可以登录食品安全网。除了从行业出发，我们也可以从客户群体出发，如果我们的客户是高校群体的，那么可以登录中国教育后勤协会官方网站，涉及高校后勤业务的有关规章制度和标准都会在上面载明。

此外，现在是自媒体时代，公众号、百家号、视频号、小红书等上面都有各行各业的知识博主，我们不妨筛选一些比较专业的进行关注，摘录他们发布的对我们投标有用的行业知识。

四、技术部分编写的原则和优化技巧

（一）点对点响应

无论是投标文件的商务部分，还是技术部分，点对点响应都是其编写原则。所谓的点对点响应，就是让评分标准的得分点以标题形式出现在投标文件的目录当中，这样一来评标专家根据目录就可以一目了然、快速地找到评标得分点从而进行评标。

（二）文不如表，表不如图

小时候你更喜欢看纯文字的书籍还是漫画书呢？相信很多人的答案是更喜欢看漫画书，因为图文并茂的书籍更引人入胜。同样地，评标专家也更喜欢看图文并茂的投标文件，过多的文字让人难以抓住重点，但是实拍图、表格或者流程图等不但易于理解，而且更能让人身临其境。

（三）灵活运用定语

在商务部分的编写技巧中笔者说过运用定语的方法，同样地，在技术部分我们也可以灵活运用定语，定语不但可以起到向评分靠近的作用，也可以起到总分结构的作用，让技术部分内容的呈现更加符合金字塔原理的表达方式。

> **本章小结**
>
> 　　本章我们从投标文件编写总体原则和流程开始，向大家阐述了资格部分、商务部分和技术部分的有效编写方法和技巧，范围较广，内容甚多，需要投标人慢慢去消化、理解、实践和复盘。

投标文件有效编写详解

- 投标文件有效编写详解
  - 投标文件编写总体原则和流程
    - 投标文件编写总体原则——点对点响应
    - 投标文件编写流程
  - 资格部分有效编写的注意事项
    - 投标函
    - 法定代表人证明书和授权人委托书
    - 营业执照
    - 社保缴纳证明
    - 财务报表和审计报告
    - 具有履行合同所必需的设备和专业技术能力
    - 《中小企业声明函》的填写
    - 参加政府采购活动前三年内，在经营活动中没有重大违法记录的查询办法
  - 商务部分有效编写的技巧
    - 商务技术响应表和偏离表的编制
    - 得分点的响应
    - 商务部分定语的应用
    - 文不如表，表不如图
    - 报价格式的确认
  - 技术部分有效编写的思路
    - 认识结构化思维
    - 结构化思维的应用
    - 日常素材的积累和收集
    - 技术部分编写的原则和优化技巧

第六章

投标文件的检查、后期制作与递交

林天逸：曾师傅，标书我已经做完了，自己也检查完了，是不是可以直接打印封标了？

曾洪波：你自己检查完了？自己做完的标书基本上自己是很难检查出核心问题的，做完标书，我们一定要经过他人严谨细致的检查，无误后才可以进行打印封标，不然这几天你就白熬夜加班了。我来帮你检查吧，顺便跟你说说检查标书的方法。

本章内容导航

资格性检查

符合性检查

评分标准得分点检查

投标文件的后期制作与递交

投标文件的检查总体分成三部分，分别是投标文件有效性检查，签名、盖章符合性检查以及打印密封的形式检查。投标文件有效性检查包括了资格性检查、符合性检查和评分标准得分点检查，下面我们分别进行说明。

第一节　资格性检查

资格性检查主要是审查投标文件是否满足招标公告的资格要求，这里我们要注意三点：

第一，核查招标公告发布网站的招标公告上的资格条件与电子版招标文件上的资格条件是否一致。如果不一致，必须致电代理公司问清楚以哪一个为准，如果代理公司无法准确回答，那么这两处载明的资格条件都必须满足。

第二，根据招标文件的资格审查表检查投标文件的资格部分。目前一般的招标文件都会有资格审查表，代理公司、采购人、评标专家都是按照这个表格进行检查的，因此我们在进行自检的时候，可以借助这个表格进行资格检查。

第三，核查资格文件的有效性。我们要正确理解资格部分的要求，然后提供有效的资料，所谓的有效包括形式有效、日期有效以及符合资格要求。例如，资格部分要求提供2020年的审计报告，我们提供了2021年的审计报告，这是不符合要求的；或者公司变更了，但是提交的营业执照不是最新的，这也是不符合资格要求的。因此，我们要正确理解资格部分的要求，然后按要求提供有效的资料。

以下是某项目的资格审查表，笔者列明了对应的检查关键点（见表6-1），供各位读者参考。

表6–1 采购包1资格审查表及检查关键点

序号	资格审查内容		检查关键点
1	具有独立承担民事责任的能力	在中华人民共和国境内注册的法人或其他组织或自然人，投标（响应）时提交有效的营业执照（或事业法人登记证或身份证等相关证明）副本复印件。分支机构投标的，须提供总公司和分公司营业执照副本复印件，总公司出具给分支机构的授权书	1. 资格要求提供营业执照副本复印件，核实标书的营业执照复印件是否为副本复印件。 2. 如分支机构投标，需要提供总公司和分公司的营业执照副本复印件，并且需要有总公司的授权书，核实授权的公司名字是否跟营业执照上一致，授权书是否在有效期内，如授权书有项目名称和编号，是否与招标文件一致。 3. 总公司（或分公司）是否有变更，如果有变更需要提供与国家企业信用信息系统核准日期一致的营业执照副本复印件
2	具有良好的商业信誉和健全的财务会计制度	提供2021年度财务状况报告或2022年度任意1个月的财务状况报告复印件，或银行出具的资信证明材料复印件	1. 如提供财务状况报告复印件，检查报告是否完整。 2. 如提供资信证明材料复印件，需注意资信证明中的有效期
3	具有履行合同所必需的设备和专业技术能力	按投标（响应）文件格式填报设备及专业技术能力情况	检查投标文件的格式跟招标文件的格式是否一致，必须按照招标文件的格式提供证明材料
4	有依法缴纳税收和社会保障资金的良好记录	提供投标截止日前6个月内任意1个月依法缴纳税收和社会保障资金的相关材料。如依法免税或不需要缴纳社会保障资金的，提供相应证明材料	1. 提供的资料是否符合投标截止日前6个月内任意一个月。 2. 提供缴纳税收和社会保障资金的汇款凭证以及完税证明，汇款凭证与完税证明的金额应该一致
5	参加政府采购活动前三年内，在经营活动中没有重大违法记录	参照投标（报价）函相关承诺格式内容。重大违法记录，是指供应商因违法经营受到刑事处罚或者责令停产停业、吊销许可证或者执照、较大数额罚款等行政处罚。（根据财库〔2022〕3号文件，"较大数额罚款"认定为200万元以上的罚款，法律、行政法规以及国务院有关部门明确规定相关领域"较大数额罚款"标准高于200万元的，从其规定）	检查投标文件的格式跟招标文件的格式是否一致，必须按照招标文件的格式提供证明材料

（续表）

序号	资格审查内容		检查关键点
6	信用记录	供应商未被列入"信用中国"网站（https://www.creditchina.gov.cn）"失信被执行人"或"重大税收违法失信主体"或"政府采购严重违法失信行为记录名单"；不处于中国政府采购网（https://www.ccgp.gov.cn）"政府采购严重违法失信行为记录名单"中的禁止参加政府采购活动期间。[以资格审查人员于投标（响应）截止时间当天在"信用中国"网站（https://www.creditchina.gov.cn）及中国政府采购网（https://www.ccgp.gov.cn）查询结果为准，如相关失信记录已失效，供应商需提供相关证明资料]	如供应商在这些网站上有失信记录但实际上失信记录已失效，需要作出说明并提供相关证明资料
7	供应商必须符合法律、行政法规规定的其他条件	单位负责人为同一人或者存在直接控股、管理关系的不同供应商，不得同时参加本采购项目（或采购包）投标（响应）。为本项目提供整体设计、规范编制或者项目管理、监理、检测等服务的供应商，不得再参与本项目投标（响应）。投标（报价）函相关承诺要求内容	留意投标（报价）函是否有相关内容，如果没有请自拟承诺函，对该项条款作出响应和承诺
8	特定资格要求	投标人具有有效的《食品经营许可证》（提供有效期内的证书复印件，如国家另有规定的，则适用其规定）	检查食品经营许可证是否在有效期内
9	本采购包专门面向中小企业采购	采购包整体专门面向中小企业，供应商应为中小微企业、监狱企业、残疾人福利性单位（提供《中小企业声明函》，或属于监狱企业的证明材料，或《残疾人福利性单位声明函》）	投标人必须出具《中小企业声明函》，或属于监狱企业的证明材料，或《残疾人福利性单位声明函》

以上内容仅为举例说明，实际检查以具体项目的资格条款为准。

第二节　符合性检查

符合性审查是评标委员会依据招标文件的规定，从投标文件的有效性、完整性和对招标文件的响应程度进行审查，以确定是否对招标文件的实质性要求作出了响应，这里我们要注意以下五点：

（1）不得擅自修改招标文件格式。投标文件格式是招标文件给予的撰写投标文件的格式内容，一般情况下不能擅自修改，如果增减了格式内容，在符合性审查过程中，将有不予通过的风险。

（2）检查投标有效期是否符合招标文件约定的投标有效期。在前文已经提及关于投标有效期的问题，这里要重点检查投标函、法定代表人证明书以及法定代表人授权书是否满足招标文件的投标有效期要求。

（3）检查用户需求书的星号条款以及实质性条款标书中有没有做到逐条响应。商务条款响应表（偏离表），技术条款响应表（偏离表），合同条款响应表（偏离表）是否都满足了格式要求，是否都已逐条列明，有没有缺漏？对于一些需要提供资料的实质性条款，对于一些需要承诺的要求，是否作出了实质性的响应？

（4）检查报价形式是否符合招标文件要求。折扣率和下浮率的格式在招标文件中是如何定义的？要求报含税价格还是不含税价格？报单价还是总价？报价一览表的人民币单位是元还是万元？这些都需要一一核对清楚。

（5）检查是否有低级错误。公司名称、统一社会信用代码、法定代表人姓名、授权代表姓名、性别、身份证号码、项目名称、项目编号等不要出现低级错误。

同样地，我们对投标文件进行符合性检查的时候，可以利用招标文件提供的符合性审查表进行自查，下面提供某项目的符合性审查表作为参考（见表6-2）。

表6-2 采购包1符合性审查

序号	评审点要求概况	评审点具体描述
1	签署、盖章	按照招标文件规定要求签署、盖章且投标文件有法定代表人签字或盖个人名章（或签字人有法定代表人有效授权书）
2	投标函	投标函已提交并符合招标文件要求，且投标有效期不少于招标文件中载明的投标有效期
3	投标报价	本项目投标报价为折扣率报价，所有品种统一一个折扣率，投标折扣率必须为固定数值，报价不能为区间值（如80%—100%），0＜投标折扣率≤100%
4	投标文件未出现选择性报价或有附加条件报价的情形	投标文件未出现选择性报价或有附加条件报价的情形
5	投标文件没有招标文件中规定的其他无效投标条款的	投标文件没有招标文件中规定的其他无效投标条款的
6	按有关法律、法规、规章不属于投标无效的	按有关法律、法规、规章不属于投标无效的

以上内容仅为举例说明，实际检查以具体项目的符合性审查表为准。

第三节　评分标准得分点检查

投标文件的资格性检查和符合性检查通过，代表了我们的投标文件不会被否决投标，但是否能拿下项目实现中标的结果，评分标准得分点检查起着决定性的作用。各类项目的评分标准虽然不相同，但是总的来说用于商务部分评分的包含了业绩、证书、硬件设备等几大类，下面笔者用一张表（见表6-3）来说明常见证件类别的得分点的检查关键点。

表6-3　常见证件类别的得分点的检查关键点

序号	证件类别	检查关键点（是否符合得分点要求）
1	合同协议类：业绩合同、供应商合同等	时限要求：签订时间、服务期限、是否已完成服务； 协议类型要求：合同性质与评分标准要求是否一致； 形式要求：合同是否有双方盖章、签名，是否有签订日期，无签订日期的合同不纳入有效合同； 甲方类型要求：政府机关、事业单位、大型企业、特殊行业，提供的客户类型是否跟评分标准要求一致； 业绩规模要求：金额或人数（非政府采购项目）是否跟评分标准要求一致
2	企业证书及荣誉：管理体系认证证书等	发证单位（获得认监委认定资质）； 有效期（可覆盖开标之日方为有效）； 认证标准（评分标准是否有要求具体标准）； 认证范围（评分标准是否有要求具体范围）
3	企业证书及荣誉：荣誉及奖项	出具单位（政府机关或相关协会）； 荣誉／奖项内容（评分标准是否有要求）； 获奖时间（评分标准是否有要求）； 有效期（若有，在有效期内）

（续表）

序号	证件类别	检查关键点（是否符合得分点要求）
4	人员证书类	发证单位（人社局或其他）； 证书名称或等级（是否满足评分标准要求）； 证书查询截图（若有）； 人员是否需要提供身份证、劳动合同或社保证明
5	场地类	自有场地：产权证明、面积、地址、平面图（若有）、测绘报告（若有）； 租赁场地：租赁合同、合同有效期、面积、地址、平面图（若有）、测绘报告（若有）
6	车辆类	自有车辆：行驶证（年审有效）、购车发票、车辆类型、车辆照片； 租赁车辆：租赁合同（有效期内）、行驶证（年审有效）、车辆类型、车辆照片
7	保险类	保险类型、名称、保险合同、保额、有效期，发票金额与保险合同上的金额是否一致

以上内容仅为举例说明，投标人务必举一反三，在检查的时候务必遵循前文我们多次提及的资料有效性、完整性和逻辑性原则。

第四节　投标文件的后期制作与递交

投标文件的后期制作与递交包括投标文件的打印、封面以及密封封套的制作、签名和盖章、密封和递交等，一般我们严格按照招标文件要求即可，下面简单跟大家介绍一下每个步骤的流程和注意事项。

一、投标文件的打印

在投标文件定稿之后，我们需要按照招标文件的要求对投标文件进行打印，一般情况下，投标文件采用彩色单面或者双面打印，副本为正本签字、盖章后的复印件。有一些招标文件会写明正副本均需彩色打印，在投标实务中，也有投标人为了让各位专家看得更清晰一点，正副本都会采用彩色打印。总之，按照招标文件要求打印即可。

二、投标文件封面以及密封封套的制作

在投标文件打印过程中，我们可同时制作胶装封面、密封封套、开标一览表、入场授权等资料，胶装封面属于投标文件的格式，可参照投标文件格式内容，密封时需要按照投标人须知规定的密封要求进行密封，如果招标文件中没有列明，建议咨询代理公司确认清楚。

三、投标文件的签名和盖章

（一）投标文件的签名

一般要求投标文件由投标人的法定代表人或其委托代理人签字。委托代理人签字的，投标文件应附法定代表人签署的授权委托书。但在实践中注意投标人的投标主体，投标人的投标主体为法人的，可以按上述要求；投标人的投标主体不是法人的，例如是其他组织的，应由单位负责人或其委托代理人签字，委托代理人签字的，投标文件应附单位负责人签署的授权委托书；投标人的投标主体是自然人的，应由自然人签字。

如在封标过程中发现投标文件有轻微错误，可以对投标文件进行修改，投标人可在改动之处按要求签字或盖章，具体要看该项目招标文件的规定。有些招标文件会要求投标文件逐页小签或在实质性要求响应页签字，这些都是常规操作。总之，投标文件必须按照招标文件的签署要求进行签署。

（二）投标文件的盖章

招标文件会明确规定盖章要求。一般规定投标文件盖投标人单位公章，有时也允许盖符合招标文件规定的投标人专用章，允许盖符合招标文件规定的投标人专用章的，同时需要出具专门的公章授权书。一般投标文件应尽可能做到每页都盖章并加盖骑缝章，如果投标文件页数过多，那么我们在要求盖章的位置上盖章即可，但是在这样操作前最好跟代理公司确认是否可行。

四、投标文件的密封

投标文件密封的目的是防止投标文件在投标截止时间前被采购人、采购代理机构提前拆封，导致投标文件内容泄露。

根据《政府采购货物和服务招标投标管理办法》第三十三条"投标人应当在招标文件要求提交投标文件的截止时间前，将投标文件密封送达投标地点""逾期送达或者未按照招标文件要求密封的投标文件，采购人、采购代理机构应当拒收"的规定，招标文件关于投标文件的密封要求属于实质性要求。

《中华人民共和国招标投标法实施条例》第三十六条规定："未通过资格预审的申请人提交的投标文件，以及逾期送达或者不按照招标文件要求密封的投标文件，招标人应当拒收。招标人应当如实记载投标文件的送达时间和密封情况，并存档备查。"

综上可知，无论是政府采购项目还是招投标项目，密封均属于实质性要求，投标人应按招标文件要求进行密封。

五、投标文件的递交

《招标投标法》第二十八条规定："投标人应当在招标文件要求提交投标文件的截止时间前，将投标文件送达投标地点。招标人收到投标文件后，应当签收保存，不得开启。投标人少于三个的，招标人应当依照本法重新招标。在招标文件要求提交投标文件的截止时间后送达的投标文件，招标人应当拒收。"

《政府采购货物和服务招标投标管理办法》第三十三条规定："采购人或者采购代理机构收到投标文件后，应当如实记载投标文件的送达时间和密封情况，签收保存，并向投标人出具签收回执。"

因此，作为投标人，应当注意递交投标文件的截止时间和投标文件送达地点，带齐投标文件、身份证原件、《入场授权书》等前往递交密封的投标文件。

> **本章小结**
>
> 本章我们简单阐述了投标文件的检查、后期制作与递交。在投标实务中，我们必须按照招标文件的要求执行，在审查投标文件的时候，谨记遵循资料的有效性、完整性和逻辑性的原则。

```
投标文件的检查、后期制作与递交
├─ 资格性检查
├─ 符合性检查
├─ 评分标准得分点检查
└─ 投标文件的后期制作与递交
    ├─ 投标文件的打印
    ├─ 投标文件封面以及密封封套的制作
    ├─ 投标文件的签名和盖章
    ├─ 投标文件的密封
    └─ 投标文件的递交
```

第七章 开标、评标、定标

林天逸：曾师傅，明天是我第一次参加开标，需要注意什么？我特别紧张！

曾洪波：不用紧张，参加开标的话，带齐投标文件和身份证原件前往开标现场即可。确认好开标的时间、地点，最好提前半小时到达现场。开标时，做好开标记录，把各个供应商的名称和价格都记下来，方便我们作数据分析。

林天逸：好的，曾师傅！您说的我都记住了。

曾洪波：既然说到开标，我今天就跟你说说开标、评标、定标的基本内容和相关法律法规吧。

本章内容导航

开标、评标、定标的基本内容

关于开标、评标、定标的法律法规

第一节 开标、评标、定标的基本内容

一、开标的基本内容

招标工作人员按招标公告规定的时间进行开标,由采购人或者采购代理机构工作人员宣布投标人名称、解密情况(电子标)、投标价格和招标文件规定的需要宣布的其他内容(以开标一览表要求为准)。开标分为现场开标和远程电子开标两种。投标人代表认为开标过程和开标记录有疑义,以及认为采购人、采购代理机构相关工作人员有需要回避的情形的,应当场提出询问或者回避申请。投标人未参加开标的,视同认可开标结果。

二、评标的基本内容

采购活动遵循公平、公正、科学和择优的原则,评标专家以招标文件和投标文件为评标的基本依据,并按照招标文件规定的评标方法和评标标准进行评标。

三、定标的基本内容

评标委员会按照招标文件规定的评标方法、步骤、标准,对投标文件进行评审。评标结束后,对投标人的评审得分进行排序,确定中标供应商或者推荐中标候选人。

第二节　关于开标、评标、定标的法律法规

我们都知道有效投标人不足3个时会导致废标，但到底是哪条法律法规规定的呢？关于否决投标的规定，我们常在招标文件中看到相关条款，但是，哪条法律法规明确列明了呢？另外，很多投标人都想知道每个项目的评审专家是如何抽选的，关于抽选评审专家的依据又在哪里呢？相信本节的相关内容，可以解答你心中的疑问。开标、评标、定标的法律法规更多的是约束评审流程和评审人员，投标人有必要了解政府采购和招标投标中涉及评审流程的法律法规。

一、《中华人民共和国招标投标法实施条例》（部分摘录）

第四章　开标、评标和中标

第四十四条　招标人应当按照招标文件规定的时间、地点开标。投标人少于3个的，不得开标；招标人应当重新招标。投标人对开标有异议的，应当在开标现场提出，招标人应当当场作出答复，并制作记录。

第四十五条　国家实行统一的评标专家专业分类标准和管理办法。具体标准和办法由国务院发展改革部门会同国务院有关部门制定。省级人民政府和国务院有关部门应当组建综合评标专家库。

第四十六条　除招标投标法第三十七条第三款规定的特殊招标项目外，依法必须进行招标的项目，其评标委员会的专家成员应当从评标专家库内相关专业的专家名单中以随机抽取方式确定。任何单位和个人不得以明示、暗示等任何方式指定或者变相指定参加评标委员会的专家成员。依法必须进行招标的项目的招标人非因招标投标法

和本条例规定的事由，不得更换依法确定的评标委员会成员。更换评标委员会的专家成员应当依照前款规定进行。评标委员会成员与投标人有利害关系的，应当主动回避。有关行政监督部门应当按照规定的职责分工，对评标委员会成员的确定方式、评标专家的抽取和评标活动进行监督。行政监督部门的工作人员不得担任本部门负责监督项目的评标委员会成员。

第四十七条　招标投标法第三十七条第三款所称特殊招标项目，是指技术复杂、专业性强或者国家有特殊要求，采取随机抽取方式确定的专家难以保证胜任评标工作的项目。

第四十八条　招标人应当向评标委员会提供评标所必需的信息，但不得明示或者暗示其倾向或者排斥特定投标人。招标人应当根据项目规模和技术复杂程度等因素合理确定评标时间。超过三分之一的评标委员会成员认为评标时间不够的，招标人应当适当延长。评标过程中，评标委员会成员有回避事由、擅离职守或者因健康等原因不能继续评标的，应当及时更换。被更换的评标委员会成员作出的评审结论无效，由更换后的评标委员会成员重新进行评审。

第四十九条　评标委员会成员应当依照招标投标法和本条例的规定，按照招标文件规定的评标标准和方法，客观、公正地对投标文件提出评审意见。招标文件没有规定的评标标准和方法不得作为评标的依据。评标委员会成员不得私下接触投标人，不得收受投标人给予的财物或者其他好处，不得向招标人征询确定中标人的意向，不得接受任何单位或者个人明示或者暗示提出的倾向或者排斥特定投标人的要求，不得有其他不客观、不公正履行职务的行为。

第五十条　招标项目设有标底的，招标人应当在开标时公布。标底只能作为评标的参考，不得以投标报价是否接近标底作为中标条件，也不得以投标报价超过标底上下浮动范围作为否决投标的条件。

第五十一条　有下列情形之一的，评标委员会应当否决其投标：

（一）投标文件未经投标单位盖章和单位负责人签字；

（二）投标联合体没有提交共同投标协议；

（三）投标人不符合国家或者招标文件规定的资格条件；

（四）同一投标人提交两个以上不同的投标文件或者投标报价，但招标文件要求提交备选投标的除外；

（五）投标报价低于成本或者高于招标文件设定的最高投标限价；

（六）投标文件没有对招标文件的实质性要求和条件作出响应；

（七）投标人有串通投标、弄虚作假、行贿等违法行为。

第五十二条　投标文件中有含义不明确的内容、明显文字或者计算错误，评标委员会认为需要投标人作出必要澄清、说明的，应当书面通知该投标人。投标人的澄清、说明应当采用书面形式，并不得超出投标文件的范围或者改变投标文件的实质性内容。评标委员会不得暗示或者诱导投标人作出澄清、说明，不得接受投标人主动提出的澄清、说明。

第五十三条　评标完成后，评标委员会应当向招标人提交书面评标报告和中标候选人名单。中标候选人应当不超过3个，并标明排序。评标报告应当由评标委员会全体成员签字。对评标结果有不同意见的评标委员会成员应当以书面形式说明其不同意见和理由，评标报告应当注明该不同意见。评标委员会成员拒绝在评标报告上签字又不书面说明其不同意见和理由的，视为同意评标结果。

第五十四条　依法必须进行招标的项目，招标人应当自收到评标报告之日起3日内公示中标候选人，公示期不得少于3日。投标人或者其他利害关系人对依法必须进行招标的项目的评标结果有异议的，应当在中标候选人公示期间提出。招标人应当自收到异议之日起3日内作出答复；作出答复前，应当暂停招标投标活动。

第五十五条　国有资金占控股或者主导地位的依法必须进行招标的项目，招标人应当确定排名第一的中标候选人为中标人。排名第一的中标候选人放弃中标、因不可抗力不能履行合同、不按照招标文件要求提交履约保证金，或者被查实存在影响中标结果的违法行为等情形，不符合中标条件的，招标人可以按照评标委员会提出的中标候选人名单排序依次确定其他中标候选人为中标人，也可以重新招标。

第五十六条　中标候选人的经营、财务状况发生较大变化或者存在违法行为，招标人认为可能影响其履约能力的，应当在发出中标通知书前由原评标委员会按照招标文件规定的标准和方法审查确认。

第五十七条　招标人和中标人应当依照招标投标法和本条例的规定签订书面合同，合同的标的、价款、质量、履行期限等主要条款应当与招标文件和中标人的投标文件的内容一致。招标人和中标人不得再行订立背离合同实质性内容的其他协议。招标人最迟应当在书面合同签订后5日内向中标人和未中标的投标人退还投标保证金及银行同期存款利息。

第五十八条　招标文件要求中标人提交履约保证金的，中标人应当按照招标文件的要求提交。履约保证金不得超过中标合同金额的10%。

第五十九条　中标人应当按照合同约定履行义务，完成中标项目。中标人不得向他人转让中标项目，也不得将中标项目肢解后分别向他人转让。中标人按照合同约定或者经招标人同意，可以将中标项目的部分非主体、非关键性工作分包给他人完成。接受分包的人应当具备相应的资格条件，并不得再次分包。中标人应当就分包项目向招标人负责，接受分包的人就分包项目承担连带责任。

二、《政府采购货物和服务招标投标管理办法》（部分摘录）

第四章　开标、评标

第三十九条　开标应当在招标文件确定的提交投标文件截止时间的同一时间进行。开标地点应当为招标文件中预先确定的地点。采购人或者采购代理机构应当对开标、评标现场活动进行全程录音录像。录音录像应当清晰可辨，音像资料作为采购文件一并存档。

第四十条　开标由采购人或者采购代理机构主持，邀请投标人参加。评标委员会成员不得参加开标活动。

第四十一条　开标时，应当由投标人或者其推选的代表检查投标文件的密封情况；经确认无误后，由采购人或者采购代理机构工作人员当众拆封，宣布投标人名称、投标价格和招标文件规定的需要宣布的其他内容。投标人不足3家的，不得开标。

第四十二条　开标过程应当由采购人或者采购代理机构负责记录，由参加开标的各投标人代表和相关工作人员签字确认后随采购文件一并存档。投标人代表对开标过程和开标记录有疑义，以及认为采购人、采购代理机构相关工作人员有需要回避的情形的，应当场提出询问或者回避申请。采购人、采购代理机构对投标人代表提出的询问或者回避申请应当及时处理。投标人未参加开标的，视同认可开标结果。

第四十三条 公开招标数额标准以上的采购项目，投标截止后投标人不足3家或者通过资格审查或符合性审查的投标人不足3家的，除采购任务取消情形外，按照以下方式处理：

（一）招标文件存在不合理条款或者招标程序不符合规定的，采购人、采购代理机构改正后依法重新招标；

（二）招标文件没有不合理条款、招标程序符合规定，需要采用其他采购方式采购的，采购人应当依法报财政部门批准。

第四十四条 公开招标采购项目开标结束后，采购人或者采购代理机构应当依法对投标人的资格进行审查。合格投标人不足3家的，不得评标。

第四十五条 采购人或者采购代理机构负责组织评标工作，并履行下列职责：

（一）核对评审专家身份和采购人代表授权函，对评审专家在政府采购活动中的职责履行情况予以记录，并及时将有关违法违规行为向财政部门报告；

（二）宣布评标纪律；

（三）公布投标人名单，告知评审专家应当回避的情形；

（四）组织评标委员会推选评标组长，采购人代表不得担任组长；

（五）在评标期间采取必要的通信管理措施，保证评标活动不受外界干扰；

（六）根据评标委员会的要求介绍政府采购相关政策法规、招标文件；

（七）维护评标秩序，监督评标委员会依照招标文件规定的评标程序、方法和标准进行独立评审，及时制止和纠正采购人代表、评审专家的倾向性言论或者违法违规行为；

（八）核对评标结果，有本办法第六十四条规定情形的，要求评标委员会复核或者书面说明理由，评标委员会拒绝的，应予记录并向本级财政部门报告；

（九）评审工作完成后，按照规定向评审专家支付劳务报酬和异地评审差旅费，不得向评审专家以外的其他人员支付评审劳务报酬；

（十）处理与评标有关的其他事项。

采购人可以在评标前说明项目背景和采购需求，说明内容不得含有歧视性、倾向性意见，不得超出招标文件所述范围。说明应当提交书面材料，并随采购文件一并存档。

第四十六条　评标委员会负责具体评标事务，并独立履行下列职责：

（一）审查、评价投标文件是否符合招标文件的商务、技术等实质性要求；

（二）要求投标人对投标文件有关事项作出澄清或者说明；

（三）对投标文件进行比较和评价；

（四）确定中标候选人名单，以及根据采购人委托直接确定中标人；

（五）向采购人、采购代理机构或者有关部门报告评标中发现的违法行为。

第四十七条　评标委员会由采购人代表和评审专家组成，成员人数应当为5人以上单数，其中评审专家不得少于成员总数的三分之二。采购项目符合下列情形之一的，评标委员会成员人数应当为7人以上单数：

（一）采购预算金额在1000万元以上；

（二）技术复杂；

（三）社会影响较大。

评审专家对本单位的采购项目只能作为采购人代表参与评标，本办法第四十八条第二款规定情形除外。采购代理机构工作人员不得参加由本机构代理的政府采购项目的评标。评标委员会成员名单在评标结果公告前应当保密。

第四十八条　采购人或者采购代理机构应当从省级以上财政部门设立的政府采购评审专家库中，通过随机方式抽取评审专家。对技术复杂、专业性强的采购项目，通过随机方式难以确定合适评审专家的，经主管预算单位同意，采购人可以自行选定相应专业领域的评审专家。

第四十九条　评标中因评标委员会成员缺席、回避或者健康等特殊原因导致评标委员会组成不符合本办法规定的，采购人或者采购代理机构应当依法补足后继续评标。被更换的评标委员会成员所作出的评标意见无效。无法及时补足评标委员会成员的，采购人或者采购代理机构应当停止评标活动，封存所有投标文件和开标、评标资料，依法重新组建评标委员会进行评标。原评标委员会所作出的评标意见无效。采购人或者采购代理机构应当将变更、重新组建评标委员会的情况予以记录，并随采购文件一并存档。

第五十条　评标委员会应当对符合资格的投标人的投标文件进行符合性审查，以确定其是否满足招标文件的实质性要求。

第五十一条　对于投标文件中含义不明确、同类问题表述不一致或者有明显文字和计算错误的内容，评标委员会应当以书面形式要求投标人作出必要的澄清、说明或者补正。投标人的澄清、说明或者补正应当采用书面形式，并加盖公章，或者由法定代表人或其授权的代表签字。投标人的澄清、说明或者补正不得超出投标文件的范围或者改变投标文件的实质性内容。

第五十二条　评标委员会应当按照招标文件中规定的评标方法和标准，对符合性审查合格的投标文件进行商务和技术评估，综合比较与评价。

第五十三条　评标方法分为最低评标价法和综合评分法。

第五十四条　最低评标价法，是指投标文件满足招标文件全部实质性要求，且投标报价最低的投标人为中标候选人的评标方法。技术、服务等标准统一的货物服务项目，应当采用最低评标价法。

采用最低评标价法评标时，除了算术修正和落实政府采购政策需进行的价格扣除外，不能对投标人的投标价格进行任何调整。

第五十五条　综合评分法，是指投标文件满足招标文件全部实质性要求，且按照评审因素的量化指标评审得分最高的投标人为中标候选人的评标方法。评审因素的设定应当与投标人所提供货物服务的质量相关，包括投标报价、技术或者服务水平、履约能力、售后服务等。资格条件不得作为评审因素。评审因素应当在招标文件中规定。

评审因素应当细化和量化，且与相应的商务条件和采购需求对应。商务条件和采购需求指标有区间规定的，评审因素应当量化到相应区间，并设置各区间对应的不同分值。评标时，评标委员会各成员应当独立对每个投标人的投标文件进行评价，并汇总每个投标人的得分。货物项目的价格分值占总分值的比重不得低于30%；服务项目的价格分值占总分值的比重不得低于10%。执行国家统一定价标准和采用固定价格采购的项目，其价格不列为评审因素。

价格分应当采用低价优先法计算，即满足招标文件要求且投标价格最低的投标报价为评标基准价，其价格分为满分。其他投标人的价格分统一按照下列公式计算：

投标报价得分＝（评标基准价／投标报价）×100

评标总得分＝$F_1 \times A_1 + F_2 \times A_2 + \cdots + F_n \times A_n$

F_1、F_2，…，F_n分别为各项评审因素的得分；

A_1、A_2，…，A_n分别为各项评审因素所占的权重（$A_1 + A_2 + \cdots + A_n = 1$）。

评标过程中，不得去掉报价中的最高报价和最低报价。

因落实政府采购政策进行价格调整的，以调整后的价格计算评标基准价和投标报价。

第五十六条　采用最低评标价法的，评标结果按投标报价由低到高顺序排列。投标报价相同的并列。投标文件满足招标文件全部实质性要求且投标报价最低的投标人为排名第一的中标候选人。

第五十七条　采用综合评分法的，评标结果按评审后得分由高到低顺序排列。得分相同的，按投标报价由低到高顺序排列。得分且投标报价相同的并列。投标文件满足招标文件全部实质性要求，且按照评审因素的量化指标评审得分最高的投标人为排名第一的中标候选人。

第五十八条　评标委员会根据全体评标成员签字的原始评标记录和评标结果编写评标报告。评标报告应当包括以下内容：

（一）招标公告刊登的媒体名称、开标日期和地点；

（二）投标人名单和评标委员会成员名单；

（三）评标方法和标准；

（四）开标记录和评标情况及说明，包括无效投标人名单及原因；

（五）评标结果，确定的中标候选人名单或者经采购人委托直接确定的中标人；

（六）其他需要说明的情况，包括评标过程中投标人根据评标委员会要求进行的澄清、说明或者补正，评标委员会成员的更换等。

第五十九条　投标文件报价出现前后不一致的，除招标文件另有规定外，按照下列规定修正：

（一）投标文件中开标一览表（报价表）内容与投标文件中相应内容不一致的，以开标一览表（报价表）为准；

（二）大写金额和小写金额不一致的，以大写金额为准；

（三）单价金额小数点或者百分比有明显错位的，以开标一览表的总价为准，并修改单价；

（四）总价金额与按单价汇总金额不一致的，以单价金额计算结果为准。同时出现两种以上不一致的，按照前款规定的顺序修正。修正后的报价按照本办法第五十一条第二款的规定经投标人确认后产生约束力，投标人不确认的，其投标无效。

第六十条　评标委员会认为投标人的报价明显低于其他通过符合性审查投标人的报价，有可能影响产品质量或者不能诚信履约的，应当要求其在评标现场合理的时间内提供书面说明，必要时提交相关证明材料；投标人不能证明其报价合理性的，评标委员会应当将其作为无效投标处理。

第六十一条　评标委员会成员对需要共同认定的事项存在争议的，应当按照少数服从多数的原则作出结论。持不同意见的评标委员会成员应当在评标报告上签署不同意见及理由，否则视为同意评标报告。

第六十二条　评标委员会及其成员不得有下列行为：

（一）确定参与评标至评标结束前私自接触投标人；

（二）接受投标人提出的与投标文件不一致的澄清或者说明，本办法第五十一条规定的情形除外；

（三）违反评标纪律发表倾向性意见或者征询采购人的倾向性意见；

（四）对需要专业判断的主观评审因素协商评分；

（五）在评标过程中擅离职守，影响评标程序正常进行的；

（六）记录、复制或者带走任何评标资料；

（七）其他不遵守评标纪律的行为。

评标委员会成员有前款第一至五项行为之一的，其评审意见无效，并不得获取评审劳务报酬和报销异地评审差旅费。

第六十三条　投标人存在下列情况之一的，投标无效：

（一）未按照招标文件的规定提交投标保证金的；

（二）投标文件未按招标文件要求签署、盖章的；

（三）不具备招标文件中规定的资格要求的；

（四）报价超过招标文件中规定的预算金额或者最高限价的；

（五）投标文件含有采购人不能接受的附加条件的；

（六）法律、法规和招标文件规定的其他无效情形。

第六十四条 评标结果汇总完成后，除下列情形外，任何人不得修改评标结果：

（一）分值汇总计算错误的；

（二）分项评分超出评分标准范围的；

（三）评标委员会成员对客观评审因素评分不一致的；

（四）经评标委员会认定评分畸高、畸低的。

评标报告签署前，经复核发现存在以上情形之一的，评标委员会应当当场修改评标结果，并在评标报告中记载；评标报告签署后，采购人或者采购代理机构发现存在以上情形之一的，应当组织原评标委员会进行重新评审，重新评审改变评标结果的，书面报告本级财政部门。

投标人对本条第一款情形提出质疑的，采购人或者采购代理机构可以组织原评标委员会进行重新评审，重新评审改变评标结果的，应当书面报告本级财政部门。

第六十五条 评标委员会发现招标文件存在歧义、重大缺陷导致评标工作无法进行，或者招标文件内容违反国家有关强制性规定的，应当停止评标工作，与采购人或者采购代理机构沟通并作书面记录。采购人或者采购代理机构确认后，应当修改招标文件，重新组织采购活动。

第六十六条 采购人、采购代理机构应当采取必要措施，保证评标在严格保密的情况下进行。除采购人代表、评标现场组织人员外，采购人的其他工作人员以及与评标工作无关的人员不得进入评标现场。有关人员对评标情况以及在评标过程中获悉的国家秘密、商业秘密负有保密责任。

第六十七条 评标委员会或者其成员存在下列情形导致评标结果无效的，采购人、采购代理机构可以重新组建评标委员会进行评标，并书面报告本级财政部门，但采购合同已经履行的除外：

（一）评标委员会组成不符合本办法规定的；

（二）有本办法第六十二条第一至五项情形的；

（三）评标委员会及其成员独立评标受到非法干预的；

（四）有政府采购法实施条例第七十五条规定的违法行为的。

有违法违规行为的原评标委员会成员不得参加重新组建的评标委员会。

第五章　中标和合同

第六十八条　采购代理机构应当在评标结束后2个工作日内将评标报告送采购人。采购人应当自收到评标报告之日起5个工作日内，在评标报告确定的中标候选人名单中按顺序确定中标人。中标候选人并列的，由采购人或者采购人委托评标委员会按照招标文件规定的方式确定中标人；招标文件未规定的，采取随机抽取的方式确定。

采购人自行组织招标的，应当在评标结束后5个工作日内确定中标人。

采购人在收到评标报告5个工作日内未按评标报告推荐的中标候选人顺序确定中标人，又不能说明合法理由的，视同按评标报告推荐的顺序确定排名第一的中标候选人为中标人。

第六十九条　采购人或者采购代理机构应当自中标人确定之日起2个工作日内，在省级以上财政部门指定的媒体上公告中标结果，招标文件应当随中标结果同时公告。中标结果公告内容应当包括采购人及其委托的采购代理机构的名称、地址、联系方式，项目名称和项目编号，中标人名称、地址和中标金额，主要中标标的的名称、规格型号、数量、单价、服务要求，中标公告期限以及评审专家名单。中标公告期限为1个工作日。邀请招标采购人采用书面推荐方式产生符合资格条件的潜在投标人的，还应当将所有被推荐供应商名单和推荐理由随中标结果同时公告。在公告中标结果的同时，采购人或者采购代理机构应当向中标人发出中标通知书；对未通过资格审查的投标人，应当告知其未通过的原因；采用综合评分法评审的，还应当告知未中标人本人的评审得分与排序。

第七十条　中标通知书发出后，采购人不得违法改变中标结果，中标人无正当理由不得放弃中标。

第七十一条　采购人应当自中标通知书发出之日起30日内，按照招标文件和中标人投标文件的规定，与中标人签订书面合同。所签订的合同不得对招标文件确定的事项和中标人投标文件作实质性修改。采购人不得向中标人提出任何不合理的要求作为签订合同的条件。

第七十二条　政府采购合同应当包括采购人与中标人的名称和住所、标的、数量、质量、价款或者报酬、履行期限及地点和方式、验收要求、违约责任、解决争议的方法等内容。

第七十三条　采购人与中标人应当根据合同的约定依法履行合同义务。政府采购合同的履行、违约责任和解决争议的方法等适用《中华人民共和国合同法》。

第七十四条　采购人应当及时对采购项目进行验收。采购人可以邀请参加本项目的其他投标人或者第三方机构参与验收。参与验收的投标人或者第三方机构的意见作为验收书的参考资料一并存档。

第七十五条　采购人应当加强对中标人的履约管理，并按照采购合同约定，及时向中标人支付采购资金。对于中标人违反采购合同约定的行为，采购人应当及时处理，依法追究其违约责任。

第七十六条　采购人、采购代理机构应当建立真实完整的招标采购档案，妥善保存每项采购活动的采购文件。

本章小结

通过本章的内容，投标人可以了解到关于开标、评标、定标的法律法规，知道开标、评标、定标的流程，采购人、采购代理机构、评审专家的义务以及投标人的权利。

- 开标、评标、定标
  - 开标、评标、定标的基本内容
    - 开标的基本内容
    - 评标的基本内容
    - 定标的基本内容
  - 关于开标、评标、定标的法律法规
    - 《中华人民共和国招标投标法实施条例》（部分摘录）
    - 《政府采购货物和服务招标投标管理办法》（部分摘录）

第八章 投标人的维权渠道

林天逸： 曾师傅，如果我觉得项目招投标过程有问题，我想提出质疑的话，需要怎么做啊？

曾洪波： 首先，不是所有项目遇到问题都要走质疑的流程，"质疑"这个说法只存在于政府采购中，如果是招标投标就要走"异议"的流程了。所以，想维权，我们要先学会判定项目性质。那么，今天我们就说一下质疑和异议的流程和要点吧，掌握这些知识，不仅可以帮助我们在合法权益受到损害时运用法律武器保护自己，还可以审视自己避免在招投标过程中违反相关规定。

本章内容导航

质疑的流程及要点

异议的流程及要点

质疑和异议常用依据

质疑和投诉典型案例

在投标实务中，如果我们认为招标过程有问题，或者中标结果不利于我们，我们会很自然地想到一个法律工具——质疑，但是大家知道吗，口语中的"质疑"，包含了质疑和异议。"质疑"是属于政府采购的流程；"异议"是属于招标投标的流程；如果是国有企业自行采购的项目，那就属于国企自行管理，它们的"质疑"流程就要按照招标文件的规定。可见，我们要有效维权，必须先学会判断项目的性质，这就是为什么在本书最开始时就告知大家法律法规的适用性。现在我们来分别了解一下政府采购中的质疑、招标投标中的异议两者的流程和依据。

第一节　质疑的流程及要点

一、政府采购中的质疑流程

政府采购中的质疑流程如图8-1所示。

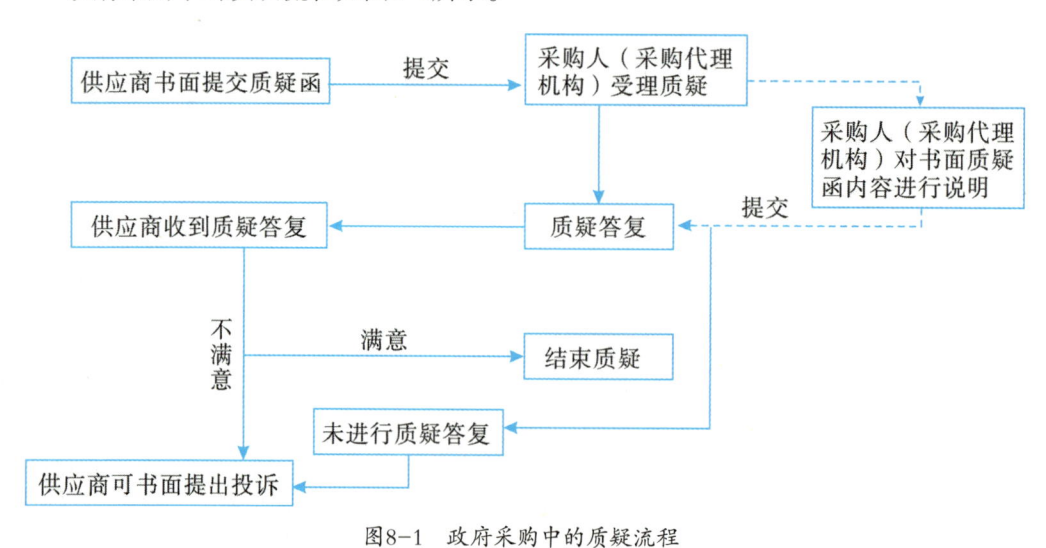

图8-1　政府采购中的质疑流程

供应商认为自己的权益受到损害的，可向采购人（采购代理机构）书面提交质疑函，采购人（采购代理机构）收到质疑函后进行答复，供应商收到质疑答复后，对答复满意就结束质疑，如果对答复不满意，可以按照流程向财政部门书面提出投诉。在这个流程当中，有几点是需要注意的：

（1）只有参与投标的供应商才可以对所参加的项目进行质疑。质疑的理由应充分翔实，并能提供确切的依据。质疑材料应在可以知道或应当知道权益受到损害之日起7个工作日内向采购人（采购代理机构）提交。

（2）采购人（采购代理机构）应在受理质疑之日起7个工作日内向提出质疑的供应商作出书面答复。

（3）图8-1中虚线表示非必需程序。

（4）如提出质疑的供应商对质疑答复不满意或采购人（采购代理机构）未在规定时间内作出答复，供应商可在答复期满之日起15个工作日内向同级财政部门书面提出投诉。

二、政府采购中质疑的要点

（一）质疑的依据

政府采购中供应商提出质疑行为的法律依据，除《政府采购法》外，还有《政府采购质疑和投诉办法》，该办法载明政府采购当事人面对质疑投诉时的权利和义务，投标人在提出质疑和提出投诉的时候也应当依法遵循。

（二）质疑的资格

根据《政府采购质疑和投诉办法》第十条规定："供应商认为招标文件、采购过程、中标或者成交结果使自己的权益受到损害的，可以在知道或者应知其权益受到损害之日起7个工作日内，以书面形式向采购人、采购代理机构提出质疑。"

可见，投标人必须参加了某一个环节才可以对该环节提出质疑，例如，报名了，才可以对招标文件提出质疑；参加开标了，才可以对投标结果进行质疑。而在投标实务中，很多供应商没有参加投标，却想对中标结果提出质疑，这是不符合法律规定的，因为没有参加投标环节就不涉及权益受到损害的问题。

(三)质疑的时间

在投标实务中,时间是很重要的,如果要质疑,就一定要在质疑的法定时间内,每个环节都有既定的法定时间,一旦错过了就无法再对该环节提出质疑。在投标实务中,有些投标人对中标结果不满意,在中标环节找不到质疑的理由就想着去质疑招标文件,希望项目可以推倒重来,但往往这时候已经过了对招标文件质疑的法定时间。那么法条中那句"应知其权益受到损害之日"是什么意思呢?笔者在这里就向大家解析一下。

政府采购中"应知其权益受到损害之日"是指:

(1)对可以质疑的招标文件提出质疑的,为收到招标文件之日或者招标文件公告期限届满之日。

(2)对采购过程提出质疑的,为各采购程序环节结束之日。

(3)对中标或者成交结果提出质疑的,为中标或者成交结果公告期限届满之日。

例如,公开招标的项目,招标文件公告期限是5个工作日,那么如果我们要对招标文件进行质疑,就要在招标文件公告期限(5个工作日)届满的7个工作日内进行质疑。不同的采购方式,招标文件公告期限不一样,所以,大家要留意招标文件公告上载明的公告期限。

关于质疑与投诉的有效时间,笔者以表格的形式加以说明(见表8-1),供各位投标人参考学习。

表8-1 质疑与投诉有效时间一览

维权阶段	提出主体	质疑阶段	提出时效	形式	受理主体	答复期	注意事项
质疑	参加政府采购活动的投标人或潜在投标人	对采购文件提出质疑	收到采购文件之日或者采购文件公告期限届满之日7个工作日内	书面形式	采购人或其委托的采购代理机构	收到质疑函后7个工作日内作出书面答复	投诉的前置流程,只能对已质疑的事项提出投诉
	参加政府采购活动的投标人	对采购过程提出质疑	开标当天结束7个工作日内	书面形式	采购人或其委托的采购代理机构		

（续表）

维权阶段	提出主体	质疑阶段	提出时效	形式	受理主体	答复期	注意事项
质疑	参加政府采购活动的投标人	对中标（成交）结果提出质疑	中标（成交）公告期限届满后7个工作日内	书面形式	采购人或其委托的采购代理机构	收到质疑函后7个工作日内作出书面答复	投诉的前置流程，只能对已质疑的事项提出投诉
投诉	质疑供应商	对质疑答复不满意	答复期限届满后15个工作日内	书面形式	财政部	财政部门应当自收到投诉之日起30个工作日内对投诉事项作出处理决定	投诉人在全国范围12个月内3次以上投诉查无实据的，由财政部门列入不良行为记录名单

关于质疑提出的阶段以及答复时间，参考以下条款：

《政府采购质疑和投诉办法》（部分摘录）

第十条 供应商认为招标文件、采购过程、中标或者成交结果使自己的权益受到损害的，可以在知道或者应知其权益受到损害之日起7个工作日内，以书面形式向采购人、采购代理机构提出质疑。

采购文件可以要求供应商在法定质疑期内一次性提出针对同一采购程序环节的质疑。

第十一条 提出质疑的供应商（以下简称"质疑供应商"）应当是参与所质疑项目采购活动的供应商。

潜在供应商已依法获取其可质疑的采购文件的，可以对该文件提出质疑。对采购文件提出质疑的，应当在获取采购文件或者采购文件公告期限届满之日起7个工作日内提出。

第十三条 采购人、采购代理机构不得拒收质疑供应商在法定质疑期内发出的质疑函，应当在收到质疑函后7个工作日内作出答复，并以书面形式通知质疑供应商和其他有关供应商。

关于投诉阶段的提出以及答复时间，参考以下条款：

《政府采购质疑和投诉办法》（部分摘录）

第十七条　质疑供应商对采购人、采购代理机构的答复不满意，或者采购人、采购代理机构未在规定时间内作出答复的，可以在答复期满后15个工作日内向本办法第六条规定的财政部门提起投诉。

第二十一条　财政部门收到投诉书后，应当在5个工作日内进行审查，审查后按照下列情况处理：

（一）投诉书内容不符合本办法第十八条规定的，应当在收到投诉书5个工作日内一次性书面通知投诉人补正。补正通知应当载明需要补正的事项和合理的补正期限。未按照补正期限进行补正或者补正后仍不符合规定的，不予受理。

（二）投诉不符合本办法第十九条规定条件的，应当在3个工作日内书面告知投诉人不予受理，并说明理由。

（三）投诉不属于本部门管辖的，应当在3个工作日内书面告知投诉人向有管辖权的部门提起投诉。

（四）投诉符合本办法第十八条、第十九条规定的，自收到投诉书之日起即为受理，并在收到投诉后8个工作日内向被投诉人和其他与投诉事项有关的当事人发出投诉答复通知书及投诉书副本。

第二十二条　被投诉人和其他与投诉事项有关的当事人应当在收到投诉答复通知书及投诉书副本之日起5个工作日内，以书面形式向财政部门作出说明，并提交相关证据、依据和其他有关材料。

第二十三条　财政部门处理投诉事项原则上采用书面审查的方式。财政部门认为有必要时，可以进行调查取证或者组织质证。财政部门可以根据法律、法规规定或者职责权限，委托相关单位或者第三方开展调查取证、检验、检测、鉴定。质证应当通知相关当事人到场，并制作质证笔录。质证笔录应当由当事人签字确认。

第二十四条　财政部门依法进行调查取证时，投诉人、被投诉人以及与投诉事项有关的单位及人员应当如实反映情况，并提供财政部门所需要的相关材料。

第二十五条　应当由投诉人承担举证责任的投诉事项，投诉人未提供相关证据、依据和其他有关材料的，视为该投诉事项不成立；被投诉人未按照投诉答复通知书要求提交相关证据、依据和其他有关材料的，视同其放弃说明权利，依法承担不利后果。

第二十六条　财政部门应当自收到投诉之日起 30 个工作日内，对投诉事项作出处理决定。

关于行政复议，参考以下条款：

《中华人民共和国政府采购法》（部分摘录）

第五十八条　投诉人对政府采购监督管理部门的投诉处理决定不服或者政府采购监督管理部门逾期未作处理的，可以依法申请行政复议或者向人民法院提起行政诉讼。

第二节　异议的流程及要点

在招标投标中，我们对采购过程提出疑问的环节叫作"异议"，下面我们来介绍一下招标投标中异议的流程和要点。

一、招标投标中的异议流程

（1）异议的流程，跟质疑的流程类似（见图8-2），但是，可以提出异议的主体范围比政府采购中的质疑要广。就有关招标投标活动的异议主体而言，其他利害关系人是指投标人以外的，与招标项目或者招标活动有直接或者间接利益关系的法人、其他组织和自然人。主要包括：

一是有意参加资格预审或者潜在投标人。在资格预审公告或者招标公告存在排斥潜在投标人等情况，致使其不能参加投标时，其合法权益即受到损害，是招标投标活动的利害关系人。

二是在市场经济条件下，只要符合招标文件规定，投标人为控制投标风险，在准备投标文件时可能采用订立附条件生效协议的方式与符合招标项目要求的特定分包人或供应商绑定投标，这些分包人或供应商与投标人有共同的利益，与招标投标活动存在利害关系。

三是投标人的项目负责人一般是投标工作的组织者，其个人的付出相对较多，中标与否与其个人职业发展等存在相对较大关系，是招标投标活动的利害关系人。

（2）除异议前置部分需要先提出异议再提出投诉之外，其他环节可以直接提出投诉。

（3）在异议流程中，过程时间都是以自然日计算，包括周末以及节假日。比政府采购质疑时间更短。

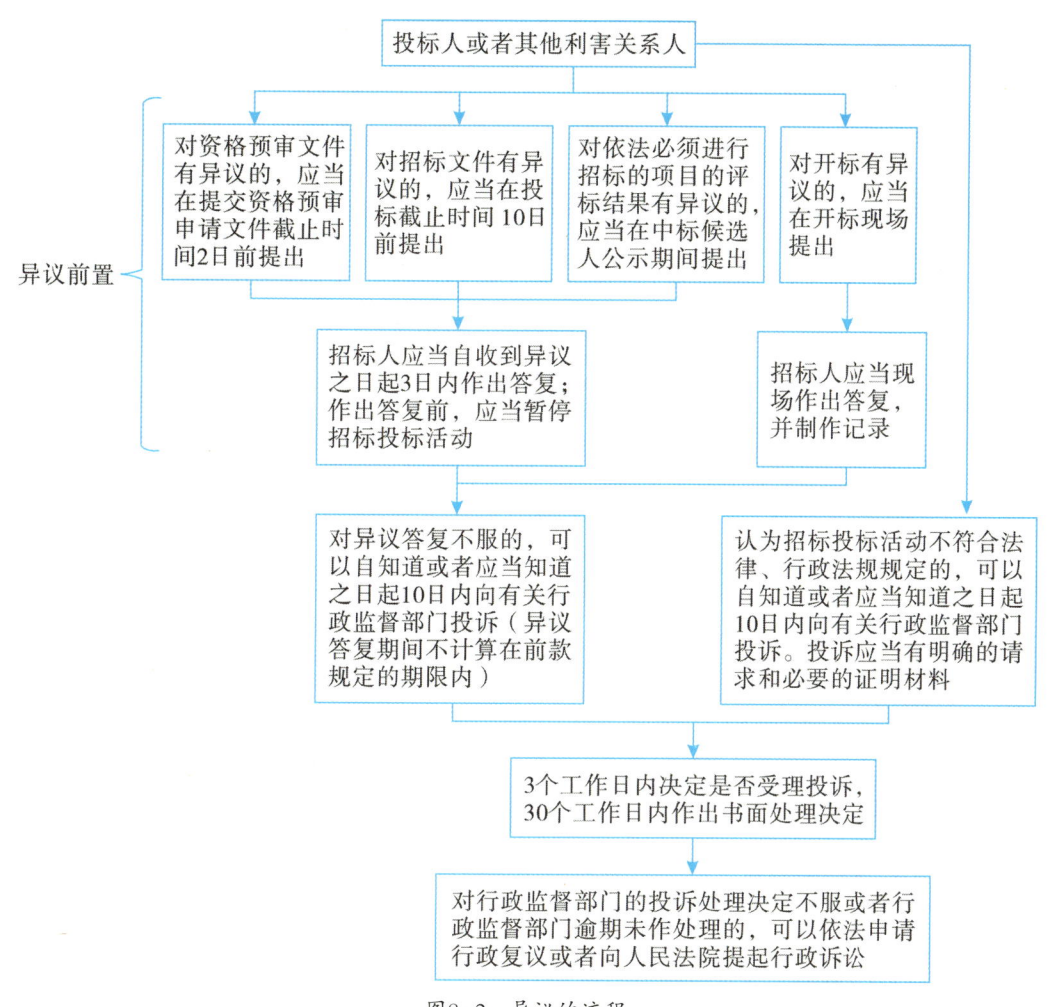

```
                        ┌─────────────────────────┐
                        │ 投标人或者其他利害关系人 │
                        └─────────────────────────┘
         ┌──────────────┬──────────────┬──────────────┐
         │              │              │              │
    ┌─────────┐   ┌─────────┐   ┌─────────┐   ┌─────────┐
    │对资格预审│   │对招标文件│   │对依法必须│   │对开标有异│
    │文件有异议│   │有异议的，│   │进行招标的│   │议的，应当│
异议 │的，应当在│   │应当在投标│   │项目的评标│   │在开标现场│
前置 │提交资格预│   │截止时间10│   │结果有异议│   │提出      │
    │审申请文件│   │日前提出  │   │的，应当在│   │          │
    │截止时间2 │   │          │   │中标候选人│   │          │
    │日前提出  │   │          │   │公示期间提│   │          │
    │          │   │          │   │出        │   │          │
    └─────────┘   └─────────┘   └─────────┘   └─────────┘
```

图8-2 异议的流程

二、招标投标中异议的要点

（一）异议的依据

在招标投标活动中，对招标投标过程提出异议的法律依据是《招标投标法》以及《招标投标法实施条例》。

（二）异议的资格

关于异议的资格，对比政府采购项目的质疑，范围是更大的。投标人和其他利害关系人认为招标投标活动不符合《招标投标法》有关规定的，有权向招标人提出异议或者依法向有关行政监督部门投诉。提出异议的主体一般有：投标人、潜在投标人、招标项目的使用单位、招标代理机构、与投标人事前签有附条件生效协议并符合招标项目要求的特定分包人或供应商等。

（三）异议的流程

（1）在招标投标活动中，对于以下四种情况，投标人有权提出异议：

①对资格预审文件存在异议，应当在提交资格预审申请文件截止时间2日前提出。

②对招标文件存在异议，应当在投标截止时间10日前提出。

③对开标存在异议，应当在开标现场提出。

④对评标结果存在异议，应该在中标候选人公示期间提出。

2. 投标人提出异议后的受理流程如下：

①对资格预审文件和招标文件提出异议后，招标人应在收到异议之日起3日内作出答复。

②对开标提出异议后，招标人应当现场作出答复，在答复之前应暂停招标投标活动。

③对评标结果提出异议后，招标人应在收到异议之日起3日内作出答复，在答复之前应暂停招标投标活动。

④投标人若对招标人的异议答复不满意，可自知道或者应当知道之日起10日内可向行政监督部门投诉，行政监督部门将在3个工作日内决定是否受理投诉。

（四）异议的时间

如何定义"应知其权益受到损害之日"？招标投标法律体系中"应知其权益受到损害之日"是指：

①对资格预审文件、招标文件有异议，要在资格预审申请文件截止时间前、投标截止时间前提出。

②对开标有异议的，应当在开标现场提出。

③对依法必须进行招标的项目的评标结果有异议的，应当在中标候选人公示期间提出。

下面，提供《中华人民共和国招标投标法实施条例》关于异议的流程和时间节点的规定供大家参考：

《中华人民共和国招标投标法实施条例》（部分摘录）

第二十二条　潜在投标人或者其他利害关系人对资格预审文件有异议的，应当在提交资格预审申请文件截止时间2日前提出；对招标文件有异议的，应当在投标截止时间10日前提出。招标人应当自收到异议之日起3日内作出答复；作出答复前，应当暂停招标投标活动。

……

第五十四条　依法必须进行招标的项目，招标人应当自收到评标报告之日起3日内公示中标候选人，公示期不得少于3日。投标人或者其他利害关系人对依法必须进行招标的项目的评标结果有异议的，应当在中标候选人公示期间提出。招标人应当自收到异议之日起3日内作出答复；作出答复前，应当暂停招标投标活动。

第三节　质疑和异议常用依据

进入质疑或异议环节中，相信很多投标人最着急的，是如何快速找到相应的法律法规。这节的内容相当于直接给大家一个参考答案。

一、质疑的常用依据——政府采购负面清单

（一）政府采购负面清单的定义

所谓政府采购负面清单，是指政府采购监管部门颁布的在一定时段内要求政府采购当事人和相关人在政府采购活动中严令禁止性事项的目录。负面清单遵循"法无禁止即可为"的原则。

（二）政府采购负面清单约束的主体

采购人、采购代理机构、供应商、评审专家、监管部门。

（三）政府采购负面清单的约束维度

供应商资格条件；制定采购需求；制定评审规则；评审过程；采购执行过程；合同签订，框架协议签订，履约及支付；其他违法违规行为。

（四）政府采购负面清单的主要事项分类

各类规范性文件中不与上位法存在冲突的相关禁止性规定；比较突出、普遍，需要各方当事人共同遵守并予以强调的规定；在实际政府采购业务中普遍存在且难以辨别的概念、规定、要求等；因对法规条款理解不同而存在争议的问题。

（五）制定政府采购负面清单的目的

查看各地出台政府采购负面清单的通知可以发现，其制定的重要依据都是《政府采购法》《政府采购法实施条例》《政府采购货物和服务招标投标管理办法》（财政部令第87号）。

一方面，许多被禁止的内容明显违反了《政府采购法实施条例》第二十条的规定。采购人或采购代理机构不得对供应商实行差别待遇或歧视待遇的情形，如非法限定供应商的所有制形式等；另一方面，一些内容被禁止，是因为其明显降低了中小企业参与政府采购活动的可能性，与促进中小企业发展政策背道而驰。

近几年，为进一步规范政府采购项目招标文件的编制，保障政府采购项目依法依规实施，提高政府采购质量和效率，促进政府采购公平交易，优化营商环境，各地市相继出台了《政府采购负面清单》（以下简称《负面清单》）。《负面清单》主要面向采购人以及采购代理机构，主要内容是告知其在编制招标文件的时候不能设置的内容以及有关的法律法规，可以说是编制招标文件的"法律红线大全"。我们投标人换位思考，这份《负面清单》是否可以作为我们在提出质疑和投诉时的"质疑宝典"，毕竟大多数的投诉都是因为招标文件设置不合规或者不规范而导致的。笔者已经为各位读者准备好了各地级市出台的负面清单，可以扫描书后的二维码，发送关键词"采购负面清单"咨询领取。

提醒一下，负面清单并不是一成不变的，而是会随着市场以及法律法规的迭代而更新的，因此后续负面清单的更新还需各位读者自行关注各地财政部、政府采购中心、公共资源交易中心发布的最新消息。

下面，笔者结合《珠海市政府采购清单》整理了一份政府采购常用于质疑的法律法规一览（见表8-2），供各位投标人参考。

表8-2　政府采购常用于质疑的法律法规一览

序号	禁止内容	表现形式（包括但不限于）	法律、法规及政策依据
1	限定供应商所有制形式、组织形式、所在地	1. 将国有、独资或合资等所有制形式作为资格条件或评审因素； 2. 参与资格限定企业法人，排除事业单位、其他组织、自然人等组织形式； 3. 要求供应商的注册地（总部）在某行政区域内，或要求在某行政区域内有分支机构等作为资格条件	《中华人民共和国政府采购法》 第五条　任何单位和个人不得采用任何方式，阻挠和限制供应商自由进入本地区和本行业的政府采购市场。 第二十一条　供应商是指向采购人提供货物、工程或者服务的法人、其他组织或者自然人。 《中华人民共和国政府采购法实施条例》 第二十条第七项　非法限定供应商的所有制形式、组织形式或者所在地
2	设置规模条件对供应商实行差别待遇和歧视待遇	1. 设置注册资本、资产总额、营业收入、从业人员、利润、纳税额、企业股权结构、经营年限、经营规模、财务指标等规模条件作为资格条件或评审因素； 2. 以申请资格含有规模要求的奖项、证书等作为资格条件或评审因素； 3. 设定特定金额的合同业绩作为资格条件或评审因素	《中华人民共和国政府采购法》 第二十二条　供应商参加政府采购活动应当具备下列条件： （一）具有独立承担民事责任的能力； （二）具有良好的商业信誉和健全的财务会计制度； （三）具有履行合同所必需的设备和专业技术能力； （四）有依法缴纳税收和社会保障资金的良好记录； （五）参加政府采购活动前三年内，在经营活动中没有重大违法记录； （六）法律、行政法规规定的其他条件。 采购人可以根据采购项目的特殊要求，规定供应商的特定条件，但不得以不合理的条件对供应商实行差别待遇或者歧视待遇。 《政府采购货物和服务招标投标管理办法》 第十七条　采购人、采购代理机构不得将投标人的注册资本、资产总额、营业收入、从业人员、利润、纳税额等规模条件作为资格要求或者评审因素，也不得通过将除进口货物以外的生产厂家授权、承诺、证明、背书等作为资格要求，对投标人实行差别待遇或者歧视待遇。 《政府采购促进中小企业发展管理办法》 第五条　采购人在政府采购活动中应当合理确定采购项目的采购需求，不得以企业注册资本、资产总额、营业收入、从业人员、利润、纳税额等规模条件和财务指标作为供应商的资格要求或者评审因素，不得在企业股权结构、经营年限等方面对中小企业实行差别待遇或者歧视待遇

（续表）

序号	禁止内容	表现形式（包括但不限于）	法律、法规及政策依据
2	设置规模条件对供应商实行差别待遇和歧视待遇	1. 设置注册资本、资产总额、营业收入、从业人员、利润、纳税额、企业股权结构、经营年限、经营规模、财务指标等规模条件作为资格条件或评审因素； 2. 以申请资格含有规模要求的奖项、证书等作为资格条件或评审因素； 3. 设定特定金额的合同业绩作为资格条件或评审因素	《中华人民共和国中小企业促进法》 第四十条 国务院有关部门应当制定中小企业政府采购的相关优惠政策，通过制定采购需求标准、预留采购份额、价格评审优惠、优先采购等措施，提高中小企业在政府采购中的份额。 向中小企业预留的采购份额应当占本部门年度政府采购项目预算总额的百分之三十以上；其中，预留给小型微型企业的比例不低于百分之六十。中小企业无法提供的商品和服务除外。 政府采购不得在企业股权结构、经营年限、经营规模和财务指标等方面对中小企业实行差别待遇或者歧视待遇。 政府采购部门应当在政府采购监督管理部门指定的媒体上及时向社会公开发布采购信息，为中小企业获得政府采购合同提供指导和服务
3	通过入围方式设置备选库、资格库、名录库	除小额零星采购适用的协议供货、定点采购以及财政部另有规定的情形外，通过入围方式设置备选库、资格库、名录库作为参与政府采购活动的资格条件，妨碍供应商进入政府采购市场	《财政部关于促进政府采购公平竞争优化营商环境的通知》（财库〔2019〕38号）
4	限制供应商对同一项目不同包组投标	规定一家供应商对同一项目不同包组不得同时参与投标	《中华人民共和国政府采购法》 第五条 任何单位和个人不得采用任何方式，阻挠和限制供应商自由进入本地区和本行业的政府采购市场
5	将除进口货物以外的生产厂家授权、承诺、证明、背书等作为资格条件	1. 将生产厂家产品投标授权书、售后服务承诺函、产品原厂质保承诺函等作为资格条件； 2. 采购进口产品时，有国内产品投标，要求所有投标供应商提供厂家授权书作为资格条件，未对提供进口产品与国产产品的不同供应商提出不同的授权要求	《政府采购货物和服务招标投标管理办法》 第十七条 采购人、采购代理机构不得将投标人的注册资本、资产总额、营业收入、从业人员、利润、纳税额等规模条件作为资格要求或者评审因素，也不得通过将除进口货物以外的生产厂家授权、承诺、证明、背书等作为资格要求，对投标人实行差别待遇或者歧视待遇

（续表）

序号	禁止内容	表现形式（包括但不限于）	法律、法规及政策依据
6	采购进口产品时限制国产产品参与竞争	1. 招标文件规定国产产品不得参与投标； 2. 在招标文件评分项中设置进口产品投标得满分、国产产品投标不得分，或进口产品与国产产品不同得分	《中华人民共和国政府采购法》 第十条　政府采购应当采购本国货物、工程和服务。但有下列情形之一的除外： （一）需要采购的货物、工程或者服务在中国境内无法获取或者无法以合理的商业条件获取的； （二）为在中国境外使用而进行采购的； （三）其他法律、行政法规另有规定的。 前款所称本国货物、工程和服务的界定，依照国务院有关规定执行。 《政府采购进口产品管理办法》 《关于政府采购进口产品管理有关问题的通知》 （财办库〔2008〕248号）
7	将非强制性的资质、资格、认证等作为资格条件	1. 将国家行政机关非强制性的资质、资格、认证、目录等作为资格条件； 2. 将行业协会、商会、学会等颁发的非强制性的企业、人员资质、资格、认证等作为资格条件	《中华人民共和国政府采购法》 第二十二条　供应商参加政府采购活动应当具备下列条件： （一）具有独立承担民事责任的能力； （二）具有良好的商业信誉和健全的财务会计制度； （三）具有履行合同所必需的设备和专业技术能力； （四）有依法缴纳税收和社会保障资金的良好记录； （五）参加政府采购活动前三年内，在经营活动中没有重大违法记录； （六）法律、行政法规规定的其他条件。 采购人可以根据采购项目的特殊要求，规定供应商的特定条件，但不得以不合理的条件对供应商实行差别待遇或者歧视待遇。 《中华人民共和国政府采购法实施条例》 第十七条　参加政府采购活动的供应商应当具备政府采购法第二十二条第一款规定的条件，提供下列材料： （一）法人或者其他组织的营业执照等证明文件，自然人的身份证明； （二）财务状况报告，依法缴纳税收和社会保障资金的相关材料； （三）具备履行合同所必需的设备和专业技术能力的证明材料； （四）参加政府采购活动前3年内在经营活动中没有重大违法记录的书面声明； （五）具备法律、行政法规规定的其他条件的证明材料。 采购项目有特殊要求的，供应商还应当提供其符合特殊要求的证明材料或者情况说明

（续表）

序号	禁止内容	表现形式（包括但不限于）	法律、法规及政策依据
8	将国家已取消的资质、资格、认证、目录等作为资格条件或评审因素	招标文件设置城市园林绿化企业资质、计算机信息系统集成、信息系统工程监理单位资质认证、物业服务企业资质、物业管理师注册执业资格等作为资格条件和评审因素	《中华人民共和国政府采购法》 第二十二条第二款 采购人可以根据采购项目的特殊要求，规定供应商的特定条件，但不得以不合理的条件对供应商实行差别待遇或者歧视待遇。 《中华人民共和国政府采购法实施条例》 第二十条第八项 以其他不合理条件限制或者排斥潜在供应商。 《国务院决定取消和下放管理层级的行政审批项目目录》 《国务院决定取消的职业资格许可和认定事项目录》等
9	将民政部公布的"离岸社团""山寨社团"颁发的荣誉、奖项等作为评审因素	将中国诚信企业协会、中国物业协会、中国建设标准协会、中国工程勘察设计协会、中国建设标准协会、中国园林绿化行业协会等"离岸社团""山寨社团"的会员资格、奖项、证书等作为评审因素	《中华人民共和国政府采购法实施条例》 第二十条第八项 以其他不合理条件限制或者排斥潜在供应商。 民政部公布的"离岸社团""山寨社团"名单
10	招标文件的内容违反法律法规、强制性标准	1. 采购需求不符合国家法律法规、国家相关标准、行业标准、地方标准等规定的强制性内容； 2. 项目的实施国家规定有强制性资质要求的，招标文件未设置相应资质； 3. 招标文件未落实政府采购支持节能环保、促进中小企业发展、促进残疾人就业、支持监狱企业等政策要求	《中华人民共和国政府采购法》 第九条 政府采购应当有助于实现国家的经济和社会发展政策目标，包括保护环境，扶持不发达地区和少数民族地区，促进中小企业发展等。 《中华人民共和国政府采购法实施条例》 第六十八条第三项 未按照规定执行政府采购政策。 《政府采购货物和服务招标投标管理办法》 第十一条第二项、第二十五条。 《政府机关使用正版软件管理办法》 《财政部 发展改革委 生态环境部 市场监管总局关于调整优化节能产品、环境标志产品政府采购执行机制的通知》（财库〔2019〕9号） 《财政部 司法部关于政府采购支持监狱企业发展有关问题的通知》（财库〔2014〕68号） 《财政部 民政部 中国残疾人联合会关于促进残疾人就业政府采购政策的通知》（财库〔2017〕141号） 《财政部 国务院扶贫办关于运用政府采购政策支持脱贫攻坚的通知》（财库〔2019〕27号）

（续表）

序号	禁止内容	表现形式（包括但不限于）	法律、法规及政策依据
11	以特定行政区域或者特定主体的业绩、奖项作为加分条件或者中标、成交条件	1. 限定某行政区域内（如某省、某市、某县/区等）业绩、奖项作为资格条件或评审因素； 2. 奖项并非全国性，仅部分地方设有； 3. 限定某特定主体的业绩作为资格条件或评审因素； 4. 限定省一级或市一级业绩、奖项才能加分，排斥其他一级行政级别业绩、奖项得分	**《中华人民共和国政府采购法实施条例》** 第二十条第四项　以特定行政区域或者特定行业的业绩、奖项作为加分条件或者中标、成交条件。 **《财政部关于促进政府采购公平竞争优化营商环境的通知》（财库〔2019〕38号）**
12	限定或者指定特定的专利、商标、品牌或者供应商	1. 把某特定的专利、商标、品牌或者生产厂家相关要求作为资格条件或加分条件； 2. 对前一年度承接本项目的供应商加分； 3. 商务技术条款为特定供应商量身定制	**《中华人民共和国政府采购法实施条例》** 第二十条第六项　限定或者指定特定的专利、商标、品牌或者供应商
13	采购需求中的技术、服务等要求指向特定供应商、特定产品	1. 招标文件设定某一特定供应商或特定产品独有的技术或服务要求的； 2. 根据某个企业或者品牌的产品说明书或者技术指标编制采购需求参数	**《中华人民共和国政府采购法实施条例》** 第二十条第三项　采购需求中的技术、服务等要求指向特定供应商、特定产品
14	指定特定的检测机构出具的检测报告（法律、法规、政策规定的除外）	要求投标供应商提供某个、某一级机构的检测报告作为得分依据（法律、法规、政策规定的除外）	**《中华人民共和国政府采购法实施条例》** 第二十条第八项　以其他不合理条件限制或者排斥潜在供应商

（续表）

序号	禁止内容	表现形式（包括但不限于）	法律、法规及政策依据
15	综合评分法，评审因素未细化和量化，评审标准中的分值设置与评审因素的量化指标不对应	1．使用"知名""一线""国际""著名"品牌等没有判断标准的表述； 2. 将服务满意度，产品的先进性、成熟度、市场占有率等模糊表述设为评分因素； 3. 使用"优""良""中""一般""好""较好"等模糊的表述时，未明确判断标准； 4. 提出优于招标文件规定的技术、服务需求可加分，但未载明"优于"的认定标准，以及"优于"的每项加分具体分值； 5. 评审因素的指标量化到区间时，评审标准的分值未量化到区间，未设置各区间对应的不同固定分值； 6. 采用横向比较进行打分	**《中华人民共和国政府采购法实施条例》** 第三十四条 政府采购招标评标方法分为最低评标价法和综合评分法。最低评标价法，是指投标文件满足招标文件全部实质性要求且投标报价最低的供应商为中标候选人的评标方法。综合评分法，是指投标文件满足招标文件全部实质性要求且按照评审因素的量化指标评审得分最高的供应商为中标候选人的评标方法。 技术、服务等标准统一的货物和服务项目，应当采用最低评标价法。采用综合评分法的，评审标准中的分值设置应当与评审因素的量化指标相对应。 招标文件中没有规定的评标标准不得作为评审的依据。 第六十八条第七项 采用综合评分法时评审标准中的分值设置未与评审因素的量化指标相对应。 **《政府采购货物和服务招标投标管理办法》** 第五十五条 综合评分法，是指投标文件满足招标文件全部实质性要求，且按照评审因素的量化指标评审得分最高的投标人为中标候选人的评标方法。 评审因素的设定应当与投标人所提供货物服务的质量相关，包括投标报价、技术或者服务水平、履约能力、售后服务等。资格条件不得作为评审因素。评审因素应当在招标文件中规定。 评审因素应当细化和量化，且与相应的商务条件和采购需求对应。商务条件和采购需求指标有区间规定的，评审因素应当量化到相应区间，并设置各区间对应的不同分值。 评标时，评标委员会各成员应当独立对每个投标人的投标文件进行评价，并汇总每个投标人的得分。 货物项目的价格分值占总分值的比重不得低于30%；服务项目的价格分值占总分值的比重不得低于10%。执行国家统一定价标准和采用固定价格采购的项目，其价格不列为评审因素。 价格分应当采用低价优先法计算，即满足招标文件要求且投标价格最低的投标报价为评标基准价，其价格分为满分。其他投标人的价格分统一按照下列公式计算： 投标报价得分=（评标基准价／投标报价）×100 评标总得分=$F_1 \times A_1 + F_2 \times A_2 + \cdots + F_n \times A_n$ F_1、F_2，…，F_n分别为各项评审因素的得分； A_1、A_2，…，A_n分别为各项评审因素所占的权重（$A_1 + A_2 + \cdots + A_n = 1$）。 评标过程中，不得去掉报价中的最高报价和最低报价。因落实政府采购政策进行价格调整的，以调整后的价格计算评标基准价和投标报价

（续表）

序号	禁止内容	表现形式（包括但不限于）	法律、法规及政策依据
16	设定的资格、技术、商务条件与采购项目的具体特点和实际需要不相适应或者与合同履行无关	将与采购项目的具体特点、合同履行无关的业绩、资信、荣誉、奖项等作为评审因素	《中华人民共和国政府采购法实施条例》 第二十条第二项　设定的资格、技术、商务条件与采购项目的具体特点和实际需要不相适应或者与合同履行无关
17	将资格条件作为评审因素	1. 将供应商资格条件的内容作为评审因素； 2. 将《中华人民共和国政府采购法实施条例》第十七条的内容作为评审因素	《政府采购货物和服务招标投标管理办法》 第五十五条第二款　评审因素的设定应当与投标人所提供货物服务的质量相关，包括投标报价、技术或者服务水平、履约能力、售后服务等。资格条件不得作为评审因素。评审因素应当在招标文件中规定。 《财政部关于加强政府采购货物和服务项目价格评审管理的通知》（财库〔2007〕2号）
18	评分汇总时未保留所有评审打分	综合评分法，计算得分时去掉最高分和最低分	《政府采购货物和服务招标投标管理办法》 第五十五条
19	价格分设置不符合规定	1. 招标方式采购项目，综合评分法货物项目的价格分值占总分值的比重低于30%；服务项目的价格分值占总分值的比重低于10%；	《政府采购货物和服务招标投标管理办法》 第十二条　采购人根据价格测算情况，可以在采购预算额度内合理设定最高限价，但不得设定最低限价。 《政府采购竞争性磋商采购方式管理暂行办法》 第二十四条　综合评分法评审标准中的分值设置应当与评审因素的量化指标相对应。磋商文件中没有规定的评审标准不得作为评审依据。 评审时，磋商小组各成员应当独立对每个有效响应的文件进行评价、打分，然后汇总每个供应商每项评分因素的得分。

（续表）

序号	禁止内容	表现形式（包括但不限于）	法律、法规及政策依据
19	价格分设置不符合规定	2. 竞争性磋商方式采购项目，综合评分法货物项目的价格分值占总分值的比重不在30%至60%，服务项目的价格分值占总分值的比重不在10%至30%； 3. 政务信息系统项目采购方式未采用综合评分法（单一来源采购方式除外），以及采用综合评分法时货物项目价格分值不是30%，服务项目价格分值不是10%； 4. 限定供应商最低报价； 5. 去掉最高报价和最低报价后进行评审	综合评分法货物项目的价格分值占总分值的比重（即权值）为30%至60%，服务项目的价格分值占总分值的比重（即权值）为10%至30%。采购项目中含不同采购对象的，以占项目资金比例最高的采购对象确定其项目属性。符合本办法第三条第三项的规定和执行统一价格标准的项目，其价格不列为评分因素。有特殊情况需要在上述规定范围外设定价格分权重的，应当经本级人民政府财政部门审核同意。 综合评分法中的价格分统一采用低价优先法计算，即满足磋商文件要求且最后报价最低的供应商的价格为磋商基准价，其价格分为满分。其他供应商的价格分统一按照下列公式计算： 磋商报价得分=（磋商基准价/最后磋商报价）×价格权值×100 项目评审过程中，不得去掉最后报价中的最高报价和最低报价。 《政务信息系统政府采购管理暂行办法》第九条 《财政部关于加强政府采购货物和服务项目价格评审管理的通知》（财库〔2007〕2号）
20	未列明验收标准	采购需求中未列明采购标的的验收标准	《政府采购货物和服务招标投标管理办法》 第十一条 采购需求应当完整、明确，包括以下内容： （一）采购标的需实现的功能或者目标，以及为落实政府采购政策需满足的要求； （二）采购标的需执行的国家相关标准、行业标准、地方标准或者其他标准、规范； （三）采购标的需满足的质量、安全、技术规格、物理特性等要求； （四）采购标的的数量、采购项目交付或者实施的时间和地点； （五）采购标的需满足的服务标准、期限、效率等要求； （六）采购标的的验收标准； （七）采购标的的其他技术、服务等要求

（续表）

序号	禁止内容	表现形式（包括但不限于）	法律、法规及政策依据
21	通过现场踏勘、样品检测、考察方式排斥潜在供应商或改变评审结果	1. 招标文件要求在评审结束后、合同签订前通过对样品进行检测或对供应商进行考察等方式，并可能改变中标结果的； 2. 将供应商参与现场踏勘作为资格条件或评审因素	《中华人民共和国政府采购法实施条例》 第二十条第八项　以其他不合理条件限制或者排斥潜在供应商。 第四十四条　除国务院财政部门规定的情形外，采购人、采购代理机构不得以任何理由组织重新评审。采购人、采购代理机构按照国务院财政部门的规定组织重新评审的，应当书面报告本级人民政府财政部门。采购人或者采购代理机构不得通过对样品进行检测、对供应商进行考察等方式改变评审结果
22	违规要求供应商提供样品进行评审	1. 除仅凭书面方式不能准确描述采购需求或者仅靠主观判断难以确认是否满足采购需求外，要求供应商提供样品进行评审； 2. 要求投标人提供样品的，招标文件未明确规定样品制作的标准和要求、是否需要随样品提交相关检测报告、样品的评审方法以及评审标准	《政府采购货物和服务招标投标管理办法》 第二十二条　采购人、采购代理机构一般不得要求投标人提供样品，仅凭书面方式不能准确描述采购需求或者需要对样品进行主观判断以确认是否满足采购需求等特殊情况除外。 要求投标人提供样品的，应当在招标文件中明确规定样品制作的标准和要求、是否需要随样品提交相关检测报告、样品的评审方法以及评审标准。需要随样品提交检测报告的，还应当规定检测机构的要求、检测内容等。采购活动结束后，对于未中标人提供的样品，应当及时退还或者经未中标人同意后自行处理；对于中标人提供的样品，应当按照招标文件的规定进行保管、封存，并作为履约验收的参考
23	设置没有法律法规依据的政府采购程序	1. 要求供应商提供可以通过互联网或相关信息系统查询到的信息； 2. 对业绩、奖项等评分因素，要求供应商现场提供原件进行核查才可得分； 3. 对于供应商依照规定提交各类声明函、承诺函的，要求其再提供有关部门出具的相关证明文件	《财政部关于在政府采购活动中查询及使用信用记录有关问题的通知》（财库〔2016〕125号） 《财政部关于促进政府采购公平竞争优化营商环境的通知》（财库〔2019〕38号） 《广东省财政厅转发财政部关于促进政府采购公平竞争优化营商环境的通知》（粤财采购〔2019〕2号）
24	其他不合理条件	其他限制与排斥潜在供应商的不合理条款	政府采购法律、法规、规章、政策

（续表）

序号	禁止内容	表现形式（包括但不限于）	法律、法规及政策依据
25	其他违法犯罪行为	不正当手段谋取非法利益；排斥供应商参与竞争	《中华人民共和国政府采购法》 第二十五条 政府采购当事人不得相互串通损害国家利益、社会公共利益和其他当事人的合法权益；不得以任何手段排斥其他供应商参与竞争。 供应商不得以向采购人、采购代理机构、评标委员会的组成人员、竞争性谈判小组的组成人员、询价小组的组成人员行贿或者采取其他不正当手段谋取中标或者成交。 采购代理机构不得以向采购人行贿或者采取其他不正当手段谋取非法利益。 第七十一条 采购人、采购代理机构有下列情形之一的，责令限期改正，给予警告，可以并处罚款，对直接负责的主管人员和其他直接责任人员，由其行政主管部门或者有关机关给予处分，并予通报： （一）应当采用公开招标方式而擅自采用其他方式采购的； （二）擅自提高采购标准的； （三）以不合理的条件对供应商实行差别待遇或者歧视待遇的； （四）在招标采购过程中与投标人进行协商谈判的； （五）中标、成交通知书发出后不与中标、成交供应商签订采购合同的； （六）拒绝有关部门依法实施监督检查的。 第七十二条 采购人、采购代理机构及其工作人员有下列情形之一，构成犯罪的，依法追究刑事责任；尚不构成犯罪的，处以罚款，有违法所得的，并处没收违法所得，属于国家机关工作人员的，依法给予行政处分： （一）与供应商或者采购代理机构恶意串通的； （二）在采购过程中接受贿赂或者获取其他不正当利益的； （三）在有关部门依法实施的监督检查中提供虚假情况的； （四）开标前泄露标底的

（续表）

序号	禁止内容	表现形式（包括但不限于）	法律、法规及政策依据
26	其他违法犯罪行为	提供虚假资料	**《中华人民共和国政府采购法》** 第七十七条　供应商有下列情形之一的，处以采购金额千分之五以上千分之十以下的罚款，列入不良行为记录名单，在一至三年内禁止参加政府采购活动，有违法所得的，并处没收违法所得，情节严重的，由工商行政管理机关吊销营业执照；构成犯罪的，依法追究刑事责任： （一）提供虚假材料谋取中标、成交的； （二）采取不正当手段诋毁、排挤其他供应商的； （三）与采购人、其他供应商或者采购代理机构恶意串通的； （四）向采购人、采购代理机构行贿或者提供其他不正当利益的； （五）在招标采购过程中与采购人进行协商谈判的； （六）拒绝有关部门监督检查或者提供虚假情况的。 供应商有前款第（一）至（五）项情形之一的，中标、成交无效
27	其他违法犯罪行为	采购人员及相关人员与供应商存在利害关系	**《中华人民共和国政府采购法实施条例》** 第九条　在政府采购活动中，采购人员及相关人员与供应商有下列利害关系之一的，应当回避： （一）参加采购活动前3年内与供应商存在劳动关系； （二）参加采购活动前3年内担任供应商的董事、监事； （三）参加采购活动前3年内是供应商的控股股东或者实际控制人； （四）与供应商的法定代表人或者负责人有夫妻、直系血亲、三代以内旁系血亲或者近姻亲关系； （五）与供应商有其他可能影响政府采购活动公平、公正进行的关系。供应商认为采购人员及相关人员与其他供应商有利害关系的，可以向采购人或者采购代理机构书面提出回避申请，并说明理由。采购人或者采购代理机构应当及时询问被申请回避人员，有利害关系的被申请回避人员应当回避

（续表）

序号	禁止内容	表现形式（包括但不限于）	法律、法规及政策依据
28	其他违法犯罪行为	采购人与采购人之间存在关系的	《中华人民共和国政府采购法实施条例》 第十八条 单位负责人为同一人或者存在直接控股、管理关系的不同供应商，不得参加同一合同项下的政府采购活动。 除单一来源采购项目外，为采购项目提供整体设计、规范编制或者项目管理、监理、检测等服务的供应商，不得再参加该采购项目的其他采购活动
29	其他违法犯罪行为	恶意串通	《中华人民共和国政府采购法实施条例》 第七十四条 有下列情形之一的，属于恶意串通，对供应商依照政府采购法第七十七条第一款的规定追究法律责任，对采购人、采购代理机构及其工作人员依照政府采购法第七十二条的规定追究法律责任： （一）供应商直接或者间接从采购人或者采购代理机构处获得其他供应商的相关情况并修改其投标文件或者响应文件； （二）供应商按照采购人或者采购代理机构的授意撤换、修改投标文件或者响应文件； （三）供应商之间协商报价、技术方案等投标文件或者响应文件的实质性内容； （四）属于同一集团、协会、商会等组织成员的供应商按照该组织要求协同参加政府采购活动； （五）供应商之间事先约定由某一特定供应商中标、成交； （六）供应商之间商定部分供应商放弃参加政府采购活动或者放弃中标、成交； （七）供应商与采购人或者采购代理机构之间、供应商相互之间，为谋求特定供应商中标、成交或者排斥其他供应商的其他串通行为

二、异议的常用依据

《招标投标法》中异议的常用依据如表8-3所示。

表8-3 《招标投标法》中异议的常用依据

序号	禁止内容	表现形式（包括但不限于）	法律、法规及政策依据
1	串通投标	投标人串通投标报价、招标人或者评标委员会用行贿手段谋取中标	《中华人民共和国招标投标法》 第三十二条 投标人不得相互串通投标报价，不得排挤其他投标人的公平竞争，损害招标人或者其他投标人的合法权益。 投标人不得与招标人串通投标，损害国家利益、社会公共利益或者他人的合法权益。 禁止投标人以向招标人或者评标委员会成员行贿的手段谋取中标
2	限制供应商参加投标	限制或者排斥本地区、本系统以外的供应商参加投标	《中华人民共和国招标投标法》 第六十二条 任何单位违反本法规定，限制或者排斥本地区、本系统以外的法人或者其他组织参加投标的，为招标人指定招标代理机构的，强制招标人委托招标代理机构办理招标事宜的，或者以其他方式干涉招标投标活动的，责令改正；对单位直接负责的主管人员和其他直接责任人员依法给予警告、记过、记大过的处分，情节较重的，依法给予降级、撤职、开除的处分。 个人利用职权进行前款违法行为的，依照前款规定追究责任
3	以不合理条件限制、排斥潜在投标人或者投标人	可参考《政府采购常用于质疑的法律法规》中的相关例子	《中华人民共和国招标投标法实施条例》 第三十二条 招标人不得以不合理的条件限制、排斥潜在投标人或者投标人。 招标人有下列行为之一的，属于以不合理条件限制、排斥潜在投标人或者投标人： （一）就同一招标项目向潜在投标人或者投标人提供有差别的项目信息； （二）设定的资格、技术、商务条件与招标项目的具体特点和实际需要不相适应或者与合同履行无关； （三）依法必须进行招标的项目以特定行政区域或者特定行业的业绩、奖项作为加分条件或者中标条件； （四）对潜在投标人或者投标人采取不同的资格审查或者评标标准； （五）限定或者指定特定的专利、商标、品牌、原产地或者供应商； （六）依法必须进行招标的项目非法限定潜在投标人或者投标人的所有制形式或者组织形式； （七）以其他不合理条件限制、排斥潜在投标人或者投标人

（续表）

序号	禁止内容	表现形式（包括但不限于）	法律、法规及政策依据
4	存在利害关系	参与招标投标的有关人员存在法律禁止的关系	《中华人民共和国招标投标法实施条例》 第三十三条　投标人参加依法必须进行招标的项目的投标，不受地区或者部门的限制，任何单位和个人不得非法干涉。 第三十四条　与招标人存在利害关系可能影响招标公正性的法人、其他组织或者个人，不得参加投标。 单位负责人为同一人或者存在控股、管理关系的不同单位，不得参加同一标段投标或者未划分标段的同一招标项目投标。 违反前两款规定的，相关投标均无效
5	禁止投标人相互串通投标以及提供虚假资料	投标人之间相互串通投标、提供虚假资料的行为	《中华人民共和国招标投标法实施条例》 第三十九条　禁止投标人相互串通投标。 有下列情形之一的，属于投标人相互串通投标： （一）投标人之间协商投标报价等投标文件的实质性内容； （二）投标人之间约定中标人； （三）投标人之间约定部分投标人放弃投标或者中标； （四）属于同一集团、协会、商会等组织成员的投标人按照该组织要求协同投标； （五）投标人之间为谋取中标或者排斥特定投标人而采取的其他联合行动。 第四十条　有下列情形之一的，视为投标人相互串通投标： （一）不同投标人的投标文件由同一单位或者个人编制； （二）不同投标人委托同一单位或者个人办理投标事宜； （三）不同投标人的投标文件载明的项目管理成员为同一人； （四）不同投标人的投标文件异常一致或者投标报价呈规律性差异； （五）不同投标人的投标文件相互混装； （六）不同投标人的投标保证金从同一单位或者个人的账户转出。 第四十一条　禁止招标人与投标人串通投标。 有下列情形之一的，属于招标人与投标人串通投标： （一）招标人在开标前开启投标文件并将有关信息泄露给其他投标人； （二）招标人直接或者间接向投标人泄露标底、评标委员会成员等信息； （三）招标人明示或者暗示投标人压低或者抬高投标报价； （四）招标人授意投标人撤换、修改投标文件； （五）招标人明示或者暗示投标人为特定投标人中标提供方便； （六）招标人与投标人为谋求特定投标人中标而采取的其他串通行为。

（续表）

序号	禁止内容	表现形式 （包括但不限于）	法律、法规及政策依据
5	禁止投标人相互串通投标以及提供虚假资料	投标人之间相互串通投标、提供虚假资料的行为	第四十二条　使用通过受让或者租借等方式获取的资格、资质证书投标的，属于招标投标法第三十三条规定的以他人名义投标。 投标人有下列情形之一的，属于招标投标法第三十三条规定的以其他方式弄虚作假的行为： （一）使用伪造、变造的许可证件； （二）提供虚假的财务状况或者业绩； （三）提供虚假的项目负责人或者主要技术人员简历、劳动关系证明； （四）提供虚假的信用状况； （五）其他弄虚作假的行为。 第六十八条　投标人以他人名义投标或者以其他方式弄虚作假骗取中标的，中标无效；构成犯罪的，依法追究刑事责任；尚不构成犯罪的，依照招标投标法第五十四条的规定处罚。依法必须进行招标的项目的投标人未中标的，对单位的罚款金额按照招标项目合同金额依照招标投标法规定的比例计算。 投标人有下列行为之一的，属于招标投标法第五十四条规定的情节严重行为，由有关行政监督部门取消其1年至3年内参加依法必须进行招标的项目的投标资格： （一）伪造、变造资格、资质证书或者其他许可证件骗取中标； （二）3年内2次以上使用他人名义投标； （三）弄虚作假骗取中标给招标人造成直接经济损失30万元以上； （四）其他弄虚作假骗取中标情节严重的行为。 投标人自本条第二款规定的处罚执行期限届满之日起3年内又有该款所列违法行为之一的，或者弄虚作假骗取中标情节特别严重的，由工商行政管理机关吊销营业执照

三、质疑函与投诉书模板

（一）质疑函模板

质疑函范本

一、质疑供应商基本信息

质疑供应商：_____

地址：_____ 邮编：_____

联系人：_____ 联系电话：_____

授权代表：_____

联系电话：_____

地址：_____ 邮编：_____

二、质疑项目基本情况

质疑项目名称：_____

质疑项目编号：_____ 包号：_____

采购人名称：_____

招标文件获取日期：_____

三、质疑事项具体内容

质疑事项1：_____

事实依据：_____

法律依据：_____

质疑事项2

……

四、与质疑事项相关的质疑请求

请求：_____

签字（签章）：_____ 公章：_____

日期：

质疑函制作说明：

（1）供应商提出质疑时，应提交质疑函和必要的证明材料。

（2）质疑供应商委托代理人进行质疑的，质疑函应按照要求列明授权代表的有关内容，并在附件中提交由质疑供应商签署的授权委托书。授权委托书应载明代理人的姓名或者名称、代理事项、具体权限、期限和相关事项。

（3）质疑供应商若对项目的某一分包进行质疑，质疑函中应列明具体分包号。

（4）质疑函的质疑事项应具体、明确，并有必要的事实依据和法律依据。

（5）质疑函的质疑请求应与质疑事项相关。

（6）质疑供应商为自然人的，质疑函应由本人签字；质疑供应商为法人或者其他组织的，质疑函应由法定代表人/主要负责人，或者其授权代表签字或者盖章，并加盖公章。

（二）投诉书模板

投诉书范本

一、投诉相关主体基本情况

投诉人：_____

地址：_____ 邮编：_____

法定代表人/主要负责人：_____

联系电话：_____

授权代表：_____ 联系电话：_____

地址：_____ 邮编：_____

被投诉人1：_____

地址：_____ 邮编：_____

联系人：_____ 联系电话：_____

被投诉人2

……

相关供应商：_____

地址：_____ 邮编：_____

联系人：_____ 联系电话：_____

二、投诉项目基本情况

采购项目名称：_____

采购项目编号：_____ 包号：_____

采购人名称：_____

代理机构名称：_____

招标文件公告：是/否 公告期限：_____

采购结果公告：是/否 公告期限：_____

三、质疑基本情况

投诉人于____年__月__日，向_____提出质疑，质疑事项为：_____
_____

采购人/代理机构于____年__月__日，就质疑事项作出了答复/没有在法定期限内作出答复。

四、投诉事项具体内容

投诉事项1：_____

事实依据：_____

法律依据：_____

投诉事项2

......

五、与投诉事项相关的投诉请求

请求：_____

签字（签章）：　　　　　　　公章：

日期：

投诉书制作说明：

（1）投诉人提出投诉时，应当提交投诉书和必要的证明材料，并按照被投诉人和与投诉事项有关的供应商数量提供投诉书副本。

（2）投诉人委托代理人进行投诉的，投诉书应按照要求列明授权代表的有关内容，并在附件中提交由投诉人签署的授权委托书。授权委托书应当载明代理人的姓名或者名称、代理事项、具体权限、期限和相关事项。

（3）投诉人若对项目的某一分包进行投诉，投诉书应列明具体分包号。

（4）投诉书应简要列明质疑事项、质疑函、质疑答复等作为附件材料进行提供。

（5）投诉书的投诉事项应具体、明确，并有必要的事实依据和法律依据。

（6）投诉书的投诉请求应与投诉事项相关。

（7）投诉人为自然人的，投诉书应当由本人签字；投诉人为法人或者其他组织的，投诉书应当由法定代表人/主要负责人，或者其授权代表签字或者盖章，并加盖公章。

第四节　质疑和投诉典型案例

自2017年开始，财政部参照国际监管趋势，在各部委中率先公开发布指导性案例，目前已公布的43个政府采购指导性案例极大地推动了政府采购执法标准化建设，并取得了较好的社会效果，证明了其在行政裁决实践中的可行性和必要性，现在选取其中10个典型案例供大家参考（相关案例均来源于《中国政府采购报》）。

一、财政部发布的指导性案例33号：S单位实战指挥平台建设项目投诉案

关键词

优化营商环境/格式文本/采购需求/报价。

案例要点

政府采购应认真落实优化营商环境政策，不得增加企业负担，不得因非实质性的格式、形式问题限制和影响供应商响应。

招标文件应当完整、明确地列明采购需求，从而方便供应商有针对性地响应并进行报价。招标文件对采购需求描述不完整、分项报价要求不明确的，供应商根据一般理解进行报价即可，不应承担不利后果。

相关依据

《中华人民共和国政府采购法实施条例》第十五条；

《政府采购货物和服务招标投标管理办法》（财政部令第87号）第十一条、第二十条；

《政府采购质疑和投诉办法》（财政部令第94号）第三十二条；

《财政部关于促进政府采购公平竞争优化营商环境的通知》（财库〔2019〕38号）。

基本案情

采购人S单位委托代理机构Z公司就"S单位实战指挥平台建设项目"（以下简称"本项目"）进行公开招标。2019年11月28日，代理机构Z公司发布招标公告；12月20日，本项目开标、评标，代理机构Z公司发布中标公告；12月25日，供应商W公司提出质疑；12月30日，供应商Y公司提出质疑；2020年1月8日，代理机构Z公司答复质疑。

1月23日、2月3日，供应商W公司、Y公司向财政部提起投诉。W公司投诉事项为：其按照招标文件要求制作投标文件，已作出了实质性响应。评标委员会以其投标文件中的"正版软件承诺函"没有实质性响应为由，认定其未通过符合性审查，缺乏足够的理由和根据。Y公司投诉事项为：招标文件中未明确"不可预见费"的具体内容、范围及填报要求，其根据技术需求书已对本项目建设内容进行逐项报价，且总报价包含本项目所需所有费用，不存在不可预见的内容及费用。评标委员会以其"不可预见费"报价0元为由，认定其未通过符合性审查，缺乏足够的理由和根据。

财政部依法受理本案，并向相关当事人调取证据材料。

采购人S单位、代理机构Z公司称：①依据招标文件的实质性要求，W公司应承诺"服务器"与"座席客户端"均预装正版软件，评标委员会认为W公司所作承诺仅复制了招标文件中提供的正版软件承诺格式，未作出完全的实质性响应，因此认定W公司未通过符合性审查。②依据《政府采购货物和服务招标投标管理办法》（财政部令第87号）第六条"采购人不得向供应商索要或者接受其给予的赠品、回扣或者与采购无关的其他商品、服务"的规定，评标委员会将Y公司对"不可预见费"的0元报价视为对采购人的赠与，因此认定Y公司未通过符合性审查。③本项目尚未签订政府采购合同。

经查，招标文件"第四部分商务、技术要求"显示，"正版软件承诺"要求供应商"承诺所报的技术需求书中的'服务器'与'座席客户端'产品预装正版操作系统，硬件产品内的预装软件为正版软件"，该要求为实质性要求。"技术需求书"显示，不可预见费的需求或性能描述为"实战指挥建设项目暂估金"。"第八部分投标文件内容要求及格式"显示，正版软件承诺格式内容为"本投标人现参与＿＿项目的采购活动，本公司承诺投报的计算机产品预装正版操作系统，投报的硬件产品内的预装软件为正版软件"。

W公司投标文件中的"正版软件承诺函"显示，"本投标人现参与S单位实战指挥平台建设项目的采购活动，本公司承诺投报的计算机产品预装正版操作系统，投报的硬件产品内的预装软件为正版软件。如上述声明不真实，愿意按照政府采购有关法律法规的规定接受处罚"，并加盖公司印章。

Y公司投标文件中的"开标报价一览表"显示，其对本项目采购的"服务器""座席客户端"及各项功能软件等均进行了报价，其中"不可预见费"的报价为0元。

评标报告显示，W公司未通过符合性审查的原因为"正版软件承诺不满足要求"，Y公司未通过符合性审查的原因为"存在零报价"。

处理结果

根据《政府采购质疑和投诉办法》（财政部令第94号）第三十二条第一款第（二）项的规定，W公司投诉事项、Y公司投诉事项成立，中标结果无效，责令采购人重新开展采购活动。

相关当事人在法定期限内未就处理决定申请行政复议、提起行政诉讼。

处理理由

关于W公司投诉事项，招标文件"第四部分商务、技术要求"以及"第八部分投标文件内容要求及格式"对正版软件承诺均作出了要求，两者不完全一致。W公司已按照招标文件提供的格式文本作出了承诺，意思表示真实、明确，且承诺内容不违背相关实质性要求。评标委员会不应以正版软件承诺不符合要求为由认定W公司未通过符合性审查。

关于Y公司投诉事项，招标文件应当完整、明确地列明采购需求，以便供应商据此进行报价。本项目招标文件中仅将不可预见费描述为"实战指挥建设项目暂估金"，Y公司根据自身理解报价0元并无不妥。评标委员会不应以该项0元报价为由认定Y公司未通过符合性审查。

二、财政部发布的指导性案例34号：C大学学生活动中心多媒体教室建设采购项目投诉案

关键词

国际化营商环境/外资企业/进口产品/差别歧视待遇。

案例要点

政府采购对不同所有制企业在中国境内生产的产品、提供的服务一视同仁、平等对待，不得实行差别歧视待遇。采购文件不得以所有制形式、组织形式、股权结构、投资者国别、产品品牌等限制供应商参加政府采购活动。

投标产品组成部件为进口，但供应商能够证明产品在中国境内生产制造、加工及组装的，不应认定为《政府采购进口产品管理办法》中规定的进口产品。

相关依据

《中华人民共和国政府采购法》第三条、第十条、第二十二条、第七十一条；

《中华人民共和国外商投资法》第十六条；

《中华人民共和国政府采购法实施条例》第二十条；

《中华人民共和国外商投资法实施条例》第十五条；

《政府采购质疑和投诉办法》（财政部令第94号）第二十九条；

《财政部关于在政府采购活动中落实平等对待内外资企业有关政策的通知》（财库〔2021〕35号）；

《政府采购进口产品管理办法》（财库〔2007〕119号）。

基本案情

采购人C大学委托代理机构D公司就"C大学学生活动中心多媒体教室建设采购项目"（以下简称"本项目"）进行公开招标。2022年1月18日，代理机构D公司发布招标公告；2月14日，代理机构D公司发布中标公告，S公司为中标供应商；2月15日，供应商N公司提出质疑；2月22日，代理机构D公司答复质疑。

2月28日，供应商N公司向财政部提起投诉，投诉事项为：根据中标公告公示的产品品牌，S公司投标的多媒体设备、音箱等产品均为进口产品，违反招标文件关于禁止

进口产品投标的规定。

财政部依法受理本案，并向相关当事人调取证据材料。

采购人C大学、代理机构D公司称：本项目经评标委员会依法依规评审，S公司综合得分排名第一。经组织原评标委员会复核，认定投诉事项不成立。

S公司称：相关产品生产厂商提供的产品零部件进口报关单、产地证明等证据足以证明其投标产品在国内组装生产，不属于《政府采购进口产品管理办法》（财库〔2007〕119号）中规定的进口产品。

经查，据招标文件"第二部分投标人须知前附表""第五部分采购需求"显示，本项目不接受进口产品投标。

据S公司在投标文件中的"进口产品生产厂家授权书"显示，"我单位投标的产品没有进口产品，也没有进口产品生产厂家授权书"。

据海关总署的复函显示，S公司提交的多媒体设备和音箱的产品零部件进口报关单与海关信息系统中的进口报关单信息一致。

处理结果

根据《政府采购质疑和投诉办法》（财政部令第94号）第二十九条第（二）项的规定，投诉事项缺乏事实依据，驳回投诉。

相关当事人在法定期限内未就处理决定申请行政复议、提起行政诉讼。

处理理由

S公司在投标文件中响应本次投标产品没有进口产品，并在投诉处理过程中提交了相关产品零部件进口报关单、产地证明等在国内组装制造的证明材料。经向海关总署调查核实，上述零部件进口报关单与海关信息系统中的进口报关单信息一致。现有证据不足以证明S公司投标产品属于进口产品。

三、财政部发布的指导性案例35号：Y单位主副食品采购项目投诉案

关键词

促进中小企业发展/《中小企业声明函》/虚假材料。

案例要点

政府采购应严格落实中小企业扶持政策，只要所投产品制造商或者承接服务的供应商为中小企业，供应商如实填写了《中小企业声明函》，即可享受预留份额、价格扣除等优惠政策，无须提供审计报告、中小企业库截图等其他证明材料。

供应商有如实响应采购文件要求的义务，如果在《中小企业声明函》中填写与实际情况不符的内容，属于提供虚假材料谋取中标的情形，应承担相应法律后果。

相关依据

《中华人民共和国政府采购法》第七十七条；

《政府采购质疑和投诉办法》（财政部令第94号）第三十二条；

《政府采购促进中小企业发展管理办法》（财库〔2020〕46号）第二条、第十六条、第二十条。

基本案情

采购人Y单位委托代理机构Z公司就"Y单位主副食品采购项目"（以下简称"本项目"）进行公开招标。2022年6月22日，代理机构Z公司发布招标公告；7月13日，本项目开标、评标；7月26日，代理机构Z公司发布中标公告，C公司为中标供应商；7月27日，供应商D公司提出质疑；8月10日，代理机构Z公司答复质疑。

8月26日，供应商D公司向财政部提起投诉。投诉事项为：中标供应商C公司不能被认定为小型企业，不能享受优惠政策。

财政部依法受理本案，并向相关当事人调取证据材料。

采购人Y单位、代理机构Z公司称：①收到D公司的质疑函后，Z公司向G市工业和信息化委员会咨询，其回复需由财政部门或有关招标投标行政监督部门发函才给予认定。②C公司在投标文件中提供了《中小企业声明函》，声明其为小型企业。③本项目尚未签

订采购合同。

C公司称：其确为中型企业，符合享受优惠政策的条件。

经查，招标文件投标人须知和评审标准部分显示，针对小微企业报价给予6%的扣除，用扣除后的价格参与评审。C公司投标文件的《中小企业声明函》显示，其属于小型企业。

财政部向C公司注册地中小企业主管部门G市工业和信息化委员会进一步调查取证，其回函显示，C公司属于中型企业。

处理结果

根据《政府采购质疑和投诉办法》（财政部令第94号）第三十二条第一款第（二）项的规定，投诉事项成立，C公司中标结果无效。合格供应商符合法定数量时，可以从合格的中标候选人中另行确定中标供应商的，应当依法另行确定中标供应商；否则重新开展采购活动。

对于C公司"提供虚假材料谋取中标"的行为，根据《中华人民共和国政府采购法》第七十七条第一款第（一）项的规定，财政部另行作出行政处罚。

相关当事人在法定期限内未就处理处罚决定申请行政复议、提起行政诉讼。

处理理由

根据招标文件规定，供应商为小型企业或者微型企业的，可以享受价格优惠政策。C公司在投标文件的《中小企业声明函》中声明，其属于小型企业。经进一步调查取证，根据G市工业和信息化委员会的复函，C公司属于中型企业，且C公司对该事实亦予以认可。C公司作为参与政府采购活动的供应商，应当对本公司的实际情况、招标文件要求及政府采购相关政策法规有充分了解，并据实作出响应。C公司上述行为构成《中华人民共和国政府采购法》第七十七条第一款第（一）项规定的"提供虚假材料谋取中标"的情形。

四、财政部发布的指导性案例36号：T中心医疗康复设备和科研器材采购项目投诉案

关键词

分值设置/量化指标/生产厂家授权。

案例要点

采购人应根据采购需求设置评审分值，评审分值设置应当与评审因素的量化指标相对应，主要考察供应商是否满足采购需求，不得设置正偏离加分的评分模式。

相关依据

《中华人民共和国政府采购法》第三十六条、第七十一条；

《中华人民共和国政府采购法实施条例》第三十四条、第六十八条；

《政府采购货物和服务招标投标管理办法》（财政部令第87号）第五十五条；

《政府采购质疑和投诉办法》（财政部令第94号）第二十九条。

基本案情

采购人T中心委托代理机构D公司就"T中心医疗康复设备和科研器材采购项目"（以下简称"本项目"）进行公开招标。2019年10月9日，代理机构D公司发布招标公告；11月1日，代理机构D公司发布中标公告，C公司为中标供应商；11月6日，供应商X公司提出质疑；11月12日，代理机构D公司答复质疑。

11月22日，供应商X公司向财政部提起投诉。投诉事项为：中标供应商C公司所投进口产品"便携式负压按摩震动康复理疗仪"没有获得授权，属于非正规渠道产品，应取消其中标资格。

财政部依法受理本案，并向相关当事人调取证据材料。

采购人T中心、代理机构D公司称：便携式负压按摩震动康复理疗仪是一种通用性较强的康复理疗设备，招标文件未要求必须提供该产品的厂家授权。评标委员会认为，C公司已在投标文件中提供了其余6项产品的授权书，未提供"便携式负压按摩震动康复理疗仪"产品授权书不影响得分。

C公司称：招标文件未强制要求每个投标产品都要提供厂家授权。收到中标通知书

后，制造商为其出具了《供货及售后服务承诺书》。

经查，招标文件共设置40项技术指标。"评标标准和评标方法部分"显示，"产品的技术指标与招标文件要求的响应程度（45分）"的评审细则为"正偏离5分；一个正偏离加1分，最高得5分。完全响应无偏离40分；有一项负偏离扣1分，40个及以上负偏离得0分"。"投标产品授权情况（5分）"的评审细则为"供应商每提供1项产品授权得1分，提供5项及以上产品授权得5分"。"招标产品清单和技术要求部分"显示，本项目采购的便携式负压按摩震动康复理疗仪、脉冲按摩深层能量系统等5项产品允许进口。

C公司投标文件显示，其提供了脉冲按摩深层能量系统等6项产品的制造商授权书。

处理结果

根据《政府采购质疑和投诉办法》（财政部令第94号）第二十九条第（二）项的规定，投诉事项缺乏事实依据，驳回投诉。

根据《中华人民共和国政府采购法》第三十六条第一款第（二）项的规定，责令采购人T中心废标。

根据《中华人民共和国政府采购法》第七十一条、《中华人民共和国政府采购法实施条例》第六十八条第（七）项的规定，责令采购人T中心、代理机构D公司就评审标准中的分值设置未与评审因素的量化指标相对应的问题限期改正，并分别给予警告的行政处罚。

相关当事人在法定期限内未就处理处罚决定申请行政复议、提起行政诉讼。

处理理由

本项目招标文件规定，供应商提供相关产品授权即可得分，未限制必须提供"便携式负压按摩震动康复理疗仪"的产品授权。C公司在投标文件中提供了6项产品的制造商授权书，评标委员会已按照招标文件要求以及C公司的投标文件予以评分。同时，C公司在中标后获得了产品制造商出具的《供货及售后服务承诺书》。投诉人X公司的主张缺乏依据。

财政部在审查过程中发现，招标文件采用正偏离加分、负偏离扣分的评分模式，容易产生指标之间代偿的效果，不能客观反映产品本身是否实际符合采购需求。上述评分模式与政府采购分值设置及评价原理不符，属于"评审标准中的分值设置未与评审因素的量化指标相对应"的情形，违反了《中华人民共和国政府采购法实施条例》第三十四条第四款、《政府采购货物和服务招标投标管理办法》（财政部令第87号）第五十五条第三款的规定。

其他应注意事项

在进一步优化政府采购营商环境，促进全国统一大市场建设的背景下，对于市场上供货充足的通用型非进口产品，不得要求供应商出具生产厂商授权书，防止生产厂商通过控制产品的货源和价格垄断政府采购市场，妨碍市场公平竞争。

五、财政部发布的政府采购指导性案例37号：W单位大数据平台采购项目投诉案

关键词

优化营商环境/采购文件解释/评审职责。

案例要点

对采购文件的理解是存在分歧的，在满足采购需求的前提下，应当结合法律规定、设定目的、一般常识等，原则上作出有利于供应商的解释，保障供应商的合理预期，持续优化营商环境。

在评审过程中，评标委员会不得修改招标文件评审标准。

相关依据

《政府采购货物和服务招标投标管理办法》（财政部令第87号）第五十二条、第六十五条；

《政府采购质疑和投诉办法》（财政部令第94号）第三十二条。

基本案情

采购人W单位委托代理机构Q公司就"W单位大数据平台采购项目"（以下简称"本项目"）进行公开招标。2019年10月30日，代理机构Q公司发布招标公告；11月21

日，代理机构Q公司发布中标公告；11月22日，供应商F公司提出质疑；11月29日，代理机构Q公司答复质疑。

12月4日，供应商F公司向财政部门提起投诉。投诉事项为：招标文件规定"投标人结合项目建设方案进行现场阐述"，其根据招标文件要求制作了PPT，自带投影仪，准备现场讲解方案及案例，但评审现场专家临时变更了评审标准，要求其在"25分钟内书面阐述"，影响评标结果的公正性。现场阐述的目的应是考察投标人提供服务的质量，而非供应商授权代表的书面表达能力、书写速度。

财政部门依法受理本案，并向相关当事人调取证据材料。

采购人W单位称：①书面阐述和口头阐述均是阐述的方式，都能体现投标供应商对本项目的理解和认识。评审小组成员一致同意所有投标单位在25分钟内书面阐述，符合其设定该评审标准的初衷。F公司对本项目了解不够，现场阐述思路不清才未能获得高分。②本项目尚未签订政府采购合同。

代理机构Q公司称：①本项目采用综合评分法，从商务评价、技术评价、报价三大方面综合考察投标供应商实力，并非只有现场阐述一项。F公司对本项目了解不够，写字慢，书面表达能力欠缺，加上高度紧张，导致其本是优势的得分项变成失分项。②现场阐述不同于投标文件制作，且只占5分。

招标文件并未限定时间，评标委员会集体决定给予所有投标供应商同样的阐述时间，不存在排他性和歧视性。

经查，本项目招标文件"评标方法及标准表"显示，"投标人现场阐述5分，投标人结合项目建设方案方面进行现场阐述：阐述全面、合理，得5分；阐述内容相对全面合理，得3分；无阐述或不合理，得0分"。招标文件未规定现场阐述的具体形式。

评标现场录音录像显示，在评标过程中，就"如何进行现场阐述"的问题，评审专家最初提出"给每个投标人8分钟"，经讨论后，评标委员会决定，要求"所有投标人现场书写，限定在25分钟内"。

处理结果

根据《政府采购质疑和投诉办法》（财政部令第94号）第三十二条第一款第（二）项的规定，投诉事项成立，中标结果无效，责令采购人重新开展采购活动。

相关当事人在法定期限内未就处理决定申请行政复议、提起行政诉讼。

处理理由

本项目采用公开招标方式采购，招标文件将"投标人现场阐述"设置为评分项，分值为5分。一般情况下，能够通过书面方式响应的，招标文件应当要求供应商在投标文件中提交，以便于作为合同签订及履行的依据，而"现场阐述"显然区别于书面方式响应。投诉人将招标文件要求理解为现场口头阐述投标方案及案例，并准备了PPT等演示材料及工具，符合对"现场阐述"的通常理解。在评审过程中，评标委员会要求供应商在25分钟内现场书写，限定了"现场阐述"的时间、形式，实质上属于对招标文件的修改，超出评审职责，缺乏法律依据。上述情形违反了《政府采购货物和服务招标投标管理办法》（财政部令第87号）第五十二条、第六十五条的规定，且导致投诉人F公司准备不足，影响了采购公平公正。

六、财政部发布的政府采购指导性案例38号：H总站私有云平台建设采购项目投诉案

关键词

虚假材料/出借/投标凭证。

案例要点

在政府采购活动中，印章、UKey等是供应商的重要身份凭证，应当严格管理，不得出借。因出借投标身份凭证产生的责任由供应商自行承担。

相关依据

《中华人民共和国政府采购法》第七十七条；

《中华人民共和国政府采购法实施条例》第五十五条；

《政府采购质疑和投诉办法》（财政部令第94号）第二十九条、第三十二条。

基本案情

采购人H总站委托代理机构G采购中心就"H总站私有云平台建设采购项目"（以下简称"本项目"）进行公开招标。2021年12月31日，G采购中心发布公开招标公告；

2022年1月28日，G采购中心发布中标公告，D公司为中标供应商；2月8日，供应商L公司提出质疑；2月16日，G采购中心答复质疑。

3月7日，供应商L公司向财政部提起投诉。投诉事项为：①D公司所投标核心产品"超融合节点"不符合招标文件的参数要求，涉嫌虚假应标。经查中标产品制造商官方网站，其产品均不能满足招标文件参数要求。②经查中国网络安全审查技术与认证中心官网、全国认证认可信息公共服务平台，D公司不具备信息安全风险评估服务、信息安全应急处理服务、信息系统灾难备份与恢复服务资质，根据招标文件评分标准应扣2.4分，但其总分却为98.2分，D公司涉嫌提供虚假的资质证书。

财政部依法受理本案，并向相关当事人调取证据材料。

H总站、G采购中心称：其依法开展本项目采购活动，目前尚未签订政府采购合同。

D公司称：本项目的投标行为未经授权，其对投标行为完全不知情，武某非法获取了其名下的G采购中心投标系统UKey后参与投标。因以往存在业务合作，其工作人员误以为史某是公司员工，于是将UKey给了史某。随后，史某将UKey私自给了武某，武某在其完全不知情的情况下，伪造了相关资质文件参与了本项目的投标。直到2022年3月，史某才向其归还UKey。

经查，本项目招标文件"投标邀请"显示，"本项目采用电子采购系统进行网上投标，请符合投标条件的投标人安装投标工具，编制完成后加密上传投标文件。除上述方式之外，不接受投标人以纸质文件或其他任何方式提交的投标文件"，"供应商进行投标须提前办理数字证书和电子签章，……已办理数字证书请确保证书还在有效期内，如已过期或即将过期，须联系CA服务机构进行证书更新"。

招标文件"评分标准说明"显示，"投标人具有由中国网络安全审查技术与认证中心颁发的信息系统安全集成服务资质、安全运维服务资质、信息安全风险评估服务、信息安全应急处理服务、信息系统灾难备份与恢复服务资质，提供一个计0.8分，最多为4分"。"产品清单及指标要求"显示，"超融合节点"共5项技术要求，不要求提供证明材料。

D公司投标文件显示，其对"超融合节点"的技术参数均应答"无偏离"；其在投标文件中提交了信息系统安全集成服务资质认证证书、安全运维服务资质认证证书、信息安全风险评估服务认证证书、信息安全应急处理服务认证证书、信息系统灾难备份与恢复服务资质认证证书，前述证书获证组织均为D公司。

G采购中心提交了电子采购系统后台截图，显示D公司印章来源为"智能卡（UKey）"。

L公司针对投诉事项①提交了中标产品制造商官网截图作为证明材料，截图所载产品型号与中标产品型号不一致。

经在全国认证认可信息公共服务平台核查，D公司投标文件中的2份信息安全服务资质认证证书编号与查询结果不一致，未查询到其他3份证书的信息。

中国网络安全审查技术与认证中心的回函显示，"来函所附5份信息安全服务资质认证证书均不是我中心出具的认证证书"。

处理结果

根据《政府采购质疑和投诉办法》（财政部令第94号）第二十九条第（二）项的规定，投诉事项①缺乏事实依据。根据《政府采购质疑和投诉办法》（财政部令第94号）第三十二条第一款第（二）项的规定，投诉事项②成立，D公司中标结果无效。合格供应商符合法定数量时，可以从合格的中标候选人中另行确定中标供应商的，应当依法另行确定中标供应商；否则责令重新开展采购活动。

对于D公司"提供虚假材料谋取中标"的行为，根据《中华人民共和国政府采购法》第七十七条第一款第（一）项的规定，财政部另行作出行政处罚。

相关当事人在法定期限内未就处理处罚决定申请行政复议、提起行政诉讼。

处理理由

关于投诉事项①，根据《中华人民共和国政府采购法实施条例》第五十五条的规定，供应商质疑、投诉应当提交必要的证明材料。针对投诉所涉技术参数，L公司提交的制造商官网截图所载产品型号与中标产品不一致，不足以证明D公司所投产品不满足招标文件要求。

关于投诉事项②，经向相关证书出具单位调查核实，中国网络安全审查技术与认证中心未出具过D公司在投标文件中提供的5份信息安全服务资质认证证书。因此，其所提供的5份案涉证书属于虚假材料。虽然D公司自述其未参与投标，而是被他人冒名投标，但其内部管理混乱，擅自外借政府采购投标专用UKey，不能成为免责的事由。D公司即便没有使用虚假材料投标的主观故意，对于违法行为的发生也存在重大过失，应当承担相应责任。D公司的行为构成《中华人民共和国政府采购法》第七十七条第一款第（一）项规定的"提供虚假材料谋取中标"的情形。

其他应注意事项

如果供应商认为存在冒用侵权行为，可另行追究侵权人的责任。

七、财政部发布的政府采购指导性案例39号：Y研究所大数据建设试点设备和软件采购项目举报案

关键词

评审专家职责/停止评标/评审因素/差别歧视待遇。

案例要点

在政府采购活动中，评审专家、采购人、采购代理机构之间应当相互监督、形成制约，共同促进政府采购公平竞争，提高财政资金使用效益。

在评审过程中，评审专家发现采购文件存在差别歧视待遇等违反强制性规定的情形，对文件合法性提出异议的，采购人、采购代理机构应当客观、审慎地核查。采纳有关意见的，采购人、采购代理机构应当修改采购文件后重新开展采购活动，不得另行组建评标委员会继续采购活动。

评审专家发现采购人、采购代理机构存在违法违规行为的，应及时向财政部门反映。

相关依据

《中华人民共和国政府采购法》第二十二条、第七十条、第七十一条；

《中华人民共和国政府采购法实施条例》第二十条、第四十条、第七十一条；

《政府采购货物和服务招标投标管理办法》（财政部令第87号）第十七条、第六十五条、第七十八条；

《政府采购评审专家管理办法》（财库〔2016〕198号）第十八条；

《政府采购促进中小企业发展暂行办法》（财库〔2011〕181号）第三条。

基本案情

采购人Y研究所委托代理机构J公司就"Y研究所大数据建设试点设备和软件采购项目"（以下简称"本项目"）进行公开招标。2020年5月12日，代理机构J公司发布招标公告；6月5日，本项目开标、评标，代理机构J公司发布中标公告。

6月10日，财政部收到评审专家的举报材料。举报人反映：在评审过程中，评标委员会发现招标文件编制违法，一致决定废标，但代理机构J公司在评审当日发布了中标公告，与评审结果不符，且公告中更换了原评审专家名单。

财政部依法启动监督检查程序，并向相关当事人调取证据材料。

采购人Y研究所称：①其委托代理机构J公司开展招标工作，经核查证据资料，未发现举报人反映的问题。②其已于2020年6月17日签订了政府采购合同，并按合同约定支付了合同款。

代理机构J公司称：①在编制招标文件期间，其已经抽取过3名专家对招标文件进行审查并根据专家意见进行修改，后期也未收到任何供应商针对招标文件提出的质疑。②评标委员会认定招标文件中"安全可靠技术和产业联盟理事单位证书得3分"的要求违反公平公正，认为本项目应废标，但经与采购人核实确认，该要求并不属于《中华人民共和国政府采购法实施条例》第二十条规定的以不合理的条件对供应商实行差别待遇或者歧视待遇的情形。③本着公平公正、谨慎客观的原则，其再次抽取5名评审专家组成评标委员会。重新组建的评标委员会未对招标文件提出异议，经评审确定了中标候选人。

经查，招标文件"第九章评标标准及办法"的商务部分显示，"投标人具有安全可靠技术和产业联盟理事单位证书得3分，未提供不得分"。"业绩经验"显示，"2016年1月1日以来投标人承接过大数据相关项目业绩，最多得12分。合同金额500万元及以上的，每提供一个得3分；合同金额200万元及以上，低于500万元的，每提供一个得2分；合同金额200万元以下的，每提供一个得0.5分"。

第一次《评标专家抽取情况记录》显示，2020年6月5日，代理机构抽取了5名计算机、信息安全设备等专业的评审专家，其中包括举报人。

第一次评标现场录音录像显示，2020年6月5日10时至13时，评标委员会进行评标，经讨论后认为本项目应当废标，停止了评标工作。

《无效标和废标情况说明》显示，评标委员会成员一致认为本项目应当废标，理由是招标文件中"投标人具有安全可靠技术和产业联盟理事单位证书得3分，未提供不得分"条款违反公平公正原则。

第二次《评标专家抽取情况记录》显示，2020年6月5日，代理机构J公司抽取了5名计算机、工业制造等专业的评审专家，与第一次《评标专家抽取情况记录》中的评审专家不同。

第二次评标现场录音录像显示，2020年6月5日17时至18时左右，重新组建的评标委员会进行了评标。

评标报告显示，评标委员会推荐了得分最高的投标人为排名第一的中标候选人。

处理结果

举报人反映的问题成立。本项目存在违法重新组建评标委员会、以不合理的条件对供应商实行差别待遇或者歧视待遇的问题。

根据《中华人民共和国政府采购法实施条例》第七十一条第一款第（四）项、第二款的规定，本项目政府采购合同已经履行，认定采购活动违法，给供应商造成损失的，由责任人承担赔偿责任。

根据《中华人民共和国政府采购法》第七十一条第（三）项、《政府采购货物和服务招标投标管理办法》（财政部令第87号）第七十八条第（九）项的规定，责令采购人Y研究所、代理机构J公司分别就上述问题限期改正，并给予警告的行政处罚。

相关当事人在法定期限内未就处理处罚决定申请行政复议、提起行政诉讼。

处理理由

本项目采购标的为计算机等硬件设备及有关软件，是否具备"安全可靠技术和产业联盟理事单位证书"与采购需求无关，与供应商能否履约也无必然联系。招标文件将该证书设置为评审因素缺乏法律法规依据，属于《中华人民共和国政府采购法实施条例》第二十条第（二）项规定的以不合理的条件对供应商实行差别待遇或者歧视待遇的情形，违反了《中华人民共和国政府采购法》第二十二条第二款的规定。评标委员会认为上述评审因素影响采购公平公正，停止评标工作并无不当。代理机构J公司应当会同采购人修改招标文件，重新组织采购活动，其重新组建评标委员会进行评审的行为违反了《政府采购货物和服务招标投标管理办法》（财政部令第87号）第六十五条的规定。

此外，本项目招标文件将合同金额作为业绩的评分标准，违反了《中华人民共和国政府采购法》第二十二条第二款、《政府采购货物和服务招标投标管理办法》（财政部令第87号）第十七条、《政府采购促进中小企业发展暂行办法》（财库〔2011〕181号）第三条的规定，属于《中华人民共和国政府采购法实施条例》第二十条第（八）项规定的以不合理的条件对供应商实行差别待遇或者歧视待遇的情形。

其他应注意事项

采购人、采购代理机构不认可评审专家对采购文件提出的异议，可以向财政部门反映。

八、财政部发布的政府采购指导性案例40号：B邮电大学宿舍智能用电系统升级改造项目举报案

关键词

采购需求管理/重新评审。

案例要点

政府采购活动按照法定程序产生结果，采购结果具有严肃性和法律效力。采购人应当落实主体责任，加强采购需求管理，认真组织评审，并承担相应责任。除法定情形外，采购人不得通过事后重新评审等内部程序自行改变采购结果。

采购人应当合理编制采购预算，除法定情形外，不得随意终止采购活动。

相关依据

《政府采购竞争性磋商采购方式管理暂行办法》（财库〔2014〕214号）第二十八条、第三十二条；

《政府采购需求管理办法》（财库〔2021〕22号）第三条、第四条、第五条；

《中华人民共和国预算法》第十二条、第三十七条。

基本案情

采购人B大学委托代理机构J公司就"B邮电大学宿舍智能用电系统升级改造项目"（以下简称"本项目"）采用竞争性磋商方式进行采购。2019年5月21日，代理机构J公司发布竞争性磋商公告。6月5日，磋商小组经评审推荐供应商C公司为成交候选人。6月11日，采购人B大学对评审结果提出异议。6月26日，代理机构J公司组织原磋商小组重新评审。

10月8日，采购人B大学向财政部来函，反映在确认成交结果的过程中，发现供应商C公司响应文件中存在资格性检查认定错误、所投电表型号前后不一致等问题。虽然经组织原磋商小组重新评审后，原磋商小组认为评审结果不变，但其作为采购人仍认为存在履约风险，无法与C公司签订采购合同。

财政部依法启动监督检查程序，并向相关当事人调取证据材料。

代理机构J公司称：①本项目尚未发布成交公告，因采购人B大学对采购结果提出异议，于6月26日组织磋商小组进行了重新评审。②本项目资格审查及符合性审查均由磋商小组负责，应以磋商小组评审结果为准。

C公司称：其在进行本项目现场勘查前没有接触过本项目，未给采购人B大学提供过整体设计、规范编制或项目管理等服务；且能够提供所投产品型号的型式评价报告、型式批准证书，完全满足磋商文件资格要求和学校实际使用需要。

经查，磋商文件"第二章供应商须知"显示，"4.2供应商不得存在为采购项目提供整体设计、规范编制或者项目管理、监理、检测等服务的情形"；"4.5本次采购组织踏勘，踏勘时间为2019年5月29日上午10：00"。"第三章采购需求"显示，"三、前期采购数量具体以实际踏勘为准"。

C公司资格证明文件显示，"我公司前期是为本项目提供整体设计、规范编制或者项目管理、监理、检测等服务的供应商"。

磋商小组于2019年6月5日签署的评审报告显示，磋商小组由1位采购人代表和2位评审专家组成，经评审推荐C公司为成交候选人。

磋商小组于6月14日签署的报告显示，关于采购人反映的问题，应让C公司解释说明是否前期为本项目提供过整体设计、规范编制或者项目管理、监理、检测等服务。

6月26日，磋商小组重新评审，请C公司就"是否为本项目提供整体设计、规范编制或者项目管理、监理、检测等服务""能否提供在有效期内且与所投型号一致的计量器具许可证"等问题进行了说明。C公司提交的答复意见显示：①C公司在进行本项目现场勘查前没有接触过本项目，未给采购人B大学提供过整体设计、规范编制或项目管理等服务。对此部分的响应是将磋商文件相关要求错误理解为"是否在评审前进行了现场勘查并了解现场情况，提供了针对本项目的设计方案"。②C公司承诺能够提供完全符合要求的产品进行履约，该产品具备符合计量法的型式批准证书，可以提供所投型号电表的实物、计量器具型式评价报告，该产品即为投标产品型号。③C公司承诺货物运抵学校后，采购人可以抽取产品送第三方检测机构检测，如检测不合格，愿承担一切后果。

C公司在案件处理过程中提交了所投产品型号的《计量器具型式批准证书》和《计量器具型式评价报告》。

处理结果

采购人B大学反映的问题不成立。财政部告知采购人B大学应当依法签订政府采购合同，并加强后续履约验收，不得超范围重新评审。

采购人B大学后续反映，因审计部门认为本项目采购的智能电表系统属于宿舍建设工程的一部分，可以由施工单位负责，不应单独再次采购，决定取消采购任务。因上述情况涉及预算编制问题，财政部向采购人主管预算单位去函，主管部门对B大学进行了约谈。

处理理由

对于供应商是否存在"为采购项目提供过整体设计、规范编制或者项目管理、监理、检测等服务的情形"，采购人理应知晓。C公司在响应文件中作出了明显不符合常理的承诺，经过磋商程序，包括采购人代表在内的磋商小组未提出异议。在重新评审过程中，C公司也向磋商小组进行了说明，其磋商文件中对该项内容响应为"是"属于理解错误，实际上并没有为本项目提供过整体设计、规范编制等服务。磋商小组对上述情况予以认可，C公司事实上符合上述资格条件。此外，C公司承诺其实际响应的产品型号与响应文件中提交的《计量器具型式评价报告》中的产品型号一致，并提供了该产品的型式批准证书。磋商小组也予以认可，维持原评审结果。结合C公司的说明和承诺，现有事实不影响B大学签订政府采购合同。

采购人B大学未依法确认采购结果，来函暴露出其在采购活动组织过程中存在以下问题：①相关问题均可以在磋商过程中予以澄清和明确，但采购人代表在磋商过程中未尽到审查职责，影响了采购效率。②评审结束后，B大学就"资格性检查认定错误"的问题组织重新评审，但在评审过程中又对响应产品能否满足磋商文件其他要求进行审查，超出了法定的重新评审范围，违反了《政府采购竞争性磋商采购方式管理暂行办法》（财库〔2014〕214号）第三十二条的规定。③B大学未在法定期限内确认采购结果。

其他应注意事项

采购人、采购代理机构在处理供应商质疑时，不得超出质疑事项范围对其他内容进行复核。

九、财政部发布的政府采购指导性案例41号：G单位办公家具采购项目投诉案

关键词

采购需求管理/资格条件/差别歧视待遇。

案例要点

采购需求应当符合采购项目特点和实际需要。采购人将与所需产品无直接关联的内容设置为资格条件或评审因素，构成以不合理条件对供应商实行差别待遇或者歧视待遇。

相关依据

《中华人民共和国政府采购法》第二十二条、第七十一条；

《中华人民共和国政府采购法实施条例》第二十条；

《政府采购质疑和投诉办法》（财政部令第94号）第三十一条；

《政府采购需求管理办法》（财库〔2021〕22号）第七条、第十八条。

基本案情

采购人G单位委托代理机构M公司就"G单位办公家具采购项目"（以下简称"本项目"）进行公开招标。2020年9月17日，代理机构M公司发布招标公告；10月7日，供应商X公司提出质疑；10月8日，代理机构M公司答复质疑；10月16日，本项目开标、评标；10月17日，代理机构M公司发布中标公告。

10月15日，供应商X公司向财政部提起投诉。投诉事项为：招标文件将非国家强制性证书"安全生产标准化证书"作为资格条件，涉嫌以不合理条件限制或者排斥潜在供应商。

财政部依法受理本案，并向相关当事人调取证据材料。

采购人G单位、代理机构M公司称：①经调研，市场上有多家供应商能够基本满足本项目评标标准，且招标文件于公开发售前已经过论证，本项目招标文件评标标准、技术参数不存在针对性和排他性。②办公家具使用年限需在15年以上，故采购的家具必须确保安全、环保且使用年限达标。"安全生产标准化"能有效体现企业管理水平、规范生产能力和产品质量保障能力，符合采购人需求。

经查，招标文件采购需求部分显示，采购标的为办公桌、会议桌、文件柜等办公家具。评标标准部分的"资格性检查和符合性检查一览表"显示，评审因素"许可证"的评审标准为"具有有效的'安全生产标准化证书'，提供原件"。

财政部向证书主管单位A执法监管局进一步调查取证。其回函显示，企业安全生产标准化的核心内容是建立、保持并持续改进企业安全生产标准化管理体系，主要包括作业安全、职业健康、应急救援等要素；"安全生产标准化证书"由企业自愿提出评审申请，评审通过后取得。

处理结果

根据《政府采购质疑和投诉办法》（财政部令第94号）第三十一条第（二）项的规定，投诉事项成立，中标结果无效，责令采购人重新开展采购活动。

根据《中华人民共和国政府采购法》第七十一条第（三）项的规定，责令采购人G

单位、代理机构M公司就以不合理条件对供应商实行差别待遇或者歧视待遇的问题限期改正，并分别给予警告的行政处罚。

相关当事人在法定期限内未就处理处罚决定申请行政复议、提起行政诉讼。

处理理由

"安全生产标准化证书"以企业自愿申请为原则，属于非国家强制性认证证书。同时，该证书主要从作业安全、职业健康、应急救援等方面考察企业的安全生产能力。本项目主要采购办公家具，属于货物采购，与上述安全生产能力不直接相关。招标文件将该证书设置为资格条件属于《中华人民共和国政府采购法实施条例》第二十条第（二）项规定的"设定的资格、技术、商务条件与采购项目的具体特点和实际需要不相适应或者与合同履行无关"的情形，违反了《中华人民共和国政府采购法》第二十二条第二款的规定。

其他应注意事项

对于证书类评审因素的设置，应当结合证书获取是否对供应商的注册资本、营业收入等规模条件作出限制、已获取证书的供应商数量是否具有竞争性等方面进行综合考量。

十、财政部发布的政府采购指导性案例42号：P市加油站智能远程监管系统（物联网监管系统）采购项目投诉案

关键词

质疑投诉/法定受理条件/不予受理。

案例要点

采购项目的设立本身不属于供应商可以提起质疑、投诉的范围。供应商对此提起投诉的，财政部门应予以驳回。

相关依据

《中华人民共和国政府采购法》第五十二条、第五十五条；

《政府采购质疑和投诉办法》（财政部令第94号）第十条、第十七条、第二十九条。

基本案情

采购人P市税务局委托代理机构B公司就"P市加油站智能远程监管系统（物联网监管系统）采购项目"（以下简称"本项目"）进行公开招标。2020年7月1日，代理机构B公司发布招标公告；7月6日，供应商C公司提出质疑；7月15日，代理机构B公司答复质疑。

7月30日，供应商C公司向财政部提起投诉。投诉事项为：加油机监控微处理器和加油机编码器作为加油机计量和税控装置的重要组成部分，不得随意进行更换或者升级改造。国家并未颁布有关现有加油机不能满足计量与税控功能的法律法规，本项采购属于重复采购。

财政部依法受理本案，并向相关当事人调取证据材料。

采购人P市税务局、代理机构B公司称：现有加油机防作弊系统存在诸多薄弱环节，本项目采购的加油机监控微处理器和加油机编码器均为最新版本，用于替换存量加油机旧版自锁部件，是从行业监管的实际需求出发，不属于重复采购。

经查，招标文件"二、项目需求清单"显示，采购货物包含"加油机监控微处理器""加油机编码器"等产品。

处理结果

根据《政府采购质疑和投诉办法》（财政部令第94号）第二十九条第（一）项的规定，该投诉不符合法定受理条件，驳回投诉。

相关当事人在法定期限内未申请行政复议、提起行政诉讼。

处理理由

根据《中华人民共和国政府采购法》第五十二条、第五十五条，《政府采购质疑和投诉办法》（财政部令第94号）第十条、第十七条的规定，供应商认为采购文件、采购过程和中标、成交结果使自己的权益受到损害的，可以提起质疑、投诉。该投诉事项针对的是采购项目的设立，不属于可以提起质疑、投诉的范围。供应商对采购项目的设立有异议的，可以向采购人主管预算单位反映。

其他应注意事项

采购项目预算金额、采购合同签订及履行等问题，不属于采购文件、采购过程和中标、成交结果使供应商权益受到损害的情形，不属于可以依法质疑、投诉的范围。

本章小结

本章主要向大家介绍了投标人如何在投标实务中有效维权的流程、要点、依据、工具等。本章的内容，与第一章的内容达到了闭环的效果。识别了项目的属性，后期即可选择合适的法律工具进行有效维权。

无论是质疑还是异议、是投诉还是举报，都是法律赋予招投标当事人维权和维护营商环境的工具，作为投标人，在投标实务中不但要知法守法，而且要懂法用法，了解"法无禁止即可为，法无授权不可为"的原则。

投标人的维权渠道
- 质疑的流程及要点
- 异议的流程及要点
- 质疑和异议常用依据
- 质疑和投诉典型案例

第九章 电子招投标

林天逸： 曾师傅，您觉得电子招投标到底是更方便投标人还是更难为投标人呢？上传手头这份电子标书花费的时间，我感觉都可以打印好几份项目的纸质标书了。

曾洪波： 哈哈哈，对于不熟悉的平台，或者不成熟的平台的确会有这种感觉。电子招投标已经是趋势了，作为投标人必须适应。但是呢，每个平台操作都不一样，所以我才让你多看操作手册。反正你都上传完了，我就跟你说说我们参加电子招投标的时候要注意些什么吧。下次遇到不熟悉的平台，也不用害怕，按部就班就好了。

本章内容导航

电子招投标的介绍

参加电子招投标的流程

参加电子招投标的注意事项

第一节　电子招投标的介绍

电子招投标是以数据电文形式完成的招标投标活动。通俗地说，就是部分或者全部抛弃纸质文件，借助计算机和网络完成的招标投标活动。一般的电子招投标，都需要经历两个环节：一个是电子平台的供应商注册入库，另一个是CA电子签章的购买。

2013年2月4日，中华人民共和国国家发展和改革委员会令第20号公布《电子招标投标办法》，意味着电子招标投标的时代已经来临，并将快速发展，新冠疫情的出现推进了各地电子招标投标的发展。2023年1月19日，国家发改委发布了《国家发展改革委办公厅关于在部分地方公共资源交易平台和企业招标采购平台试运行招标投标领域数字证书跨区域兼容互认功能的通知》，这对于各大投标人来说是一个重磅好消息，不仅可以减少办理CA的费用和流程，更可以简化投标人学习使用不同平台客户端的难度。

虽然国家发改委发布了有利政策，但是政策的落实还需要一段时间，在投标实务中除公共资源交易平台之外，我们还有可能接触到其他平台，那么作为投标人应该如何应对不同平台的要求呢？下面，我们先来了解一下参加电子招投标的一般流程，然后再看看参加电子招投标需要注意的事项。

第二节　参加电子招投标的流程

参加电子招投标的一般流程为：注册成为平台的供应商→获取项目→办理CA证书→CA证书绑定→投标客户端的学习及试上传→电子标的制作与加密→开标。

（1）注册成为平台的供应商。采取电子标方式采购的项目跟传统的项目一样，都是在代理机构发布招标信息的，招标公告会提醒供应商在哪个平台进行注册、获取招标文件，以及上传投标文件。

以图9-1为例，图中的公告说明了获取招标文件的地址是广东省政府采购网，并且在"六、其他补充事宜"中提醒了供应商详细阅读供应商操作手册以及办理CA的事宜，那么这就意味着，我们想要参加此项目招标，就必须先完成广东省政府采购网的供应商注册。

三、获取招标文件
　　时间：2023年02月09日 至 2023年02月16日，每天上午 00:00:00 至 12:00:00，下午 12:00:00 至 23:59:59（北京时间，法定节假日除外）
　　地点：广东省政府采购网https://gdgpo.czt.gd.gov.cn/
　　方式：在线获取
　　售价：免费获取

四、提交投标文件截止时间、开标时间和地点
　　2023年03月02日 09时30分00秒 （北京时间）
　　递交文件地点：广州市越秀区越华路112号（珠江国际大厦）3楼302室
　　开标地点：广州市越秀区越华路112号（珠江国际大厦）3楼302室

五、公告期限
　　自本公告发布之日起5个工作日。

六、其他补充事宜
　　1.本项目采用电子系统进行招投标，请在投标前详细阅读供应商操作手册，手册获取网址：https://gdgpo.czt.gd.gov.cn/help/transaction/download.html。投标供应商在使用过程中遇到涉及系统使用的问题，可通过020-88696588 进行咨询或通过广东政府采购智慧云平台运维服务说明中提供的其他服务方式获取帮助。
　　2.供应商参加本项目投标，需要提前办理CA和电子签章，办理方式和注意事项详见供应商操作手册与CA办理指南，指南获取地址：https://gdgpo.czt.gd.gov.cn/help/problem/。
　　3.如需缴纳保证金，供应商可通过"广东政府采购智慧云平台金融服务中心"（http://gdgpo.czt.gd.gov.cn/zcdservice/zcd/guangdong/），申请办理投标（响应）担保函、保险（保证）保函。

图9-1　某招标公告截图

供应商的注册一般需要经历填写公司资料、上传证件、等待平台审核等流程，基本上1—2个工作日可以完成，有部分平台可能需要线下递交证明材料。各投标人需要留意所注册平台发布的信息，如有不明确的地方，须联系平台工作人员确认清楚。

（2）获取项目。完成平台的注册之后就可以登录后台进行项目的报名（或者说项目的获取）。有部分平台可能还存在线上线下同步报名的环节，届时投标人需要注意招标公告的内容。登录后台获取项目的意义跟线下投标中的项目报名有点类似，但这个获取的动作除供应商信息登记之外，还有一个更重要的作用就是获取电子标工程文件。我们只有获取了电子标工程文件才可以在投标客户端制作电子投标文件，当然，有部分平台是只要供应商登记了，投标客户端就会出现该项目的信息，投标人直接导入电子投标文件即可。另外，还有部分平台在获取项目这个环节是有截止时间的，错过了就不能再获取了。

（3）办理CA证书。CA证书为通信双方提供了身份验证、加密通信、数字签名等服务。在投标实务中，CA证书的角色起到关键性的作用，电子投标文件的盖章、投标文件的加密以及开标时的解密，都需要通过CA证书完成。CA证书由CA证书颁证机构颁发，需要单独办理，大家要将其跟第一步的平台注册区别开，注册了平台不代表办理了CA证书。我们可以这样理解，平台的注册就像是成功进入一个楼盘小区，而CA证书则像是进入某个特定房子的钥匙。要获得这把"钥匙"，即完成CA证书的办理，通常需要支付一定的费用，一般来说，这笔费用在200—400元。相比之下，注册平台是免费的。图9-2为CA证书的几个样例，它们的外表跟我们日常使用的U盘类似。

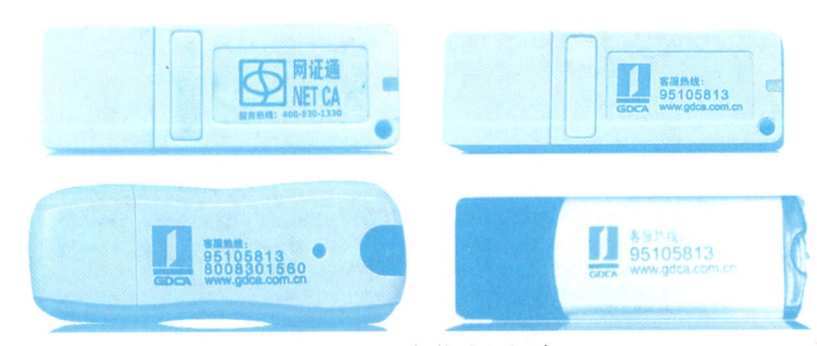

图9-2 不同机构的CA证书

一个投标平台可能会跟多个CA证书颁证机构合作，而不同机构办理CA证书递交的资料和所交的费用是不一样的，就像我们去买门锁，可以去A店也可以去B店，其中的道理是一样的。因此，我们办理CA证书的时候要确认清楚办理的机构以及其要求的费用。

（4）CA证书绑定。我们获得CA证书之后，要做以下三件事，缺一不可。

一是必须谨记CA证书的密码。每个CA证书都有初始密码，初始密码会写在证书盒里面的密码纸上，如果我们修改密码的话要谨记，因为CA证书的密码涉及电子投标文件的盖章、加密以及开标时候的解密。

二是确认投标平台是否需要绑定CA证书。由于颁发CA证书的机构会同时跟多个投标平台合作，例如，CA证书颁发机构网证通跟广州公共资源交易中心、广东省政府采购智慧云平台和深圳交易集团同时合作，所以需要有一个CA证书和平台绑定的操作，才可以保证CA证书与平台的唯一联系，否则上传过程中容易出现无法上传的情况，一般登录投标平台插入CA即可进行绑定的操作。

三是下载CA安全客户端进行试运行（见图9-3）。运行CA证书需要下载CA安全客户端，一般在投标平台的工具栏或者办理CA证书的官方网站会提供相关工具包。CA安全客户端可以检测我们的电脑是否适合该CA证书运行，并能提醒CA证书的有效期，检测CA

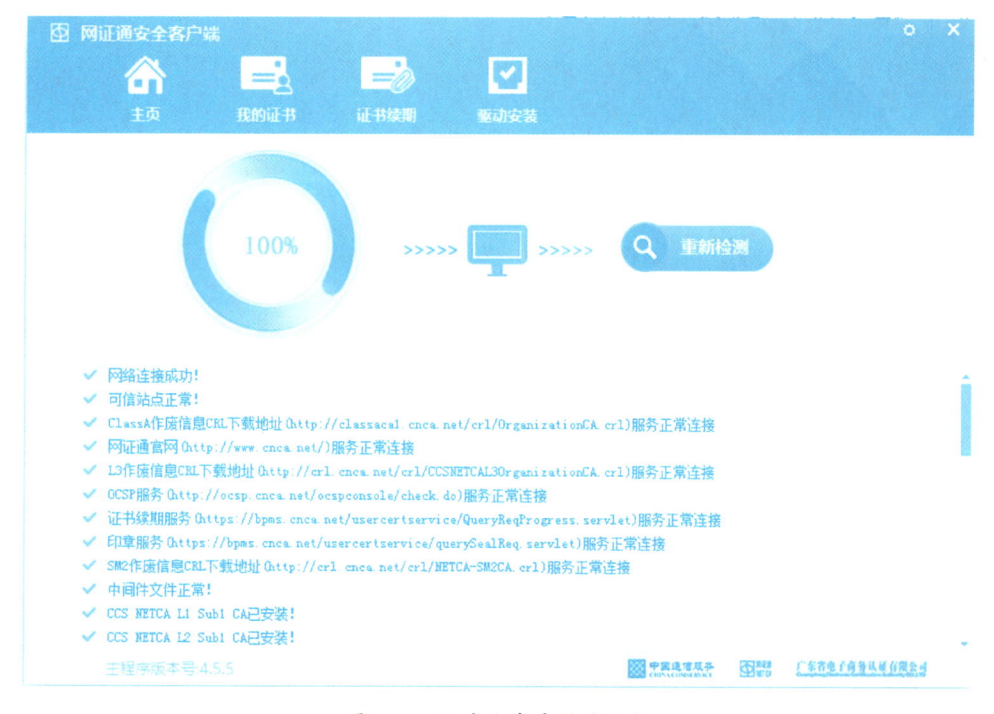

图9-3　CA安全客户端试运行

证书是否需要更新或下载补丁。在CA安全客户端进行CA证书的运行和检测，是避免电子标书制作过程中出现问题的首要条件，投标人必须重视。

（5）投标客户端的学习及试上传。投标客户端是制作投标文件的工具，在客户端上面我们完成投标文件的导入、响应、盖章和加密。不同的平台会有不同的投标客户端，平台上都有对应的操作教程，投标人可以下载学习。

（6）电子标书的制作与加密。由于各个平台的投标客户端的使用规则不一样，因此建议投标人在了解电子标书制作与加密流程之后先试运行一次。这里的试运行是指把"投标文件导入—点对点响应—盖章—加密—上传至平台"的所有步骤都试一遍，在此过程中若遇到操作问题、运行环境不匹配问题等可以及时解决。

（7）开标。电子招投标的开标一般会在平台后台进行，跟我们线下开标的流程一样，投标人签到—投标文件解密—代理机构唱标—异议澄清（如有）—投标人签名确认报价。在开标环节中，投标人签到、投标文件解密和最后的投标人签名确认报价都会用到CA证书，而且投标人要用采购人或代理机构指定的证书进行相关操作，这是投标人需要注意的。

第三节　参加电子招投标的注意事项

（1）各平台操作方式不一样，大家要前往相应平台下载操作指南自行学习。

（2）获取项目跟线下项目投标报名一样，是有时间限制的（视平台而定），必须在有效时间内进行操作。

（3）建议大家办理CA证书的时候同时办理法定代表人的电子签名，这样可以省去制作电子投标文件时，把需要签名的页面打印出来手签再扫描所用的时间。

（4）很多投标人都会忽略CA证书绑定这个步骤，要确认一下所操作平台需不需要完成这个步骤。

（5）CA证书拿到手之后，一定要插入电脑在CA互认系统中进行检测和盖章，保证证书运行没问题，且是可以盖章的。

（6）无论对平台多么熟悉，都要试上传一次，以保证后续的操作无误。

（7）开标当天，确保所有开标流程都操作一遍再退出，最好看到开标结束的提示语后再退出系统，以免开标过程中漏掉需要盖章确认、投标人澄清的操作而导致被否决投标。

> **本章小结**
>
> 　　本章介绍了投标人如何参加电子招投标，特别强调了在参加电子招投标过程中投标人需要注意的事项。由于各平台操作方式不一样，CA证书的使用方式也不同，因此再次提醒投标人届时关注平台发布的操作指南并试运行一次为妥。

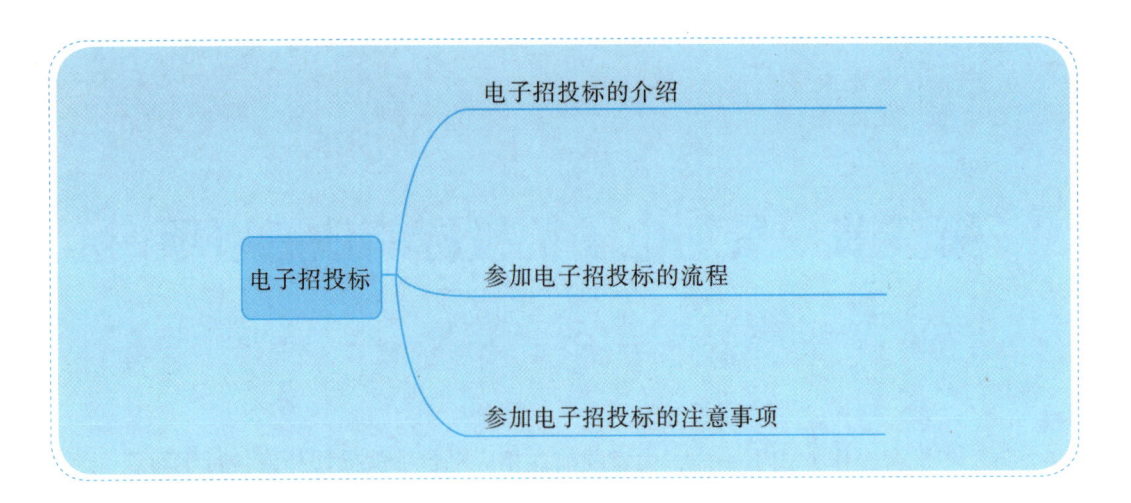

```
                  ┌── 电子招投标的介绍
                  │
   [电子招投标] ───┼── 参加电子招投标的流程
                  │
                  └── 参加电子招投标的注意事项
```

第十章 常见无效投标及相关案例

林天逸：曾师傅，今天的项目是现场评标的，我们中标啦。但是我看到好几个投标人被否决投标了，我自己也觉得很惊险。

曾洪波：想听废标案例吗？

林天逸：当然想啊，曾师傅您跟我说说吧。

曾洪波：看你今天这么厉害，跟你说几个废标案例作为奖励吧。

本章内容导航

常见无效投标

无效投标案例

第一节　常见无效投标

无效投标，是指投标文件无法通过资格性审查或符合性审查，或者是在投标过程中出现法律法规规定的投标无效的情况，投标文件被判定为无效的情形。表10-1给大家总结了常见的无效投标的原因。

表10-1　常见的无效投标的原因

招投标阶段	原因
获取招标文件	错过报名/获取招标文件的时间、没有按要求提交报名资料、没有注册对应平台等
支付保证金	没有按照招标文件汇保证金（保证金并非投标人账户汇出或没有汇对金额等）
标书制作	不符合资格性审查、符合性审查要求或者没有响应实质性条款（公司名称、项目名称、项目编号等填写错误，修改招标文件的格式，没有响应星号条款等）
密封	没有按照招标文件要求进行密封等
项目开标	开标时间不对、开标地址不对、标书递交错误、没有按要求提供原件等
电子投标	没有报名、CA证书有问题、上传了错误的投标文件、解密失败、没有用CA证书确认报价等

其中，因为符合性审查环节既包括了格式审查也包括了实质性审查，范围比较大，基本涵盖了整个投标文件，所以这里容易出现问题而导致投标无效。

第二节 无效投标案例

案例1：提供的财务会计报告、审计报告不完整导致资格性审查不通过

某项目唱标之后对投标人的投标文件进行资格性审查，代理机构发现A供应商的投标文件中，财务报告中的现金流量表、资产负债表、利润表下方签名位置没有签名，而且审计报告附上的会计师证书没有年审标志，判定资格性审查不通过，投标文件无效。

【给投标人的提醒】

需要密切关注投标资料的完整性和有效性。

《中华人民共和国会计法》第二十一条规定："财务会计报告应当由单位负责人和主管会计工作的负责人、会计机构负责人（会计主管人员）签名并盖章；设置总会计师的单位，还须由总会计师签名并盖章。"因此，财务报告中的现金流量表、资产负债表、利润表的下方应该有签名。

另外，《财政部关于注册会计师在审计报告上签名盖章有关问题的通知》已明确要求，审计报告应当由两名具备相关业务资格的注册会计师签名盖章并经会计师事务所盖章方为有效。本案例中审计报告附上的会计师证书没有年审标志，导致审计报告无效，因此投标人的资格性审查不通过。

案例2：投标保证金没有按时支付导致投标无效

某单位采购电脑一批，依照政府采购项目公开招标，招标文件要求："投标保证金须在2023年2月17日前以银行划账或电汇的方式提交并转入以下账号，否则为无效保证金。汇款时请注明所投项目名称。"

项目开标时间在2023年2月21日，根据以往投标经验，投标保证金都是在开标前到达即可，因此投标人A在2月20日汇出保证金。开标当天，代理公司查验保证金的时候发现投标人A的保证金逾期到达，因此判定该投标人的投标无效。

【给投标人的提醒】

根据《中华人民共和国政府采购法实施条例》第三十三条："招标文件要求投标人提交投标保证金的，投标保证金不得超过采购项目预算金额的2%。投标保证金应当以支票、汇票、本票或者金融机构、担保机构出具的保函等非现金形式提交。投标人未按照招标文件要求提交投标保证金的，投标无效。"

本案例中，是典型的经验主义导致投标无效的情形。除保证金没有按照时间要求提交导致投标无效之外，以下几种情形也会导致投标无效：

（1）招标文件要求保证金从基本户汇出，但投标人没有用基本户汇出导致投标无效。

（2）投标人用私人账户汇出保证金导致投标无效。

（3）投标人汇错账号或者金额汇少导致投标无效。

（4）电子招投标流程中，保证金汇出之后需要跟项目绑定，投标人没有按流程操作导致投标无效。

综上，投标保证金属于符合性审查阶段的审查项，如果没有按照要求或者流程操作，会导致投标无效，因此提醒各位投标人要一字不漏地查看招标文件，按照要求操作，涉及电子招投标的，留意平台上有没有发布关于"保证金绑定"的操作。

案例3：因投标有效期不满足招标文件要求导致投标无效

某单位采购电脑的项目公开招标，招标文件的投标人须知前附表中规定，投标有效期为"从提交投标（响应）文件的截止之日起90日历天"，同时，招标文件提供了投标文件响应格式，格式中的投标函对投标有效期的约定是这样表述的："本投标文件的有效期为从提交投标（响应）文件的截止之日起90日历天。如中标，有效期将延长至合同终止日为止。在此提交的资格证明文件均至投标截止日有效，如有在投标有效期内失效的，投标方承诺在中标后补齐一切手续，保证所有资格证明文件能在签订采购合同时直至采购合同终止日有效。"

由于投标人B没有补充格式中的投标有效期，因此在符合性审查阶段被专家判定投标无效。

【给投标人的提醒】

大多数投标人都认为代理公司提供的格式都是标准而且准确的，对于它们提供的一些固定格式如投标函、资格声明函等，我们只需补充落款即可。事实证明，并非如此，因此投标人须仔细查看格式中的内容，如发现缺失内容请向代理公司确认处理方法，是自行补上还是让代理公司出具更正文件等。

案例4：因对产品不理解导致投标文件没有响应实质性条款导致投标无效

某学校食材采购项目，招标文件的星号条款要求"提供的所有产品均为非转基因产品（提供承诺函并加盖公章）"。投标人按要求提供了加盖公章的承诺函，但是在投标明细表中却列明，提供某品牌的调和油。经评审专家评审，该品牌调和油属于转基因产品，投标文件没有响应招标文件的实质性条款，因此判定投标无效。

【给投标人的提醒】

投标人应充分了解产品信息或在标前会列出实质性条款，由项目经理或者相关部门同事进行确认。

案例5：没有对用户需求书要求提供的资料作出响应

内江市某医院医疗耗材采购项目招标，用户需求书列明了以下条款：

"投标人承诺中标后提供1名技术人员驻点服务，由医院进行统一考勤管理。驻场人员涉及费用由投标人承担，包含在此次报价中。（投标时需提供有服务团队姓名、联系方式及加盖投标人公章的承诺函。）"

而投标文件中，投标人C并未对该条款进行承诺，也没有提供用户需求书要求的服务团队姓名及联系方式，因此判定资格性审查未通过，投标无效。

【给投标人的提醒】

招标文件的用户需求书有时候会要求提供承诺函，以及要求我们在投标文件中提供其他资料，以上条款虽然不是资格性条款也不是符合性条款，但是我们同样需要作出响应才可以保证投标文件有效。

案例6：报价形式错误导致投标无效

漳州市某单位食材项目采购公开招标，招标文件中写明："本项目由于无法测算年度计划采购总额，因此采用折扣率报价，本项目预算金额40万元，用于投标人折扣率的测算，为保证商品的品质及避免为恶意谋取中标而报价低于成本价的情形出现，本次采购项目报价（折扣率）不得低于90%，否则按无效投标处理。"

投标人D在开标一览表中填写的折扣率为89%，低于招标文件规定的"项目报价（折扣率）不得低于90%"的要求，因此被判定投标无效。

【给投标人的提醒】

不少投标人都会在折扣率、下浮率、最高限价和最低限价等方面犯低级错误，其实这是对招标文件条款不理解造成的。一般情况下报价都是投标文件制作的最后阶段才确定的，拿到报价之后投标人不必急着填到投标文件中，可以请项目经理或者部门同事进行确认。

案例7：更改了招标文件的格式导致未通过符合性审查

某食材项目公开招标，招标文件给投标人提供了投标文件格式，其中在"投标人认为需提供的其他文件"的格式中有落款要求，格式如下：

格式十：投标人认为需提供的其他文件

投标人名称（公章）：
日期：

此位置大多数投标人会开始填写对应评分标准的内容，所以会有方案的编写，因此最后的落款很容易遗漏。投标人E正是因为这个原因才使投标文件无法通过符合性审查，导致投标无效。

【给投标人的提醒】

投标文件的格式是代理机构提供的，一般情况下不可增减内容，如果投标人在实际工作中遇到上述案例中类似的情况，建议先把格式中的落款填上，然后另开一页再继续投标内容的编写。

案例8：多包组投标，由于胶装失误导致投标无效

某学校校服采购项目公开招标，该项目按照采购需求分了包1和包2，两个包组投标人均可投标，兼投不兼中。投标人F同时参加两个包组的投标，但是标书胶装封面的时候把包1和包2的投标文件封面装反了，即包1投标文件胶装的封面是包2投标文件的，包2投标文件胶装的封面是包1投标文件的。代理机构在开展资格性审查的时候发现了这个问题，因此判定投标文件没有按照招标文件要求封装，导致投标无效。

【给投标人的提醒】

根据《中华人民共和国招标投标法实施条例》第三十六条："未通过资格预审的

申请人提交的投标文件，以及逾期送达或者不按照招标文件要求密封的投标文件，招标人应当拒收。"

很多投标人都会忽略标书胶装和密封这个环节的检查，以此案例提醒各位投标人，标书的封面（包括外封面和内封面）也需要仔细检查。

案例9：由于没有及时留意招标更正公告，导致去错开标地点

2022年11月广州某政府采购项目公开招标，原定于11月11日开标的，由于疫情原因该项目进行了一次延期，代理公司按流程发布了延期公告，开标日期延期至11月26日，并且更改了开标地点。投标人G只记得开标日期的变更，却没有留意开标地点的变更，在11月26日带着投标文件前往原开标地点，到开标时间发现开标室仍未开门，于是向工作人员询问，在得知开标地点变更时已经错过开标时间，且来不及前往正确的开标地点了，投标人G错失了一次投标的机会。

【给投标人的提醒】

在投标实务中，出现过因投标文件体积过大或重量过重，保护不当而导致严重破损，最终让投标人丧失竞标资格的情况；出现过投标人忘记携带证件原件而丧失竞标资格的情况；也出现过遭遇交通高峰期而迟到以致丧失竞标资格的情况；还出现过未能及时关注开标变更信息导致前往错误的开标地点或楼层而错失竞标资格的情况。这些失误每天都在不同的投标过程中上演，笔者认为这是非常痛心的事情，那么，我们应该如何避免以上这些情况的发生？笔者有以下几个建议。

（1）注意保护投标文件：若投标文件体积过大或重量过重，建议邀请同事一同前往开标现场以协助搬运、保护文件。此外，强烈建议携带公章、密封条以及封箱胶带，以便现场发现投标文件有破损情况时，能够及时进行修复，确保投标文件的完整性和有效性。

（2）严格检查证件资料：在出发前，务必再次确认所有必需的证件原件已准备齐全，并放入随身携带的包中，避免遗忘。

（3）提前规划行程：开标的时间一般在早上，是很多城市的交通高峰期，因此

可以在开标前一天租住开标地点附近的酒店，以免因为塞车导致无法及时赶往开标现场。

（4）密切关注开标信息：建议投标人在封标前3天留意发布项目招标信息的平台，确认是否有更正、延期、澄清的公告，以免信息差导致投标失败。

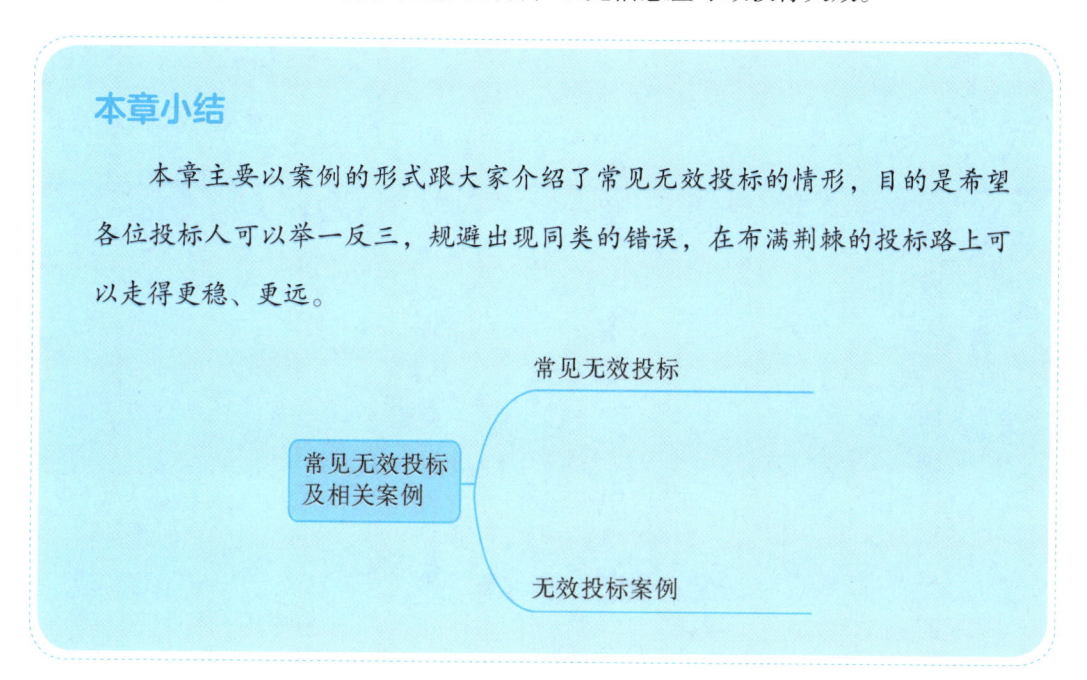

> **本章小结**
>
> 本章主要以案例的形式跟大家介绍了常见无效投标的情形，目的是希望各位投标人可以举一反三，规避出现同类的错误，在布满荆棘的投标路上可以走得更稳、更远。
>
> 常见无效投标及相关案例
> ├── 常见无效投标
> └── 无效投标案例